财务会计

CAIWU KUAIJI

谭 湘 主编

中山大学出版社
·广州·

版权所有　翻印必究

图书在版编目（CIP）数据

财务会计/谭湘主编．—广州：中山大学出版社，2017.6
ISBN 978 – 7 – 306 – 06067 – 9

Ⅰ．①财⋯　Ⅱ．①谭⋯　Ⅲ．①财务会计　Ⅳ．①F234.4

中国版本图书馆 CIP 数据核字（2017）第 129756 号

出 版 人：	徐　劲
策划编辑：	金继伟
责任编辑：	曾育林
封面设计：	曾　斌
责任校对：	马霄行
责任技编：	何雅涛
出版发行：	中山大学出版社
电　　话：	编辑部 020 – 84110771，84113349，84111997，84110779
	发行部 020 – 84111998，84111981，84111160
地　　址：	广州市新港西路 135 号
邮　　编：	510275　　　传　真：020 – 84036565
网　　址：	http://www.zsup.com.cn　E-mail:zdcbs@mail.sysu.edu.cn
印 刷 者：	佛山市浩文彩色印刷有限公司
规　　格：	787mm×1092mm　1/16　16.75 印张　450 千字
版次印次：	2017 年 6 月第 1 版　2017 年 6 月第 1 次印刷
定　　价：	45.00 元

如发现本书因印装质量影响阅读，请与出版社发行部联系调换

前　　言

　　财务会计发展的历史源远流长。现代财务会计是企业的一项重要基础性管理工作，它通过一系列规范程序，采用专门的会计方法，对经济活动中能以货币计量的经济业务进行确认、计量、记录，提供决策有用的信息。由于资料的独占性和方法的科学性，会计信息在信息时代具有不可替代的权威，人们在经济生活中离不开它的支撑，因此，会计又被通称为商业语言。

　　知识经济时代，生产的知识化、资产的无形化和全球经济一体化，对会计人员的分析、判断和决策能力有了更高的要求。会计工作中不确定因素的增多、业务处理的多样化、会计管理职能的增强，都要求会计人员建立科学合理的知识结构与之相适应。在会计专业知识体系中，就地位而言，财务会计乃重中之重。

　　会计是一门没有国界的技术，在核算环节，它采用国际通行的借贷复式记账法，通过设置科目和账户、填制与审核凭证、登记账簿、成本计算、财产清查、编制会计报表，定期向用户提供会计信息，完成会计循环。在这个过程中，财务会计知识起着决定性的作用。因此，学好财务会计知识，是承接财务会计工作的必要前提。

　　学习财务会计，首先需要选择一本合适的教材，而为学习者提供适用的教材，是所有会计教育工作者的永恒追求。本教材作者群在大量吸收同行成功经验的基础上，精心编写了本书。对于目前正推行的"营改增"，书本及时进行了更新，以便学习者紧跟形势，学以致用。

　　本书主要为以应用型人才培养为目标的高职高专层次会计专业的学子编写，同时，由于内容偏重应用环节，也适于应用型普通本科院校、独立学院的会计学、财务管理专业和其他经济管理类专业学生使用，还可作为高等教育自学考试教材和参考书，以及从事经济管理工作的企业财务与会计人员学习和使用。

　　本书由广东青年职业学院组编，由谭湘担任主编，其他撰稿人分别是胡国红、陈炳华、李小军、林冬平、张敏、林佩銮、毛慧华、黄佳蕾、周红梅、朱甜甜、胡筱瑜、尹芬、董肖群、林钺、李倩雯等，超过20名成员的作者群既有高校会计教育工作者，也有多名上市公司总会计师和财务总监。虽然我们殚精竭虑，但书中仍难免存在许多不足之处，有望读者批评指正。

编　者
2017年2月

目 录

第一章 概述 1
第一节 财务会计的目标 1
一、财务会计目标的论争 1
二、影响两种目标实现的因素 1
三、中国财务会计目标的构建
.... 2
四、财务会计目标 3
五、财务报告 4
第二节 会计信息质量 5
一、会计信息质量的内涵 5
二、会计信息质量的标准 5
第三节 会计工作组织 9
一、会计工作组织的意义 9
二、财务会计工作组织的内容
.... 9
三、会计工作的组织形式 9
第四节 会计计量 10
一、会计要素计量属性 10
二、各种计量属性之间的关系
.... 11
三、计量属性的应用原则 11
第五节 会计科目 12

第二章 货币资金及应收、预付款
.... 16
第一节 库存现金 16
第二节 银行存款及其他货币资金
.... 18
一、银行存款的账务处理 18
二、银行存款的核对 18
三、其他货币资金 19

第三节 应收及预付款项 24
一、应收及预付款项的内容 24
二、应收及预付款项的核算 25

第三章 金融资产 30
第一节 金融资产的定义和分类
.... 30
第二节 以公允价值计量且其变动
　　　　 计入当期损益的金融
　　　　 资产 30
一、概述 30
二、会计处理 31
第三节 持有至到期投资 34
一、持有至到期投资概述 34
二、持有至到期投资的会计处理
.... 37
第四节 可供出售金融资产 42
一、概述 42
二、会计处理 43

第四章 存货 46
第一节 存货的确认和初始计量
.... 46
一、存货概述 46
二、原材料的核算 48
三、包装物的核算 53
四、低值易耗品的核算 55
五、委托加工物资的核算 56
六、库存商品 57
第二节 发出存货的计量 59
一、计量方法 59

二、个别计价法 …………… 60
　　三、先进先出法 …………… 61
　　四、月末一次加权平均法 …… 62
　　五、移动加权平均法 ………… 63
　　六、发出存货成本的结转 …… 64
第三节　期末存货的计量 ………… 66
　　一、存货期末计量原则 ……… 66
　　二、存货的可变现净值 ……… 66
　　三、存货期末计量的具体方法
　　　　……………………………… 67
　　四、存货清查 ………………… 73

第五章　长期股权投资 …………… 75
第一节　长期股权投资的初始计量
　　　　……………………………… 75
　　一、长期股权投资初始计量原则
　　　　……………………………… 75
　　二、企业合并形成的长期股权投资
　　　　……………………………… 75
　　三、企业合并以外其他方式取得的
　　　　长期股权投资 …………… 78
　　四、投资成本中包含的已宣告但
　　　　尚未发放的现金股利或
　　　　利润的处理 ……………… 79
第二节　长期股权投资的后续计量
　　　　……………………………… 80
　　一、长期股权投资的成本法 … 80
　　二、长期股权投资的权益法 … 82
　　三、长期股权投资的减值 …… 89
第三节　长期股权投资核算方法的
　　　　转换及处置 ……………… 89
　　一、长期股权投资核算方法的
　　　　转换 ……………………… 89
　　二、长期股权投资的处置 …… 92

第六章　固定资产 ………………… 94
第一节　固定资产的确认和初始
　　　　计量 ……………………… 94
　　一、固定资产的定义和确认条件
　　　　……………………………… 94
　　二、固定资产的初始计量 …… 96
第二节　固定资产的后续计量 …… 102
　　一、固定资产折旧 …………… 102
　　二、固定资产的后续支出 …… 107
　　三、固定资产的减值 ………… 109
第三节　固定资产的处置 ………… 110
　　一、固定资产终止确认的条件
　　　　……………………………… 110
　　二、固定资产处置的账务处理
　　　　……………………………… 111
　　三、持有待售的固定资产 …… 112
　　四、固定资产盘亏的会计处理
　　　　……………………………… 112

第七章　无形资产 ………………… 114
第一节　无形资产的确认和初始
　　　　计量 ……………………… 114
　　一、无形资产的定义与特征 … 114
　　二、无形资产的内容 ………… 116
　　三、无形资产的确认条件 …… 117
　　四、无形资产的初始计量 …… 118
第二节　内部研究开发费用的
　　　　确认和计量 ……………… 123
　　一、研究阶段和开发阶段的划分
　　　　……………………………… 123
　　二、开发阶段有关支出资本化的
　　　　条件 ……………………… 124
　　三、内部开发的无形资产的计量
　　　　……………………………… 125
　　四、内部研究开发费用的会计处理
　　　　……………………………… 126
第三节　无形资产的后续计量 …… 127
　　一、无形资产后续计量的原则
　　　　……………………………… 127
　　二、使用寿命有限的无形资产
　　　　……………………………… 129

三、使用寿命不确定的无形资产
　　　　…………………………… 131
　第四节　无形资产的处置………… 131
　　一、无形资产的出售…………… 132
　　二、无形资产的出租…………… 132
　　三、无形资产的报废…………… 133

第八章　投资性房地产……………… 134
　第一节　投资性房地产的特征与范围
　　　　…………………………… 134
　　一、投资性房地产的定义及特征
　　　　…………………………… 134
　　二、投资性房地产的范围……… 135
　第二节　投资性房地产的确认和
　　　　初始计量………………… 138
　　一、投资性房地产的确认和初始
　　　　计量……………………… 138
　　二、与投资性房地产有关的后续
　　　　支出……………………… 139
　第三节　投资性房地产的后续计量
　　　　…………………………… 141
　　一、采用成本模式进行后续计量的
　　　　投资性房地产…………… 141
　　二、采用公允价值模式进行后续
　　　　计量的投资性房地产…… 142
　　三、投资性房地产后续计量模式的
　　　　变更……………………… 143
　第四节　投资性房地产的转换和处置
　　　　…………………………… 144
　　一、投资性房地产的转换……… 144
　　二、投资性房地产的处置……… 148

第九章　负债………………………… 151
　第一节　流动负债………………… 151
　　一、短期借款…………………… 151
　　二、以公允价值计量且其变动计入
　　　　当期损益的金融负债…… 151
　　三、应付票据…………………… 154

　　四、应付及预收款项…………… 154
　　五、职工薪酬…………………… 155
　　六、应交税费…………………… 165
　　七、应付利息…………………… 174
　　八、应付股利…………………… 175
　　九、其他应付款………………… 175
　第二节　非流动负债……………… 175
　　一、长期借款…………………… 175
　　二、应付债券…………………… 177
　　三、长期应付款………………… 180

第十章　所有者权益………………… 181
　第一节　实收资本………………… 181
　　一、实收资本确认和计量的基本
　　　　要求……………………… 181
　　二、实收资本增减变动的会计处理
　　　　…………………………… 183
　第二节　资本公积………………… 185
　　一、资本公积概述……………… 185
　　二、资本公积的确认和计量…… 186
　第三节　留存收益………………… 189
　　一、盈余公积…………………… 189
　　二、未分配利润………………… 190

第十一章　收入……………………… 193
　第一节　收入的分类、确认与计量
　　　　原则……………………… 193
　　一、收入的定义………………… 193
　　二、收入的分类………………… 193
　　三、收入的确认与计量原则…… 194
　第二节　销售商品收入…………… 196
　　一、销售商品收入确认和计量的
　　　　具体要求………………… 196
　　二、销售商品收入的会计处理
　　　　…………………………… 199
　第三节　劳务收入………………… 210
　　一、劳务收入核算的具体要求
　　　　…………………………… 210

二、完工百分比法的应用………211
　　三、提供劳务交易结果不能可靠
　　　　估计时的会计处理………213
　　四、混合销售行为的处理………213
　　五、其他特殊劳务收入………215
　第四节　让渡资产使用权收入……216
　　一、利息收入………216
　　二、使用费收入………217

第十二章　费　　用………218
　第一节　费用的确认与计量………218
　　一、费用的概念………218
　　二、费用确认的原则………218
　　三、费用确认的标准………219
　　四、费用的计量………219
　第二节　营业成本………220
　　一、营业成本核算的内容………220
　　二、主营业务成本的核算………220
　　三、其他业务成本的核算………222
　第三节　营业税金及附加………223
　第四节　期间费用………224
　　一、期间费用的内容………224
　　二、管理费用的核算………224
　　三、销售费用的核算………225
　　四、财务费用的核算………226

第十三章　利　　润………228
　第一节　利润及其构成………228
　　一、利润的含义………228
　　二、利润的构成………228
　第二节　营业外收支………229
　　一、营业外收入概述………229
　　二、营业外支出………232
　第三节　所得税费用………233
　　一、应交所得税的计算………233
　　二、所得税费用的账务处理………234
　第四节　本年利润………235
　　一、结转本年利润的方法………235
　　二、结转本年利润的会计处理
　　　　………235

第十四章　财务报告………238
　第一节　财务报告概述………238
　　一、财务报告及其目标………238
　　二、财务报表的构成………238
　　三、财务报表列报的基本要求
　　　　………238
　第二节　资产负债表………241
　　一、资产负债表的内容及结构
　　　　………241
　　二、资产负债表的填列方法………243
　第三节　利润表………247
　　一、利润表的内容………247
　　二、利润表的结构………247
　　三、利润表的填列方法………248
　第四节　现金流量表………252
　　一、现金流量表概述………252
　　二、现金流量表的结构………253
　　三、现金流量表的编制………256

参考文献………259

第一章 概 述

第一节 财务会计的目标

一、财务会计目标的论争

会计目标虽然是人们主观认识的结果,但它并不是一个纯主观的范畴,会受到特定历史条件下客观存在的经济、法律、政治和社会环境的影响并随环境的变化而不断变化,具有主观见之于客观的性质。

会计理论界对财务会计目标的描述,存在两种观点,即"受托责任"和"决策有用"。

受托责任认为,会计的目标就是以适当的方式有效反映受托人的受托责任及其履行情况。换言之,会计应向委托人报告受托人的经营活动及其成果并以反映经营业绩及其评价为中心。其依据是,资源所有者将资源的经营管理权授予受托人,同时通过相关的法规、合约和惯例等来激励和约束受托人的行为,受托人接受委托,对资源进行有效管理和经营并通过向资源提供者如实报告资源的受托情况来解除其受托责任。受托责任更强调信息的可靠性,它在重视资产负债表的基础上格外重视损益表。

决策有用认为,会计的目标就是向会计信息使用者提供对其决策有用的信息。换言之,会计应当为现时的和潜在的投资者、债权人和其他信息使用者提供有利于其投资和借贷决策及其他决策的信息。其依据是,资源的所有权和经营权分离后,在资本市场介入的条件下,资源所有者对受托资源有效管理的关注程度会降低,转而更为关注所投资的企业在资本市场上的风险与报酬。决策有用更强调会计信息的相关性,即要求信息具有预测价值、反馈价值和及时性,更关注与企业未来现金流量有关的信息。

二、影响两种目标实现的因素

决策有用和受托责任是互有关联的会计目标,受托责任是实质,决策有用是形式。受托责任是会计产生和发展的根本动因,提供反映受托责任的信息是会计的根本目标。目前无论是受托责任观的财务会计目标还是决策有用观的财务会计目标,其对财务会计目标的要求，主要都是从会计信息使用者的角度来考虑的。由于财务会计信息的有用性是建立在财务会计（会计信息系统）提供会计信息的可能性和会计信息使用者对会计信息的企盼性基础之上，单从会计信息使用者的角度来讨论财务会计目标或会计信息的有用性是不够的。对财务会计目标的认识，除了要从会计信息使用者要求的角度来分析以外，还应从会计信息系统职能的角度来进行论证，即财务会计目标的认定既要考虑会计信息使用者的主观愿望，也要考虑会计信息系统的客观能力。

第一，会计信息使用者是多元的，有些是现有的，有些是潜在的。由于会计信息使用者是多元的，不同的会计信息使用者对财务会计信息的有用性必然有不同的需要，即使是同一个会计信息使用者，在不同时期出于对不同利益的追求，其对会计信息的有用性也会有不同的要求。而财务会计作为加工、生产会计信息的系统，其所提供的"产品"只有一种，即会计信息。由于财务会计信息系统所生产的"产品"无可替代，从经济学的角度看，财务会计必须是在考虑会计信息使用者需求的情况下尽可能地提供质量高、成本低的会计信息。

第二，不同的会计信息使用者由于其对财务会计信息的理解程度和驾驭能力的不同，其对财务会计信息的有用性也会有不同的评价。财务会计信息对会计信息使用者而言具有不对称的特点，而且会计信息使用者也会由于其对会计信息的理解程度和驾驭能力的不同，失去或部分失去财务会计信息原本就有的有用性。

第三，随着社会的不断发展，会计信息使用者对财务会计信息有用性的要求也会不断变化和发展。而财务会计作为人为的信息系统，却有其运行的固有规律及相对固定的要素、结构与功能。从系统论的观点看，一个系统如果其要素、结构没有改变，则其功能一般也不会改变；而功能没有改变，则该系统满足人们需求的能力也不会改变。当然系统的要素、结构是可以改变的，但这需要时间和过程，在系统的要素、结构和功能尚未发生变化之前，不能仅从会计信息使用者的主观愿望出发，对财务会计信息系统提出不切合实际的要求。

基于以上原因，在考虑财务会计目标的时候，除了要从会计信息使用者的角度来分析、考虑以外，还要从财务会计作为会计信息系统的角度来加以考虑，力求实现财务会计信息系统职能与会计信息使用者需求的有机结合。

三、中国财务会计目标的构建

确立"以受托责任为主，兼顾决策有用"的财务会计目标。

首先，会计目标总是要与经济环境的要求相融合的，建立现代企业制度是中国会计当前和今后面临的大环境。现代企业制度的关键是法人制度。法人制度的实质是确认国家拥有财产所有权和企业拥有财产的独立法人财产权，使企业在对所有者承担财产保值和增值责任的前提下，成为自主经营的法人实体。因此，在法人制度下，投资者和企业的关系实质就是"委托——受托"关系。股东作为会计信息最重要的使用者，必然最关心资产的保值、增值。因此，当前中国财务会计的具体目标主要应定位在向委托人报告受托责任的履行情况上。

其次，尽管会计目标应以受托责任为主，但并不排斥决策有用观。因为要获取最大的收益，投资者必须借助会计信息进行投资决策，因而提供对决策有用的信息是会计的一项重要目标。但恰恰是受托责任关系的存在，使投资者有权要求取得信息，经营者也有责任提供信息。因此，会计最基本的目标，还是反映财产资源的受托责任。

这样的会计目标主要有三个优点：第一，它能够适应中国现阶段的市场经济环境。以受托责任为主，强调向股东报告受托资源的经营、保值增值情况，同时兼顾到其他利益群体等的经济利益，通过资本市场使他们能积极选择投资企业，通过行使自己的权利来促使企业经营向好的方面转化。第二，以受托责任为主的会计目标作为理论的最高层次，能指导实务，规范各要素的确认、计量属性，使会计信息的可理解性增强。第三，明确了以"受托责任为主，兼顾决策有用"的财务会计目标，有利于从根本上比较各国实务操作的异同，有利于中西方会计的融合，从而使会计真正成为一种世界性语言。

四、财务会计目标

我国《企业会计准则——基本准则》第四条规定，财务会计报告的目标是向财务会计报告使用者提供与企业财务状况、经营成果和现金流量等有关的会计信息，反映企业管理层受托责任履行情况，有助于财务会计报告使用者做出经济决策。财务会计报告使用者包括投资者、债权人、政府及其有关部门和社会公众等。

财务会计目标实现的载体是财务会计报告，其主要目标可以确定为如下几项：

（1）提供关于一定时期内企业经营活动基本情况的资料。利用这一资料，投资人可据以了解企业的经营过程，评估经营者的经营业绩，并对企业将来的发展做出必要的指导；利用这一资料，经营者可以分清责任，寻找不足，改善管理，提高绩效。

（2）提供关于企业财务状况及其变动情况的可靠资料。企业的财务状况，包括企业对资源的控制情况、企业的资金构成、资金流动性和偿债能力以及企业适应其所处环境变化的能力（即应变能力）。

（3）提供有助于信息使用者预计、比较、评估企业经营业绩，尤其是盈利能力的财务资料。关于企业的经营业绩，尤其是获利水平的资料，对评价企业今后有可能控制的经济资源的潜在变动是非常重要的。它不仅有助于预计企业在现有资源的基础上产生现金的能量，还有助于判断企业利用新增资源可能取得的效益。

（4）提供有助于对企业生产经营活动进行有效指挥、调节和监督的财务资料。指挥、调节和监督，是会计的控制职能。通过控制，把企业的生产经营活动纳入社会需要和人们所希望的轨道，并在最有利的情况下完成预期的目标，这正是人们需要会计的一个重要理由。

（5）提供有助于判断企业在完成目标过程中对经济资源有效利用能力的财务资料。经济资源总是有限的，投资者所希望的当然是以尽可能少的资源耗费（投入）获得尽可能多的经营成果（产出）。这里涉及对资源有效利用程度的评估与衡量所需要的信息，理所当然地应由会计这个信息系统来提供。

五、财务报告

(一) 财务报告及其编制

财务报告是企业对外提供的反映企业某一特定日期的财务状况和某一会计期间的经营成果、现金流量等会计信息的文件。

根据财务报告的定义，财务报告具有以下三层含义：一是财务报告应当是对外报告，其服务对象主要是投资者、债权人等外部使用者，专门为了内部管理需要的、特定目的的报告不属于财务报告的范畴；二是财务报告应当综合反映企业的生产经营状况，包括某一时点的财务状况和某一时期的经营成果与现金流量等信息，以勾画出企业财务的整体和全貌；三是财务报告必须形成一个系统的文件，不应是零星的或者不完整的信息。

财务报告是企业财务会计确认与计量的最终结果体现，投资者等使用者主要是通过财务报告来了解企业当前的财务状况、经营成果和现金流量等情况，从而预测未来的发展趋势。因此，财务报告是向投资者等财务报告使用者提供决策有用信息的媒介和渠道，是沟通投资者、债权人等使用者与企业管理层之间信息的桥梁和纽带。

随着我国改革开放的深入和市场经济体制的完善，财务报告的作用日益突出，我国会计法、公司法、证券法等出于保护投资者、债权人等利益的需要，也规定企业应当定期编制报财务报告。

(二) 财务报告的构成

财务报告包括财务报表和其他应当在财务报告中披露的相关信息和资料。其中，财务报表由报表本身及其附注两部分构成，附注是财务报表的有机组成部分，而报表至少应当包括资产负债表、利润表和现金流量表等报表。考虑到小企业规模较小，外部信息需求相对较低。因此，小企业编制的报表可以不包括现金流量表。全面执行企业会计准则体系的企业所编制的财务报表，还应当包括所有者权益（股东权益）变动表。

(1) 资产负债表是反映企业在某一特定日期的财务状况的会计报表。企业编制资产负债表的目的是通过如实反映企业的资产、负债和所有者权益金额及其结构情况，从而有助于使用者评价企业资产的质量以及短期偿债能力、长期偿债能力和利润分配能力等。

(2) 利润表是反映企业在一定会计期间的经营成果的会计报表。企业编制利润表的目的是通过如实反映企业实现的收入、发生的费用、应当计入当期利润的利得和损失以及其他综合收益等金额及其结构情况，从而有助于使用者分析评价企业的盈利能力及其构成与质量。

(3) 现金流量表是反映企业在一定会计期间的现金和现金等价物流入和流出的会计报表。企业编制现金流量表的目的是通过如实反映企业各项活动的现金流入、流出情况，从而有助于使用者评价企业的现金流和资金周转情况。

(4) 附注是对在会计报表中列示项目所做的进一步说明，以及对未能在这些报表中列示项目的说明等。企业编制附注的目的是通过对财务报表本身做补充说明，以更加全面、系统地反映企业财务状况、经营成果和现金流量的全貌，从而有助于向使用者提供更为有用的信息，做出更加科学合理的决策。

财务报表是财务报告的核心内容，但是除了财务报表之外，财务报告还应当包括其他相关信息，具体可以根据有关法律法规的规定和外部使用者的信息需求而定。如企业可以在财务报告中披露其承担的社会责任、对社区的贡献、可持续发展能力等信息，这些信息对于使用者的决策也是相关的，尽管属于非财务信息，无法包括在财务报表中，但是如果有规定或者使用者有需求的，企业应当在财务报告中予以披露，有时企业也可以自愿在财务报告中披露相关信息。

第二节 会计信息质量

一、会计信息质量的内涵

会计信息质量是会计信息满足明确和隐含需要能力的特征总和，包括会计信息实用性和符合性的全部内涵。

会计信息质量的高低可以根据会计信息所具备的质量特征能否满足人们的需要及其满足的程度来衡量。

二、会计信息质量的标准

（一）一些西方国家的会计信息质量标准

财务会计目标的实现程度取决于会计信息质量。

各国对会计信息的质量持不同的标准。

加拿大特许会计师协会提出了四项主要衡量质量：可理解性、相关性、可靠性和可比性。

英国会计准则委员会将会计信息质量分成三部分来衡量：第一，与报表内容有关的质量，包括相关性和可靠性；第二，与报表表述有关的质量，包括可比性和可理解性；第三，对信息质量的约束，包括及时性及效益大于成本等。

美国财务会计准则委员会第 2 号概念公告《会计信息的质量特征》对会计信息质量的衡量标准主要是：可理解性、相关性（包括价值预测、反馈价值、及时性）、可靠性（包括反映的真实性、可检验性、中立性）、可比性（包括一致性）。在满足决策有用目标的基础上，信息处理要服从两个约束条件："效益成本"与"重要性"。

（二）我国会计信息质量标准

我国会计信息质量要求，主要包括可靠性、相关性、可理解性、可比性、实质重于形式、重要性、谨慎性和及时性等方面。

1. 可靠性（客观性、真实性）

可靠性要求企业应当以实际发生的交易或者事项为依据进行确认、计量和报告，如实反映符合确认和计量要求的各项会计要素及其他相关信息。保证会计信息真实可靠、内容完整。

会计信息要有用，必须以可靠为基础。如果财务报告所提供的会计信息是不可靠的，就会给投资者等使用者的决策产生误导甚至损失。为了贯彻可靠性要求，企业应当做到：

（1）以实际发生的交易或者事项为依据进行确认、计量，将符合会计要素定义及其确认条件的资产、负债、所有者权益、收入、费用和利润等如实反映在财务报表中，不得根据虚构的、没有发生的或者尚未发生的交易或者事项进行确认、计量和报告。

（2）在符合重要性和成本效益原则的前提下，保证会计信息的完整性，其中包括应当编报的报表及其附注内容等应当保持完整，不能随意遗漏或者减少应予披露的信息，与使用者决策相关的有用信息都应当充分披露。

（3）包括在财务报告中的会计信息应当是中立的、无偏的。如果企业在财务报告中为了达到事先设定的结果或效果，通过选择或列示有关会计信息以影响决策和判断，这样的财务报告信息就不是中立的。

2. 相关性

相关性要求企业提供的会计信息应当与投资者等财务报告使用者的经济决策需要相关，一项信息是否具有相关性取决于预测价值和反馈价值。

（1）预测价值。如果一项信息能帮助决策者对过去、现在和未来事项的可能结果进行预测，则该项信息具有预测价值。决策者可根据预测的结果，做出其认为的最佳选择。因此，预测价值是构成相关性的重要因素，具有影响决策者决策的作用。

（2）反馈价值。一项信息如果能有助于决策者验证或修正过去的决策和实施方案，即具有反馈价值。把过去决策所产生的实际结果反馈给决策者，使其与当初的预期结果相比较，验证过去的决策是否正确，总结经验以防止今后再犯同样的错误。反馈价值有助于未来决策。

会计信息质量的相关性要求，需要企业在确认、计量和报告会计信息的过程中，充分考虑使用者的决策模式和信息需要。但是，相关性是以可靠性为基础的，两者之间并不矛盾，不应将两者对立起来。也就是说，会计信息在可靠性前提下，尽可能地做到相关性，以满足投资者等财务报告使用者的决策需要。

3. 可理解性

可理解性（清晰性）要求企业提供的会计信息应当清晰明了，便于投资者等财务报告使用者理解和使用。

企业编制财务报告、提供会计信息的目的在于使用，而要使使用者有效使用会计信息，应当能让其了解会计信息的内涵，弄懂会计信息的内容，这就要求财务报告所提供的会计信息应当清晰明了，易于理解。只有这样，才能提高会计信息的有用性，实现财务报告的目标，满足向投资者等财务报告使用者提供决策有用信息的要求。

会计信息毕竟是一种专业性较强的信息产品，在强调会计信息的可理解性要求的同时，还应假定使用者具有一定的有关企业经营活动和会计方面的知识，并且愿意付出努力去研究这些信息。对于某些复杂的信息，如交易本身较为复杂或者会计处理较为复杂，但其对使用者的经济决策相关的，企业就应当在财务报告中予以充分披露。

4. 可比性

可比性要求企业提供的会计信息应当相互可比。这主要包括两层含义：

第一，同一企业不同时期可比。为了便于投资者等财务报告使用者了解企业财务状况、经营成果和现金流量的变化趋势，比较企业在不同时期的财务报告信息，全面、客观地评价过去、预测未来，从而做出决策。会计信息质量的可比性要求同一企业不同时期发生的相同或者相似的交易或者事项，应当采用一致的会计政策，不得随意变更。但是，满足会计信息可比性要求，并非表明企业不得变更会计政策，如果按照规定或者在会计政策变更后可以提供更可靠、更相关的会计信息，可以变更会计政策。有关会计政策变更的情况，应当在附注中予以说明。

第二，不同企业相同会计期间可比。为了便于投资者等财务报告使用者评价不同企业的财务状况、经营成果和现金流量及其变动情况，会计信息质量的可比性要求不同企业同一会计期间发生的相同或者相似的交易或者事项，应当采用规定的会计政策，确保会计信息口径一致、相互可比，以使不同企业按照一致的确认、计量和报告要求提供有关会计信息。

5. 实质重于形式

实质重于形式要求企业应当按照交易或者事项的经济实质进行会计确认、计量和报告，不仅仅以交易或者事项的法律形式为依据。

企业发生的交易或事项在多数情况下，其经济实质和法律形式是一致的。但在有些情况下，会出现不一致。例如，以融资租赁方式租入的资产虽然从法律形式来讲企业并不拥有其所有权，但是由于租赁合同中规定的租赁期相当长，接近于该资产的使用寿命；租赁期结束时承租企业有优先购买该资产的选择权；在租赁期内承租企业有权支配资产并从中受益等，因此，从其经济实质来看，企业能够控制融资租入资产所创造的未来经济利益，在会计确认、计量和报告上就应当将以融资租赁方式租入的资产视为企业的资产，列入企业的资产负债表。

又如，企业按照销售合同销售商品但又签订了售后回购协议，虽然从法律形式上实现了收入，但如果企业没有将商品所有权上的主要风险和报酬转移给购货方，没有满足收入确认的各项条件，即使签订了商品销售合同或者已将商品交付给购货方，也不应当确认销售收入。

6. 重要性

重要性要求企业提供的会计信息应当反映与企业财务状况、经营成果和现金流量有关的所有重要交易或者事项。

在实务中，如果会计信息的省略或者错报会影响投资者等财务报告使用者据此做出决策的，该信息就具有重要性。重要性的应用需要依赖职业判断，企业应当根据其所处环境和实际情况，从项目的性质和金额大小两方面加以判断。

例如，我国上市公司要求对外提供季度财务报告，考虑到季度财务报告披露的时间较短，从成本效益原则考虑，季度财务报告没有必要像年度财务报告那样披露详细的附注信息。因此，中期财务报告准则规定，公司季度财务报告附注应当以年初至本中期末为基础编制，披露自上年度资产负债表日之后发生的、有助于理解企业财务状况、经营成果和现金流量变化情况的重要交易或者事项。这种附注披露，体现了会计信息质量的重要性要求。

7. 谨慎性

谨慎性要求企业对交易或者事项进行会计确认、计量和报告应当保持应有的谨慎，不应高估资产或者收益、低估负债或者费用。

在市场经济环境下，企业的生产经营活动面临着许多风险和不确定性，如应收款项的可收回性、固定资产的使用寿命、无形资产的使用寿命、售出存货可能发生的退货或者返修等。会计信息质量的谨慎性要求，需要企业在面临不确定性因素的情况下做出职业判断时，应当保持应有的谨慎，充分估计到各种风险和损失，既不高估资产或者收益，也不低估负债或者费用。例如，要求企业对可能发生的资产减值损失计提资产减值准备、对售出商品可能发生的保修义务等确认预计负债等，体现了会计信息质量的谨慎性要求。

谨慎性的应用也不允许企业设置秘密准备，如果企业故意低估资产或者收益，或者故意高估负债或者费用，将不符合会计信息的可靠性和相关性要求，损害会计信息质量，扭曲企业实际的财务状况和经营成果，从而对使用者的决策产生误导，这是会计准则所不允许的。

8. 及时性

及时性要求企业对于已经发生的交易或者事项，应当及时进行确认、计量和报告，不得提前或者延后。

会计信息的价值在于帮助所有者或者其他方面做出经济决策，具有时效性。即使是可靠、相关的会计信息，如果不及时提供，就失去了时效性，对于使用者的效用就大大降低甚至不再具有实际意义。在会计确认、计量和报告过程中贯彻及时性，一是要求及时收集会计信息，即在经济交易或者事项发生后，及时收集整理各种原始单据或者凭证；二是要求及时处理会计信息，即按照会计准则的规定，及时对经济交易或者事项进行确认或者计量，并编制出财务报告；三是要求及时传递会计信息，即按照国家规定的有关时限，及时地将编制的财务报告传递给财务报告使用者，便于其及时使用和决策。

在实务中，为了及时提供会计信息，可能需要在有关交易或者事项的信息全部获得之前即进行会计处理，如制造业企业的年度存货盘点工作往往会提前进行，这样就满足了会计信息的及时性要求，但可能会影响会计信息的可靠性；反之，如果企业等到与交易或者事项有关的全部信息获得之后再进行会计处理，这样的信息披露可能会由于时效性问题，对于投资者等财务报告使用者决策的有用性将大大降低。这就需要在及时性和可靠性之间做相应权衡，以最好地满足投资者等财务报告使用者的经济决策需要为判断标准。

第三节　会计工作组织

一、会计工作组织的意义

会计工作组织是指会计机构的设置、会计人员的配备、会计法规的制定与执行和会计档案的保管。科学地组织会计工作对于完成会计职能、实现会计的目标、发挥会计在经济管理中的作用,具有十分重要的意义,其具体表现在以下三个方面:

第一,有利于提高会计工作的效率。

第二,有利于协调与其他经济管理工作的关系。

第三,有利于加强经济责任制,保证会计信息质量。

二、财务会计工作组织的内容

一般而言,企业财务会计工作组织的内容主要包括:会计机构的设置,会计人员的配备,会计人员的职责权限与内控制度,会计工作的规范,会计档案的保管,等等。

三、会计工作的组织形式

由于企业会计工作的组织形式不同,企业财务会计机构的具体工作范围也有所不同。企业会计工作的组织形式有独立核算和非独立核算、集中核算和非集中核算等几种组织形式。

(一)独立核算和非独立核算

独立核算是指对本单位的业务经营过程及其结果,进行全面的、系统的会计核算。实行独立核算的单位称为独立核算单位,它的特点是具有一定的资金,在银行单独开户,独立经营、计算盈亏,具有完整的账簿系统,定期编制报表。独立核算单位应单独设置会计机构,配备必要的会计人员,如果会计业务不多,也可只设专职会计人员。

非独立核算又称报账制。实行非独立核算的单位称为报账单位。它是由上级拨给一定的备用金和物资,平时进行原始凭证的填制和整理,以及备用金账和实物账的登记,定期将收入、支出向上级报销,由上级汇总,它本身不独立计算盈亏,也不编制报表。如商业企业所属的分销店就属于非独立核算单位。非独立核算单位一般不设置专门的会计机构,但需配备专职会计人员,负责处理日常的会计事务。

(二)集中核算与非集中核算

实行独立核算的单位,其记账工作的组织形式可以分为集中核算和非集中核算两种。

集中核算就是将企业的主要会计工作都集中在企业会计机构内进行。企业内部的各部门、各单位一般不进行单独核算，只是对所发生的经济业务进行原始记录，办理原始凭证的取得、填制、审核和汇总工作，并定期将这些资料报送企业会计部门进行总分类核算和明细分类核算。实行集中核算，可以减少核算层次，精简会计人员，但是企业各部门和各单位不便于及时利用核算资料进行日常的考核和分析。

非集中核算又称为分散核算。就是企业内部单位要对本身所发生的经济业务进行比较全面的会计核算。如在工业企业里，车间设置成本明细账，登记本车间发生的生产成本并计算出所完成产品的车间成本，厂部会计部门只根据车间报送的资料进行产品成本的总分类核算。

第四节 会计计量

一、会计要素计量属性

会计计量是为了将符合确认条件的会计要素登记入账并列报于财务报表而确定其金额的过程。企业应当按照规定的会计计量属性进行计量，确定相关金额。计量属性是指所计量的某一要素的特性方面，如桌子的长度、铁矿的重量、楼房的高度等。从会计角度，计量属性反映的是会计要素金额的确定基础，主要包括历史成本、重置成本、可变现净值、现值和公允价值等。

（一）历史成本

历史成本，又称为实际成本，就是取得或制造某项财产物资时所实际支付的现金或者其他等价物。在历史成本计量下，资产按照其购置时支付的现金或者现金等价物的金额，或者按照购置资产时所付出的对价的公允价值计量。负债按照其因承担现时义务而实际收到的款项或者资产的金额，或者承担现时义务的合同金额，或者按照日常活动中为偿还负债预期需要支付的现金或者现金等价物的金额计量。

（二）重置成本

重置成本又称现行成本，是指按照当前市场条件，重新取得同样一项资产所需支付的现金或现金等价物金额。在重置成本计量下，资产按照现在购买相同或者相似资产所需支付的现金或者现金等价物的金额计量。负债按照现在偿付该项债务所需支付的现金或者现金等价物的金额计量。

（三）可变现净值

可变现净值，是指在正常生产经营过程中，以预计售价减去进一步加工成本和销售所必需的预计税金、费用后的净值。在可变现净值计量下，资产按照其正常对外销售所能收到现金或者现金等价物的金额扣减该资产至完工时估计将要发生的成本、估计的销售费用以及相关税金后的金额计量。

（四）现值

现值是指对未来现金流量以恰当的折现率进行折现后的价值，是考虑货币时间价值因素等的一种计量属性。在现值计量下，资产按照预计从其持续使用和最终处置中所产生的未来净现金流入量的折现金额计量。负债按照预计期限内需要偿还的未来净现金流出量的折现金额计量。

（五）公允价值

公允价值，是指在公平交易中，熟悉情况的交易双方自愿进行资产交换或者债务清偿的金额。在公允价值计量下，资产和负债按照在公平交易中，熟悉情况的交易双方自愿进行资产交换或者债务清偿的金额计量。

二、各种计量属性之间的关系

在各种会计要素计量属性中，历史成本通常反映的是资产或者负债过去的价值，而重置成本、可变现净值、现值以及公允价值通常反映的是资产或者负债的现时成本或者现时价值，是与历史成本相对应的计量属性。当然这种关系也并不是绝对的。比如，资产或者负债的历史成本许多就是根据交易时有关资产或者负债的公允价值确定的，在非货币性资产交换中，如果交换具有商业实质，且换入、换出资产的公允价值能够可靠计量的，换入资产入账成本的确定应当以换出资产的公允价值为基础，除非有确凿证据表明换入资产的公允价值更加可靠；在非同一控制下的企业合并交易中，合并成本也是以购买方在购买日为取得对被购买方的控制权而付出的资产、发生或承担的负债等的公允价值确定的。再比如，在应用公允价值时，当相关资产或者负债不存在活跃市场的报价或者不存在同类或者类似资产的活跃市场报价时，需要采用估值技术来确定相关资产或者负债的公允价值，而在采用估值技术估计相关资产或者负债的公允价值时，现值往往是比较普遍采用的一种估值方法，在这种情况下，公允价值就是以现值为基础确定的。另外，公允价值相对于历史成本而言，具有很强的时间概念，也就是说，当前环境下某项资产或负债的历史成本可能是过去环境下该项资产或负债的公允价值，而当前环境下某项资产或负债的公允价值也许就是未来环境下该项资产或负债的历史成本。

三、计量属性的应用原则

企业在对会计要素进行计量时，一般应当采用历史成本。采用重置成本、可变现净值、现值、公允价值计量的，应当保证所确定的会计要素金额能够取得并可靠计量。

在企业会计准则体系建设中适度、谨慎地引入公允价值这一计量属性，是因为随着我国资本市场的发展，股权分置改革的基本完成，越来越多的股票、债券、基金等金融产品在交易所挂牌上市，使得这类金融资产的交易已经形成了较为活跃的市场，在这种情况下，引入公允价值，更能反映企业的现实情况，对投资者等财务报告使用者的决策更加有用，而且也只有如此，才能实现我国会计准则与国际财务报告准则的趋同。

在引用公允价值过程中，我国充分考虑了国际财务报告准则中公允价值应用的三个级次：第一，存在活跃市场的资产或负债，活跃市场中的报价应当用于确定其公允价值；第二，不存在活跃市场的，参考熟悉情况并自愿交易的各方最近进行的市场交易中使用的价格或参照实质上相同的其他资产或负债的当前公允价值；第三，不存在活跃市场，且不满足上述两个条件的，应当采用估值技术等确定资产或负债的公允价值。

值得一提的是，我国引入公允是价值适度、谨慎和有条件的。原因是考虑到我国尚属新兴的市场经济及国家，如果不加限制地引入公允价值，有可能出现公允价值计量不可靠，甚至借此人为操纵利润的现象。因此，在投资性房地产和生物资产等具体准则中规定，只有在公允价值能够取得并可靠计量的情况下，才能采用公允价值。

第五节 会 计 科 目

会计科目作为会计要素的构成及其变化情况，是会计信息记录、生成、归类、传输的重要手段，为此会计科目的设置应当努力做到科学、合理、适用。首先，会计科目的设置应当和企业会计准则的要求相一致；其次，会计科目的设置要满足企业内部管理和外部信息需要；最后，鉴于不同企业、不同业务的特点不同，对会计科目的设置可能应有所区别，为此，企业应结合自身特点，设置符合规定和企业需要的会计科目。

具体会计科目在设置时，一般应从会计要素出发，将会计科目分为资产、负债、所有者权益、成本、损益类和共同类等。我国《企业会计准则——应用指南》提供了会计科目设置的指引，具体如表1-1所示。企业在不违反会计准则中确认、计量和报告规定的前提下，可以根据本单位的实际情况自行增设、分拆、合并会计科目；企业不存在的交易或者事项，可不设置相关会计科目；会计科目编号供企业填制会计凭证、登记会计账簿、查阅会计账目、采用会计软件系统参考，企业可结合实际情况自行确定会计科目编号。

表1-1 主要会计科目表

顺序号	编号	会计科目名称	顺序号	编号	会计科目名称
		一、资产类	30	1405	库存商品
1	1001	库存现金	31	1406	发出商品
2	1002	银行存款	32	1407	商品进销差价
3	1003	存放中央银行款项	33	1408	委托加工物资
4	1011	存放同业	34	1411	周转材料
5	1012	其他货币资金	35	1421	消耗性生物资产
6	1021	结算备付金	36	1431	贵金属
7	1031	存出保证金	37	1441	抵债资产
8	1101	交易性金融资产	38	1451	损余物资
9	1111	买入返售金融资产	39	1461	融资租赁资产
10	1121	应收票据	40	1471	存货跌价准备
11	1122	应收账款	41	1501	持有至到期投资
12	1123	预付账款	42	1502	持有至到期投资减值准备
13	1131	应收股利	43	1503	可供出售金融资产
14	1132	应收利息	44	1511	长期股权投资
15	1201	应收代位追偿款	45	1512	长期股权投资减值准备
16	1211	应收分保账款	46	1521	投资性房地产
17	1212	应收分保合同准备金	47	1531	长期应收款
18	1221	其他应收款	48	1532	未实现融资收益
19	1231	坏账准备	49	1541	存出资本保证金
20	1301	贴现资产	50	1601	固定资产
21	1302	拆出资金	51	1602	累计折旧
22	1303	贷款	52	1603	固定资产减值准备
23	1304	贷款损失准备	53	1604	在建工程
24	1311	代理兑付证券	54	1605	工程物资
25	1321	代理业务资产	55	1606	固定资产清理
26	1401	材料采购	56	1611	未担保余值
27	1402	在途物资	57	1621	生产性生物资产
28	1403	原材料	58	1622	生产性生物资产累计折旧
29	1404	材料成本差异	59	1623	公益性生物资产

续上表

顺序号	编号	会计科目名称	顺序号	编号	会计科目名称
60	1631	油气资产	95	2502	应付债券
61	1632	累计折耗	96	2601	未到期责任准备金
62	1701	无形资产	97	2602	保险责任准备金
63	1702	累计摊销	98	2611	保户储金
64	1703	无形资产减值准备	99	2621	独立账户负债
65	1711	商誉	100	2701	长期应付款
66	1801	长期待摊费用	101	2702	未确认融资费用
67	1811	递延所得税资产	102	2711	专项应付款
68	1821	独立账户资产	103	2801	预计负债
69	1901	待处理财产损溢	104	2901	递延所得税负债
		二、负债类			三、共同类
70	2001	短期借款	105	3001	清算资金往来
71	2002	存入保证金	106	3002	货币兑换
72	2003	拆入资金	107	3101	衍生工具
73	2004	向中央银行借款	108	3201	套期工具
74	2011	吸收存款	109	3202	被套期项目
75	2012	同业存放			四、所有者权益类
76	2021	贴现负债	110	4001	实收资本
77	2101	交易性金融负债	111	4002	资本公积
78	2111	卖出回购金融资产款	112	4101	盈余公积
79	2201	应付票据	113	4102	一般风险准备
80	2202	应付账款	114	4103	本年利润
81	2203	预收账款	115	4104	利润分配
82	2211	应付职工薪酬	116	4201	库存股
83	2221	应交税费			五、成本类
84	2231	应付利息	117	5001	生产成本
85	2232	应付股利	118	5101	制造费用
86	2241	其他应付款	119	5201	劳务成本
87	2251	应付保单红利	120	530I	研发支出
88	2261	应付分保账款	121	5401	工程施工
89	2311	代理买卖证券款	122	5402	工程结算
90	2312	代理承销证券款	123	5403	机械作业
91	2313	代理兑付证券款			六、损益类
92	2314	代理业务负债	124	6001	主营业务收入
93	2401	递延收益	125	6011	年息收入
94	2501	长期借款	126	6021	手续费及佣金收入

续上表

顺序号	编号	会计科目名称	顺序号	编号	会计科目名称
127	6031	保费收入	142	6501	提取未到期责任准备金
128	6041	租赁收入	143	6502	提取保险责任准备金
129	6051	其他业务收入	144	6511	赔付支出
130	6061	汇兑损益	145	6521	保单红利支出
131	6101	公允价值变动损益	146	6531	退保金
132	6111	投资收益	147	6541	分出保费
133	6201	摊回保险责任准备金	148	6542	分保费用
134	6202	摊回赔付支出	149	6601	销售费用
135	6203	摊回分保费用	150	6602	管理费用
136	6301	营业外收入	151	6603	财务费用
137	6401	主营业务成本	152	6604	勘探费用
138	6402	其他业务成本	153	6701	资产减值损失
139	6403	营业税金及附加	154	6711	营业外支出
140	6411	利息支出	155	6801	所得税费用
141	6421	手续费及佣金支出	156	6901	以前年度损益调整

第二章　货币资金及应收、预付款

货币资金是指企业生产经营过程中处于货币形态的资产，包括库存现金、银行存款和其他货币资金。

第一节　库存现金

库存现金是指通常存放于企业财会部门、由出纳人员经管的货币。库存现金是企业流动性最强的资产，企业应当严格遵守国家有关现金管理制度，正确进行现金收支的核算，监督现金使用的合法性与合理性。

（一）现金管理制度

根据国务院发布的《现金管理暂行条例》的规定，现金管理制度主要包括以下内容：

1. 现金的使用范围

企业可用现金支付的款项有：

（1）职工工资、津贴。
（2）个人劳务报酬。
（3）根据国家规定颁发给个人的科学技术、文化艺术、体育等各种奖金。
（4）各种劳保、福利费用以及国家规定的对个人的其他支出。
（5）向个人收购农副产品和其他物资的款项。
（6）出差人员必需随身携带的差旅费。
（7）结算起点以下的零星支出。
（8）中国人民银行确定需要支付现金的其他支出。

除上述情况可以用现金支付外，其他款项的支付应通过银行转账结算。

2. 现金的限额

现金的限额是指为了保证企业日常零星开支的需要，允许单位留存现金的最高数额。这一限额由开户银行根据单位的实际需要核定，一般按照单位3～5天日常零星开支的需要确定，边远地区和交通不便地区开户单位的库存现金限额，可按多于5天但不超过15天的日常零星开支的需要确定。核定后的现金限额，开户单位必须严格遵守，超过部分应于当日终了前存入银行。需要增加或减少现金限额的单位，应向开户银行提出申请，由开户银行核定。

3. 现金收支的规定

开户单位现金收支应当依照下列规定办理：

（1）开户单位现金收入应当于当日送存开户银行，当日送存确有困难的，由开户银行确定送存时间。

（2）开户单位支付现金，可以从本单位库存现金中支付或从开户银行提取，不得从本单位的现金收入中直接支付，即不得"坐支"现金，因特殊情况需要坐支现金的单位，应事先报经有关部门审查批准，并在核定的范围和限额内进行，同时收支的现金必须入账。

（3）开户单位从开户银行提取现金时，应如实写明提取现金的用途，由本单位财会部门负责人签字盖章，并经开户银行审查批准后予以支付。

（4）因采购地点不确定、交通不便、抢险救灾及其他特殊情况必须使用现金的单位，应向开户银行提出书面申请，由本单位财会部门负责人签字盖章，并经开户银行审查批准后予以支付。

此外，不准用不符合国家统一的会计制度的凭证顶替库存现金，即不得"白条顶库"；不准谎报用途套取现金；不准用银行账户代其他单位和个人存入或支取现金；不准用单位收入的现金以个人名义存入储蓄；不准保留账外公款，即不得"公款私存"，不得设置"小金库"等。银行对于违反上述规定的单位，将按照违规金额的一定比例予以处罚。

（二）现金的账务处理

为了总括地反映企业库存现金的收入、支出和结存情况，企业应当设置"库存现金"科目，借方登记现金的增加，贷方登记现金的减少，期末借方余额反映期末企业实际持有的库存现金的金额。企业内部各部门周转使用的备用金，可以单独设置"备用金"科目进行核算。为了全面、连续地反映和监督库存现金的收支和结存情况，企业应当设置现金总账和现金日记账，分别进行企业库存现金的总分类核算和明细分类核算。现金日记账由出纳人员根据收付款凭证，按照业务发生顺序逐笔登记。每日终了，应当在现金日记账上计算出当日的现金收入合计额、现金支出合计额和结余额，并将现金日记账的账面结余额与实际库存现金额相核对，保证账款相符；月度终了，现金日记账的余额应当与现金总账的余额核对，做到账账相符。

（三）现金的核算

为了总括地反映企业库存现金的收入、支出和结存情况，企业应当设置"库存现金"科目，借方登记现金的增加，贷方登记现金的减少，期末余额在借方，反映企业实际持有的库存现金的金额。企业内部各部门周转使用的备用金，可以单独设置"备用金"科目进行核算。

企业应当设置现金总账和现金日记账，分别进行企业库存现金的总分类核算和明细分类核算。

现金日记账由出纳人员根据收付款凭证，按照业务发生顺序逐笔登记。每日终了，应当在现金日记账上计算出当日的现金收入合计额、现金支出合计额和结余额，并将现金日记账的账面结余额与实际库存现金额相核对，保证账款相符；月度终了，现金日记账的余额应当与现金总账的余额核对，做到账账相符。

（四）现金的清查

为了保证现金的安全完整，企业应当按规定进行现金清查，一般采用实地盘点法，对于清查的结果应当编制现金盘点报告单。如果有挪用现金、白条顶库的情况，应及时予以纠正；对于超限额留存的现金应及时送存银行。如果账款不符，发现的有待查明原因的现金短缺或溢余，应先通过"待处理财产损溢"科目核算。管理权限报经批准后，分别按以下情况处理：

（1）如为现金短缺，属于应由责任人赔偿或保险公司赔偿的部分，计入其他应收款；属于无法查明的其他原因，计入管理费用。

（2）如为现金溢余，属于应支付给有关人员或单位的，计入其他应付款；属于无法查明原因的，计入营业外收入。

第二节　银行存款及其他货币资金

一、银行存款的账务处理

银行存款是企业存放在银行或其他金融机构的货币资金。企业应当根据业务需要，按照规定在其所在地银行开设账户，运用所开设的账户，进行存款、取款以及各种收支转账业务的结算。银行存款的收付应严格执行银行结算制度的规定。

企业应当设置银行存款总账和银行存款日记账，分别进行银行存款的总分类核算和明细分类核算。企业可按开户银行和其他金融机构、存款种类等设置"银行存款日记账"，根据收付款凭证，按照业务的发生顺序逐笔登记。每日终了，应结出余额。

二、银行存款的核对

"银行存款日记账"应定期与"银行对账单"核对，至少每月核对一次。企业银行存款账面余额与银行对账单余额之间如有差额，应编制"银行存款余额调节表"（见表2-1）调节相符，如没有记账错误，调节后的双方余额应相等。银行存款余额调节表只是为了核对账目，并不能作为调整银行存款账面余额的记账依据。

【例2-1】广州东方公司2016年12月31日银行存款日记账的余额为5400000元，银行转来对账单的余额为8300000元。经逐笔核对，发现以下未达账项：

（1）企业送存转账支票6000000元，并已登记银行存款增加，但银行尚未记账。

（2）企业开出转账支票4500000元，但持票单位尚未到银行办理转账，银行尚未记账。

(3) 企业委托银行代收某公司购货款 4800000 元银行已收妥并登记入账，但企业尚未收到收款通知，尚未记账。

(4) 银行代企业支付电话费 400000 元，银行已登记企业银行存款减少，但企业未收到银行付款通知，尚未记账。

表 2-1 银行存款余额调节表

项目	金额	项目	金额
企业银行存款日记账余额	5400000	银行对账单余额	8300000
加：银行已收、企业未收款	4800000	加：企业已收、银行未收款	6000000
减：银行已付、企业未付款	400000	减：企业已付、银行未付款	4500000
调节后的存款余额	9800000	调节后的存款余额	9800000

本例中，企业银行存款账面余额与银行对账单余额之间不一致的原因，是因为未达账项的存在。

所谓未达账项，是由于结算凭证在企业和银行之间或收付款银行之间传递需要的时间，造成企业与银行之间入账的时间差，一方收到凭证并已入账，另一方未收到凭证因而未能入账由此形成的账款。

未达账项的具体情况有四种：一是企业已收款入账，银行尚未收款入账；二是企业已付款入账，银行尚未付款入账；三是银行已收款入账，企业尚未收款入账；四是银行已付款入账，企业尚未付款入账。

三、其他货币资金

（一）其他货币资金的内容

其他货币资金是指企业除库存现金、银行存款以外的各种货币资金，主要包括银行汇票存款、银行本票存款、信用卡存款、信用证保证金存款、外埠存款等。

1. 银行汇票存款

银行汇票是指由出票银行签发的，由其在见票时按照实际结算金额无条件支付给收款人或者持票人的票据。银行汇票的出票银行为银行汇票的付款人。单位和个人各种款项的结算，均可使用银行汇票。银行汇票可以用于转账，填明"现金"字样的银行汇票也可以用于支取现金。

2. 银行本票存款

银行本票是指银行签发的，承诺自己在见票时无条件支付确定的金额给收款人或持票人的票据。单位和个人在同一票据交换区域需要支付的各种款项，均可使用银行本票。银行本票可以用于转账，注明"现金"字样的银行本票可以用于支取现金。

3. 信用卡存款

信用卡存款是指企业为取得信用卡而存入银行信用卡专户的款项。信用卡是银行卡的一种。信用卡按使用对象分为单位卡和个人卡，按信用等级分为金卡和普通卡，按是否向发卡银行交存备用金分为贷记卡和准贷记卡。

4. 信用证保证金存款

信用证保证金存款是指采用信用证结算方式的企业为开具信用证而存入银行信用证保证金专户的款项。企业向银行申请开立信用证，应按规定向银行提交开证申请书、信用证申请人承诺书和购销合同。

5. 外埠存款

外埠存款是指企业为了到外地进行临时或零星采购，而汇往采购地银行开立采购专户的款项。该账户的存款不计利息、只付不收、付完清户，除了采购人员可从中提取少量现金外，一律采用转账结算。

（二）其他货币资金的账务处理

为了反映和监督其他货币资金的收支和结存情况，企业应当设置"其他货币资金"科目，借方登记其他货币资金的增加数，贷方登记其他货币资金的减少数，期末余额在借方，反映企业实际持有的其他货币资金。本科目应按其他货币资金的种类设置明细科目。

1. 银行汇票存款

汇款单位（即申请人）使用银行汇票，应向出票银行填写"银行汇票申请书"，填明收款人名称、汇票金额、申请人名称、申请日期等事项并签章，签章为其预留银行的签章。出票银行受理银行汇票申请书，收妥款项后签发银行汇票，并用压数机压印出票金额，将银行汇票和解讫通知一并交给申请人。申请人应将银行汇票和解讫通知一并交付给汇票上记明的收款人。收款人受理申请人交付的银行汇票时，应在出票金额以内，根据实际需要的款项办理结算，并将实际结算金额和多余金额准确、清晰地填入银行汇票和解讫通知的有关栏内，到银行办理款项入账手续。收款人可以将银行汇票背书转让给被背书人。银行汇票的背书转让以不超过出票金额的实际结算金额为准。未填写实际结算金额或实际结算金额超过出票金额的银行汇票，不得背书转让。银行汇票的提示付款期限为自出票日起一个月，持票人超过付款期限提示付款的，银行将不予受理。持票人向银行提示付款时，必须同时提交银行汇票和解讫通知，缺少任何一联，银行不予受理。

银行汇票丧失，失票人可以凭人民法院出具的其享有票据权利的证明，向出票银行请求付款或退款。

企业填写"银行汇票申请书"、将款项交存银行时，借记"其他货币资金——银行汇票"科目，贷记"银行存款"科目；企业持银行汇票购货、收到有关发票账单时，借记"材料采购"或"原材料""库存商品""应交税费——应交增值税（进项税税额）"等科目，贷记"其他货币资金——银行汇票"科目；采购完毕收回剩余款项时，借"银行存款"科目，贷记"其他货币资金——银行汇票"科目。企业收到银行汇票、填制进账单到开户银行办理款项入账手续时，根据进账单及销货发票等，借记"银行存款"科目，贷记"主营业务收入""应交税费——应交增值税（销项税税额）"等科目。

【例2-2】广州东方公司为增值税一般纳税人，向银行申请办理银行汇票用以购买原材料，将款项 250000 元交存银行转作银行汇票存款，根据盖章退回的申请书存根联，企业编制如下分录：

  借：其他货币资金——银行汇票   250000
    贷：银行存款   250000

  广州东方公司购入原材料一批，取得的增值税专用发票上的原材料价款为 200000 元，增值税税额为 34000 元，已用银行汇票办理结算，多余款项 16000 元退回开户银行，企业已收到开户银行转来的银行汇票第四联（多余款收账通知）。企业编制如下会计分录：

  借：原材料   200000
    应交税费——应交增值税（进项税税额）   34000
    贷：其他货币资金——银行汇票   234000
  借：银行存款   16000
    贷：其他货币资金——银行汇票   16000

2. 银行本票存款

  银行本票分为不定额本票和定额本票两种。定额本票面额为 1000 元、5000 元、10000 元和 50000 元。银行本票的提示付款期限自出票日起最长不得超过两个月。在有效付款期内，银行见票付款。持票人超过付款期限提示付款的，银行不予受理。

  申请人使用银行本票，应向银行填写"银行本票申请书"。申请人或收款人为单位的，不得申请签发现金银行本票。出票银行受理银行本票申请书，收妥款项后签发银行本票，在本票上签章后交给申请人。申请人应将银行本票交付给本票上记明的收款人。收款人可以将银行本票背书转让给被背书人。

  申请人因银行本票超过提示付款期限或其他原因要求退款时，应将银行本票提交到出票银行并出具单位证明。出票银行对于在本行开立存款账户的申请人，只能将款项转入原申请人账户；对于现金银行本票和未到本行开立存款账户的申请人，才能退付现金。

  银行本票丧失，失票人可以凭人民法院出具的其享有票据权利的证明，向出票银行请求付款或退款。

  企业填写"银行本票申请书"、将款项交存银行时，借记"其他货币资金——银行本票"科目，贷记"银行存款"科目；企业持银行本票购货、收到有关发票账单时，借记"材料采购"或"原材料""库存商品""应交税费——应交增值税（进项税税额）"等科目，贷记"其他货币资金——银行本票"科目。企业收到银行本票、填制进账单到开户银行办理款项入账手续时，根据进账单及销货发票等，借记"银行存款"科目，贷记"主营业务收入""应交税费——应交增值税（销项税税额）"等科目。

  【例 2-3】广州东方公司为取得银行本票，向银行填交"银行本票申请书"，并将 10000 元银行存款转作银行本票存款。企业取得银行本票后，应根据银行盖章退回的银行本票申请书存根联填制银行付款凭证，企业编制如下会计分录：

  借：其他货币资金——银行本票   10000
    贷：银行存款   10000

广州东方公司用银行本票购买办公用品10000元。根据发票账单等有关凭证,编制如下会计分录:

借:管理费用　　　　　　　　　　　　　　　　　　　　　　　　10000
　　贷:其他货币资金——银行本票　　　　　　　　　　　　　　　　10000

3. 信用卡存款

凡在中国境内金融机构开立基本存款账户的单位可申领单位卡。单位卡可申领若干张,持卡人资格由申领单位法定代表人或其委托的代理人书面指定和注销。单位卡账户的资金一律从其基本存款账户转账存入,不得交存现金,不得将销货收入的款项存入其账户。持卡人可持信用卡在特约单位购物、消费,但单位卡不得用于10万元以上的商品交易、劳务供应款项的结算,不得支取现金。特约单位在每日营业终了,应将当日受理的信用卡签购单汇总,计算手续费和净计金额,并填写汇(总)计单和进账单,连同签购单一并送交收单银行办理进账。

信用卡按是否向发卡银行交存备用金分为贷记卡、准贷记卡两类。贷记卡是指发卡银行给予持卡人一定的信用额度,持卡人可在信用额度内先消费、后还款的信用卡。准贷记卡是指持卡人须先按发卡银行要求交存一定金额的备用金,当备用金账户余额不足支付时,可在发卡银行规定的信用额度内透支的信用卡。

准贷记卡的透支期限最长为60天,贷记卡的首月最低还款额不得低于其当月透支余额的10%。

企业应填制"信用卡申请表",连同支票和有关资料一并送存发卡银行,根据银行盖章退回的进账单第一联,借记"其他货币资金——信用卡"科目,贷记"银行存款"科目;企业用信用卡购物或支付有关费用,收到开户银行转来的信用卡存款的付款凭证及所附发票账单,借记"管理费用"等科目,贷记"其他货币资金——信用卡"科目;企业信用卡在使用过程中,需要向其账户续存资金的,借记"其他货币资金——信用卡"科目,贷记"银行存款"科目;企业的持卡人如不需要继续使用信用卡时,应持信用卡主动到发卡银行办理销户,销卡时,单位卡科目余额转入企业基本存款户,不得提取现金,借记"银行存款"科目,贷记"其他货币资金——信用卡"科目。

【例2-4】广州东方公司于3月5日向银行申请信用卡,向银行交存50000元。4月10日,该企业用信用卡向某饭店支付招待费3000元。企业编制如下分录:

(1) 3月5日:

借:其他货币资金——信用卡　　　　　　　　　　　　　　　　50000
　　贷:银行存款　　　　　　　　　　　　　　　　　　　　　　　50000

(2) 4月10日:

借:管理费用　　　　　　　　　　　　　　　　　　　　　　　　3000
　　贷:其他货币资金——信用卡　　　　　　　　　　　　　　　　3000

4. 信用证保证金存款

企业填写"信用证申请书",将信用证保证金交存银行时,应根据银行盖章退回的"信用证申请书"回单,借记"其他货币资金——信用证保证金"科目,贷记"银行存款"科目。企业接到开证行通知,根据供货单位信用证结算凭证及所附发票账单,借记"材料采购"或"原材料""库存商品""应交税费——应交增值税（进项税税额）"等科目，贷记"其他货币资金——信用证保证金"科目；将未用完的信用证保证金存款余额转回开户银行时，借记"银行存款"科目，贷记"其他货币资金——信用证保证金"科目。

  借：其他货币资金——信用证保证金   2000000
    贷：银行存款   2000000

企业收到银行转来的境外销货单位信用证结算凭证以及所附发票账单、海关进口增值税专用缴款书等有关凭证，材料价款1500000元，增值税税额为25500元。企业编制如下会计分录：

  借：原材料   1500000
    应交税费——应交增值税（进项税税额）   255000
    贷：其他货币资金——信用证保证金   1755000

企业收到银行收款通知，对该境外销货单位开出的信用证余款245000元已经转回银行账户。企业编制如下会计分录：

  借：银行存款   245000
    贷：其他货币资金——信用证保证金   245000

5. 存出投资款

企业向证券公司划出资金时，应按实际划出的金额，借记"其他货币资金——存出投资款"科目，贷记"银行存款"科目；购买股票、债券等时，借记"交易性金融资产"等科目，贷记"其他货币资金——存出投资款"科目。

6. 外埠存款

企业将款项汇往外地时，应填写汇款委托书，委托开户银行办理汇款。汇入地银行以汇款单位名义开立临时采购账户，该账户的存款不计利息、只付不收、付完清户，除了采购人员可从中提取少量现金外，一律采用转账结算。企业将款项汇往外地开立采购专用账户时，根据汇出款项凭证，编制付款凭证，进行账务处理，借记"其他货币资金——外埠存款"科目，贷记"银行存款"科目；收到采购人员转来供应单位发票账单等报销凭证时，借记"材料采购"或"原材料""库存商品""应交税费——应交增值税（进项税税额）"等科目，贷记"其他货币资金——外埠存款"科目；采购完毕收回剩余款项时，根据银行的收账通知，借记"银行存款"科目，贷记"其他货币资金——外埠存款"科目。

【例2-5】广州东方公司派采购员到异地采购原材料，8月10日企业委托开户银行汇款100000元到采购地设立采购专户，根据收到的银行汇款凭证到单联，企业编制如下会计分录：

  借：其他货币资金——外埠存款   100000
    贷：银行存款   100000

8月20日，采购员交来从采购专户付款购入材料的有关凭证，增值税专用发票上的原材料价款为80000元，增值税税额为13600元，企业编制如下会计分录：

  借：原材料   80000

　　　　应交税费——应交增值税（进项税税额）　　　　　　13600
　　　贷：其他货币资金——外埠存款　　　　　　　　　　　　93600
　　8月30日，收到开户银行的收款通知，该采购专户中的结余款项已经转回，根据收账通知，企业编制如下会计分录：
　　　借：银行存款　　　　　　　　　　　　　　　　　　　　6400
　　　贷：其他货币资金——外埠存款　　　　　　　　　　　　6400

第三节　应收及预付款项

一、应收及预付款项的内容

　　应收及预付款项是指企业在日常生产经营过程中发生的各项债权，包括应收款项和预付款项。应收款项包括应收票据、应收账款和其他应收款等；预付款项则是指企业按照合同规定预付的款项，如预付账款等。

（一）应收票据

　　应收票据是指企业因销售商品、提供劳务等而收到的商业汇票。商业汇票是一种由出票人签发的，委托付款人在指定日期无条件支付确定金额给收款人或者持票人的票据。

　　商业汇票的付款期限，最长不得超过6个月。定日付款的汇票付款期限自出票日起计算，并在汇票上记载具体到期日；出票后定期付款的汇票付款期限自出票日起按月计算，并在汇票上记载；见票后定期付款的汇票付款期限自承兑或拒绝承兑日起按月计算，并在汇票上记载。商业汇票的提示付款期限，自汇票到期日起10日。符合条件的商业汇票的持票人，可以持未到期的商业汇票连同贴现凭证向银行申请贴现。

　　根据承兑人不同，商业汇票分为商业承兑汇票和银行承兑汇票。商业承兑汇票是指由付款人签发并承兑，或由收款人签发交由付款人承兑的汇票。商业承兑汇票的付款人收到开户银行的付款通知，应在当日通知银行付款。付款人在接到通知日的次日起三日内（遇法定休假日顺延）未通知银行付款的，视同付款人承诺付款，银行将于付款人接到通知日的次日起第四日（遇法定休假日顺延）上午开始营业时，将票款划给持票人。付款人提前收到由其承兑的商业汇票，应通知银行于汇票到期日付款。银行在办理划款时，付款人存款账户不足支付的，银行应填制付款人未付票款通知书，连同商业承兑汇票邮寄持票人开户银行转交持票人。

　　银行承兑汇票是指由在承兑银行开立存款账户的存款人（这里也是出票人）签发，由承兑银行承兑的票据。企业申请使用银行承兑汇票时，应向其承兑银行按票面金额的万分之五交纳手续费。银行承兑汇票的出票人应于汇票到期前将票款足额交存其开户银行，承兑银行应在汇票到期日或到期日后的见票当日支付票款。银行承兑汇票的出票人于汇票到期前未能足额交存票款时,承兑银行除凭票向持票人无条件付款外,对出票人尚未支付的汇票金额按照每天万分之五计收利息。

(二) 应收账款

应收账款是指企业因销售商品、提供劳务等经营活动,应向购货单位或接受劳务单位收取的款项,主要包括企业销售商品或提供劳务等应向有关债务人收取的价款及代购货单位垫付的包装费、运杂费等。

(三) 预付账款

预付账款是指企业按照合同规定预付的款项。

企业应当设置"预付账款"科目,核算预付账款的增减变动及其结存情况。预付款项情况不多的企业,可以不设置"预付账款"科目,而直接通过"应付账款"科目核算。

(四) 其他应收款

其他应收款是指企业除应收票据、应收账款、预付账款等以外的其他各种应收及暂付款项。其主要内容包括:

(1) 应收的各种赔款、罚款,如因企业财产等遭受意外损失而应向有关保险公司收取的赔款等。

(2) 应收的出租包装物租金。

(3) 应向职工收取的各种垫付款项,如为职工垫付的水电费、应由职工负担的医药费、房租费等。

(4) 存出保证金,如租入包装物支付的押金。

(5) 其他各种应收、暂付款项。

二、应收及预付款项的核算

(一) 应收票据的核算

为了反映和监督应收票据取得、票款收回等经济业务,企业应当设置"应收票据"科目,借方登记取得的应收票据的面值,贷方登记到期收回票款或到期前向银行贴现的应收票据的票面余额,期末余额在借方,反映企业持有的商业汇票的票面金额。本科目可按照开出、承兑商业汇票的单位进行明细核算,并设置"应收票据备查簿",逐笔登记商业汇票的种类、号数和出票日、票面金额、交易合同号和付款人、承兑人、背书人的姓名或单位名称、到期日、背书转让日、贴现日、贴现率和贴现净额以及收款日和收回金额、退票情况等资料。商业汇票到期结清票款或退票后,在备查簿中应予注销。

1. 取得应收票据和收回到期票款

应收票据取得的原因不同,其会计处理亦有所区别。因债务人抵偿前欠货款而取得的应收票据,借记"应收票据"科目,贷记"应收账款"科目;因企业销售商品、提供劳务等而收到开出、承兑的商业汇票,借记"应收票据"科目,贷记"主营业务收入""应交税费——应交增值税(销项税税额)"等科目。商业汇票到期收回款项时,应按实际收到的金额,借记"银行存款"科目,贷记"应收票据"科目。

【例2-6】广州东方公司2017年3月1日向广州兴隆公司销售一批产品,货款为1500000元,尚未收到,已办妥托收手续,适用增值税税率为17%。则广州东方公司应作如下会计处理:

借:应收账款　　　　　　　　　　　　　　　　　　　1755000
　　贷:主营业务收入　　　　　　　　　　　　　　　　　　1500000
　　　　应交税费——应交增值税(销项税税额)　　　　　　　255000

3月15日,广州东方公司收到广州兴隆公司寄来一张3个月期的商业承兑汇票,面值为1755000元,抵付产品货款。

广州东方公司应作如下会计处理:

借:应收票据　　　　　　　　　　　　　　　　　　　1755000
　　贷:应收账款　　　　　　　　　　　　　　　　　　　　1755000

6月15日,广州东方公司上述应收票据到期收回票面金额1755000元存入银行。

广州东方公司应作如下会计处理:

借:银行存款　　　　　　　　　　　　　　　　　　　1755000
　　贷:应收票据　　　　　　　　　　　　　　　　　　　　1755000

2. 应收票据的转让

实务中,企业可以将自己持有的商业汇票背书转让。背书是指在票据背面或者粘单上记载有关事项并签章的票据行为。背书转让的,背书人应当承担票据责任。企业将持有的商业汇票背书转让以取得所需物资时,按应计入取得物资成本的金额,借记"材料采购"或"原材料""库存商品"等科目,按专用发票上注明的可抵扣的增值税税额,借记"应交税费——应交增值税(进项税税额)"科目,按商业汇票的票面金额,贷记"应收票据"科目,如有差额,借记或贷记"银行存款"等科目。

【例2-7】承【例2-6】,假定广州东方公司于4月15日将上述应收票据背书转让,以取得生产经营所需的A种材料,该材料金额为1500000元,适用增值税税率为17%。广州东方公司应作如下会计处理:

借:原材料　　　　　　　　　　　　　　　　　　　　1500000
　　应交税费——应交增值税(进项税税额)　　　　　　　255000
　　贷:应收票据　　　　　　　　　　　　　　　　　　　　1755000

(三) 应收账款的核算

为了反映和监督应收账款的增减变动及其结存情况,企业应设置"应收账款"科目,不单独设置"预收账款"科目的企业,预收的账款也在"应收账款"科目核算。"应收账款"科目的借方登记应收账款的增加,贷方登记应收账款的收回及确认的坏账损失,期末余额一般在借方,反映企业尚未收回的应收账款;如果期末余额在贷方,则反映企业预收的账款。

【例2-8】广州东方公司采用托收承付结算方式向广州兴隆公司销售商品一批,货款300000元,增值税税额51000元,以银行存款代垫运杂费6000元,已办理托收手续。广州东方公司应作如下会计处理:

借：应收账款　　　　　　　　　　　　　　　　　　　　　357000
　　贷：主营业务收入　　　　　　　　　　　　　　　　　　300000
　　　　应交税费——应交增值税（销项税税额）　　　　　　51000
　　　　银行存款　　　　　　　　　　　　　　　　　　　　6000

需要说明的是，按照明晰性原则，企业代购货单位垫付包装费、运杂费也应计入应收账款，通过"应收账款"科目核算。

广州东方公司实际收到款项时，应作如下会计处理：
借：银行存款　　　　　　　　　　　　　　　　　　　　　357000
　　贷：应收账款　　　　　　　　　　　　　　　　　　　　357000

企业应收账款改用应收票据结算，在收到承兑的商业汇票时，借记"应收票据"科目，贷记"应收账款"科目。

【例2-9】广州东方公司收到丙公司交来商业汇票一张，面值10000元，用以偿还其前欠货款。广州东方公司应作如下会计处理：
借：应收票据　　　　　　　　　　　　　　　　　　　　　10000
　　贷：应收账款　　　　　　　　　　　　　　　　　　　　10000

（四）预付账款的核算

企业根据购货合同的规定向供应单位预付款项时，借记"预付账款"科目，贷记"银行存款"科目。企业收到所购物资，按应计入购入物资成本的金额，借记"材料采购"或"原材料""库存商品""应交税费——应交增值税（进项税税额）"等科目，贷记"预付账款"科目；当预付货款小于采购货物所需支付的款项时，应将不足部分补付，借记"预付账款"科目，贷记"银行存款"科目；当预付货款大于采购货物所需支付的款项时，对收回的多余款项应借记"银行存款"科目，贷记"预付账款"科目。

【例2-10】广州东方公司向广州兴隆公司采购材料5000吨，单价10元，所需支付的款项总额50000元。按照合同规定向广州兴隆公司预付货款的50%，验收货物后补付其余款项。广州东方公司应作如下会计处理：

（1）预付50%的货款时：
借：预付账款——广州兴隆公司　　　　　　　　　　　　　25000
　　贷：银行存款　　　　　　　　　　　　　　　　　　　　25000

（2）收到广州兴隆公司发来的5000吨材料，验收无误，增值税专用发票记载的货款为50000元，增值税税额为8500元。广州东方公司以银行存款补付所欠款项33500元。
借：原材料　　　　　　　　　　　　　　　　　　　　　　50000
　　应交税费——应交增值税（进项税税额）　　　　　　　　8500
　　　贷：预付账款——广州兴隆公司　　　　　　　　　　　58500
借：预付账款——广州兴隆公司　　　　　　　　　　　　　33500
　　贷：银行存款　　　　　　　　　　　　　　　　　　　　33500

(五) 其他应收款的核算

为了反映和监督其他应收账款的增减变动及其结存情况，企业应当设置"其他应收款"科目进行核算。"其他应收款"科目的借方登记其他应收款的增加，贷方登记其他应收款的收回，期末余额一般在借方，反映企业尚未收回的其他应收款项。

【例 2-11】广州东方公司在采购过程中发生材料毁损，按保险合同规定，应由保险公司赔偿损失 30000 元，赔款尚未收到。

借：其他应收款——保险公司　　　　　　　　　　　　　　30000
　　贷：材料采购　　　　　　　　　　　　　　　　　　　　30000

【例 2-12】承【例 2-11】，上述保险公司赔款如数收到。

借：银行存款　　　　　　　　　　　　　　　　　　　　　30000
　　贷：其他应收款——保险公司　　　　　　　　　　　　　30000

【例 2-13】广州东方公司以银行存款替副总经理垫付应由其个人负担的医疗费 5000 元，拟从其工资中扣回。

（1）垫支时：

借：其他应收款　　　　　　　　　　　　　　　　　　　　5000
　　贷：银行存款　　　　　　　　　　　　　　　　　　　　5000

（2）扣款时：

借：应付职工薪酬　　　　　　　　　　　　　　　　　　　5000
　　贷：其他应收款　　　　　　　　　　　　　　　　　　　5000

【例 2-14】广州东方公司租入包装物一批，以银行存款向出租方支付押金 10000 元。

借：其他应收款——存出保证金　　　　　　　　　　　　　10000
　　贷：银行存款　　　　　　　　　　　　　　　　　　　　10000

【例 2-15】承【例 2-14】，租入包装物按期如数退回，广州东方公司收到出租方退还的押金 10000 元，已存入银行。

借：银行存款　　　　　　　　　　　　　　　　　　　　　10000
　　贷：其他应收款——存出保证金　　　　　　　　　　　　10000

(六) 应收款项减值

1. 应收款项减值损失的确认

企业的各种应收款项，可能会因购货人拒付、破产、死亡等原因而无法收回。这类无法收回的应收款项就是坏账。因坏账而遭受的损失为坏账损失。企业应当在资产负债表日对应收款项的账面价值进行检查，有客观证据表明应收款项发生减值的，应当将该应收款项的账面价值减记至预计未来现金流量现值，减记的金额确认减值损失，计提坏账准备。确定应收款项减值有两种方法，即直接转销法和备抵法，我国企业会计准则规定采用备抵法确定应收款项的减值。

备抵法是采用一定的方法按期估计坏账损失，计入当期费用，同时建立坏账准备，待坏账实际发生时，冲销已提的坏账准备和相应的应收款项。采用这种方法，坏账损失计入同一期间的损溢，体现了配比原则的要求，避免了企业明盈实亏；在报表上列示了应收款项净额，使报表使用者能了解企业应收款项的可变现金额。

2. 坏账准备的账务处理

已确认并转销的应收款项以后又收回的，应当按照实际收到的金额增加坏账准备的账面余额。已确认并转销的应收款项以后又收回时，借记"应收账款""其他应收款"等科目，贷记"坏账准备"科目；同时，借记"银行存款"科目，贷记"应收账款""其他应收款"等科目。也可以按照实际收回的金额，借记"银行存款"科目，贷记"坏账准备"科目。

坏账准备可按以下公式计算：

当期应计提的坏账准备 = 当期按应收款项计算应提坏账准备金额 −（或 +）
"坏账准备"科目的贷方（或借方）余额

【例2-16】2016 年 12 月 31 日，广州东方公司对应收丙公司的账款进行减值测试。应收账款余额合计为 1000000 元，广州东方公司根据丙公司的资信情况确定应计提 100000 元坏账准备。2016 年末计提坏账准备，应编制如下会计分录：

　　借：资产减值损失——计提的坏账准备　　　　　　　　　　100000
　　　　贷：坏账准备　　　　　　　　　　　　　　　　　　　　　　100000

【例2-17】广州东方公司 2016 年对丙公司的应收账款实际发生坏账损失 30000 元，确认坏账损失时，广州东方公司应编制如下会计分录：

　　借：坏账准备　　　　　　　　　　　　　　　　　　　　　　30000
　　　　贷：应收账款　　　　　　　　　　　　　　　　　　　　　　30000

【例2-18】承上例，假设广州东方公司 2017 年末应收丙公司的账款金额为 1200000 元，经减值测试，广州东方公司决定应计提 120000 坏账准备。

根据广州东方公司坏账核算方法，其"坏账准备"科目应保持的贷方余额为 120000 元；计提坏账准备前，"坏账准备"科目的实际余额为贷方 100000 − 30000 = 70000（元），因此本年末应计提的坏账准备金额为 120000 − 70000 = 50000（元）。广州东方公司应编制如下会计分录：

　　借：资产减值损失——计提的坏账准备　　　　　　　　　　50000
　　　　贷：坏账准备　　　　　　　　　　　　　　　　　　　　　　50000

【例2-19】广州东方公司 2017 年 4 月 20 日，收到 2016 年已转销的坏账 12000 元，已存入银行。广州东方公司应编制如下会计分录：

　　借：应收账款　　　　　　　　　　　　　　　　　　　　　　12000
　　　　贷：坏账准备　　　　　　　　　　　　　　　　　　　　　　12000
　　借：银行存款　　　　　　　　　　　　　　　　　　　　　　12000
　　　　贷：应收账款　　　　　　　　　　　　　　　　　　　　　　12000

第三章 金融资产

第一节 金融资产的定义和分类

金融资产属于企业资产的重要组成部分，主要包括：库存现金、银行存款、应收账款、应收票据，其他应收款项、股权投资、债权投资和衍生金融工具形成的资产等。

本章不涉及以下金融资产的会计处理：①货币资金；②对子公司、联营企业、合营企业投资以及在活跃市场上没有报价的长期股权投资。

企业应当结合自身业务特点、投资策略和风险管理要求，将取得的金融资产在初始确认时划分为以下四类：①以公允价值计量且其变动计入当期损益的金融资产；②持有至到期投资；③货款和应收款项；④可出售的金融资产。

金融资产分类与金融资产计量密切相关。不同类别的金融资产，其初始计量和后续计量采用的基础也不完全相同。因此，上述分类一经确定，不应随意变更。

第二节 以公允价值计量且其变动计入当期损益的金融资产

一、概述

以公允价值计量且其变动计入当期损益的金融资产，可以进一步分为交易性金融资产划分和指定以公允价值计量且其变动计入当期损益的金融资产。同时，某项金融资产划分为以公允价值计量且其变动计入当期损益的金融资产后，不能再重分类为其他类别的金融资产；其他类别的金融资产也不能再重分类为以公允价值计量且其变动计入当期损益的金融资产。

（一）交易性金融资产

金融资产满足下列条件之一的，应当划分为交易性金融资产：

（1）取得该金融资产的目的，主要是为了近期内出售或回购。比如，企业以赚取差价为目的从二级市场购入的股票、债券、基金等。

（2）属于进行集中管理的可辨认金融工具组合的一部分，且有客观证据表明企业近期采用短期获利方式对该组合进行管理。比如，企业基于其投资策略和风险管理的需要，将某些金融资产进行组合从事短期获利活动，对于组合中的金融资产，应采用公允价值计量，并将其相关公允价值变动计入当期损益。

（3）属于衍生金融工具。比如，国债期货、远期合同、股指期货等，其公允价值变动大于零时，应将其相关变动金额确认为交易性金融资产，同时计入当期损益。但是，如果衍生工具被企业指定为有效套期关系中的套期工具，那么该衍生金融工具初始确认后的公允价值变动应根据其对应的套期关系（即公允价值套期、现金流量套期或境外经营净投资套期）不同，采用相应的方法进行处理。

（二）指定为以公允价值计量且其变动计入当期损益的金融资产

企业将某项金融资产指定为以公允价值计量且其变动计入当期损益的金融资产，通常是指该金融资产不满足确认为交易性金融资产条件时，企业仍可在符合某些特定条件的情况下将其按公允价值计量，并将其公允价值变动计入当期损益。

通常情况下，只有符合下列条件之一的金融资产，才可以在初始确认时指定为以公允价值计量且其变动计入当期损益的金融资产：

（1）该指定可以消除或明显减少由于该金融资产的计量基础不同所导致的相关利得或损失在确认或计量方面不一致的情况。比如，甲金融企业的某金融负债和某金融资产密切相关且均具利率敏感性，该企业将该金融资产划分为可供出售金融资产，而将相关负债划分为交易性金融负债，在这种情况下，该金融资产期末以公允价值计量但公允价值变动却计入所有者权益，而相关的金融负债却以公允价值计量且公允价值变动计入当期损益，由此出现会计计量基础不同导致会计处理结果不能较好地反映交易实质的情况。如果将该金融资产指定为以公允价值计量且其变动计入当期损益的金融资产，就可以避免上述问题。

（2）企业风险管理或投资策略的正式书面文件已载明，该金融资产组合或该金融资产和金融负债组合，以公允价值为基础进行管理、评价并向关键管理人员报告。比如，某企业集团对所辖范围内全资子企业或分公司的风险敞口进行集中管理以总体控制财务风险，该企业集团采用金融资产和金融负债组合方式进行管理，每日均以公允价值对该组合进行评价以及时调整组合来应对相关财务风险。该企业集团管理层对该组合的管理也以公允价值为基础。在这种情况下，该企业集团可以直接指定组合中的金融资产和金融负债为以公允价值计量且其变动计入当期损益的金融资产和金融负债。

二、会计处理

企业对以公允价值计量且其变动计入当期损益的金融资产的会计处理，应着重于该金融资产与金融市场的紧密结合性，反映该类金融资产相关市场变量变化对其价值的影响，进而对企业财务状况和经营成果的影响。

以公允价值计量且其变动计入当期损益的金融资产初始确认时，应按公允价值计量,相关交易费用应当直接计入当期损益。其中,交易费用是指可直接归属于购买、发行或处置金融工具新增的外部费用。所谓新增的外部费用,是指企业不购买、发行或处置金融工具就不会发生的费用。交易费用包括支付给代理机构、咨询公司、券商等的手续费和佣金及其他必要支出,不包括债券溢价、折价、融资费用、内部管理成本及其他与交易不直接相关的费用。企业为发行金融工具所产生的差旅费等,不属于此处所讲的交易费用。

企业取得以公允价值计量且其变动计入当期损益的金融资产所支付的价款中,包括已宣告但尚未发放的现金股利或已到付息期但尚未领取的债券利息的,应当单独确认为应收项目。在持有期间取得的利息或现金股利,应当确认为投资收益。

资产负债表日,企业应将以公允价值计量且其变动计入当期损益的金融资产或金融负债的公允价值变动计入当期损益。

处置该金融资产或金融负债时,其公允价值与初始入账金额之间的差额应确认为投资收益,同时调整公允价值变动损益。

【例3-1】2015年5月13日,广州东方公司支付价款1060000元从二级市场购入广州兴隆公司发行的股票100000股,每股价格10.60元(含已宣告但尚未发放的现金股利0.60元),另支付交易费用1000元。广州东方公司将持有的广州兴隆公司股权划分为交易性金融资产,且持有广州兴隆公司股权后对其无重大影响。

广州东方公司的其他相关资料如下:
(1) 5月23日,收到广州兴隆公司发放的现金股利。
(2) 6月30日,广州兴隆公司股票价格涨到每股13元。
(3) 8月15日,将持有的广州兴隆公司股票全部售出,每股售价15元。
假定不考虑其他因素,广州东方公司的账务处理如下:
(1) 5月13日,购入广州兴隆公司股票:
借:交易性金融资产——成本　　　　　　　　　　　　1000000
　　应收股利　　　　　　　　　　　　　　　　　　　　60000
　　投资收益　　　　　　　　　　　　　　　　　　　　1000
　　　贷:银行存款　　　　　　　　　　　　　　　　　1061000
(2) 5月23日,收到广州兴隆公司发放的现金股利:
借:银行存款　　　　　　　　　　　　　　　　　　　　60000
　　　贷:应收股利　　　　　　　　　　　　　　　　　60000
(3) 6月30日,确认股票价格变动:
借:交易性金融资产——公允价值变动　　　　　　　　　300000
　　　贷:公允价值变动损益　　　　　　　　　　　　　300000
(4) 8月15日,广州兴隆公司股票全部售出:
借:银行存款　　　　　　　　　　　　　　　　　　　　1500000
　　公允价值变动损益　　　　　　　　　　　　　　　　300000
　　　贷:交易性金融资产——成本　　　　　　　　　　1000000
　　　　　　　　　　　　——公允价值变动　　　　　　300000

投资收益　　　　　　　　　　　　　　　　　　　　　　　　　　　500000

【例3-2】 2015年1月1日，广州东方公司从二级市场支付价款1020000元（含已到付息但尚未领取的利息20000元）购入某公司发行的债券，另支付交易费用20000元。该债券面值1000000元，剩余期限为2年，票面年利率为4%，每半年付息一次，ABC企业将其划分为交易性金融资产。

广州东方公司的其他相关资料如下：

（1）2015年1月5日，收到该债券2016年下半年利息20000元。
（2）2015年6月30日，该债券的公允价值为1150000元（不含利息）。
（3）2015年7月5日，收到该债券半年利息。
（4）2015年12月31日，该债券的公允价值为1100000元（不含利息）。
（5）2016年1月5日，收到该债券2017年下半年利息。
（6）2016年3月31日，ABC企业将该债券出售，取得价款1180000元（含一季度利息10000元）。

假定不考虑其他因素，则ABC企业的账务处理如下：

（1）2015年1月1日，购入债券：

借：交易性金融资产——成本　　　　　　　　　　　　　　　1000000
　　应收利息　　　　　　　　　　　　　　　　　　　　　　　20000
　　投资收益　　　　　　　　　　　　　　　　　　　　　　　20000
　　贷：银行存款　　　　　　　　　　　　　　　　　　　　　　　　1040000

（2）2015年1月5日，收到该债券2016年下半年利息：

借：银行存款　　　　　　　　　　　　　　　　　　　　　　20000
　　贷：应收利息　　　　　　　　　　　　　　　　　　　　　　　　20000

（3）2015年6月30日，确认债券公允价值变动和投资收益：

借：交易性金融资产——公允价值变动　　　　　　　　　　　150000
　　贷：公允价值变动损益　　　　　　　　　　　　　　　　　　　　150000
借：应收利息　　　　　　　　　　　　　　　　　　　　　　20000
　　贷：投资收益　　　　　　　　　　　　　　　　　　　　　　　　20000

（4）2015年7月5日，收到该债券半年利息：

借：银行存款　　　　　　　　　　　　　　　　　　　　　　20000
　　贷：应收利息　　　　　　　　　　　　　　　　　　　　　　　　20000

（5）2015年12月31日，确认债券公允价值变动和投资收益：

借：公允价值变动损益　　　　　　　　　　　　　　　　　　50000
　　贷：交易性金融资产——公允价值变动　　　　　　　　　　　　　50000
借：应收利息　　　　　　　　　　　　　　　　　　　　　　20000
　　贷：投资收益　　　　　　　　　　　　　　　　　　　　　　　　20000

（6）2016年1月5日，收到该债券2015年下半年利息：

借：银行存款　　　　　　　　　　　　　　　　　　　　　　20000
　　贷：应收利息　　　　　　　　　　　　　　　　　　　　　　　　20000

(7) 2016 年 3 月 31 日，将该债券予以出售：

借：应收利息　　　　　　　　　　　　　　　　　　10000
　　贷：投资收益　　　　　　　　　　　　　　　　　　　10000
借：银行存款　　　　　　　　　　　　　　　　　　1170000
　　公允价值变动损益　　　　　　　　　　　　　　　100000
　　贷：交易性金融资产——成本　　　　　　　　　　　1000000
　　　　　　　　　　——公允价值变动　　　　　　　　100000
　　　　投资收益　　　　　　　　　　　　　　　　　　170000
借：银行存款　　　　　　　　　　　　　　　　　　10000
　　贷：应收利息　　　　　　　　　　　　　　　　　　　10000

第三节　持有至到期投资

一、持有至到期投资概述

持有至到期投资，是指到期日固定、回收金额固定或可确定，且企业有明确意图和能力持有至到期的非衍生金融资产。通常情况下，能够划分为持有至到期投资的金融资产，主要是债权性投资，比如企业从二级市场上购入的固定利率国债、浮动利率金融债券等。股权投资因其没有固定的到期日，因而不能划分为持有至到期投资。持有至到期投资通常具有长期性质，但期限较短（一年以内）的债券投资，符合持有至到期投资条件的，也可将其划分为持有至到期投资。

企业不能将下列非衍生金融资产划分为持有至到期投资：

（1）在初始确认时即被指定为以公允价值计量且其变动计入当期损益的非衍生金融资产。

（2）在初始确认时被指定为可供出售的非衍生金融资产。

（3）符合贷款和应收款项的定义的非衍生金融资产。

企业在将金融资产划分为持有至到期投资时，应当注意把握以下特征：

（一）该金融资产到期日固定、回收金额固定或可确定

"到期日固定、回收金额固定或可确定"是指相关合同明确了投资者在确定的期间内获得或应收取现金流量（如投资利息和本金等）的金额和时间。因此，从投资者角度看，如果不考虑其他条件，在将某项投资划分为持有至到期投资时可以不考虑可能存在的发行方重大支付风险。其次，由于要求到期日固定，从而权益工具投资不能划分为持有至到期投资。再者，如果符合其他条件，不能由于某债务工具投资是浮动利率投资而不将其划分为持有至到期投资。

（二）企业有明确意图将该金融资产持有至到期

"有明确意图持有至到期"是指投资者在取得投资时意图就是明确的，除非遇到一些企业所不能控制、预期不会重复发生且难以合理预计的独立事项，否则将持有至到期。

存在下列情况之一的，表明企业没有明确意图将金融资产投资持有至到期：

（1）持有该金融资产的期限不确定。

（2）发生市场利率变化、流动性需要变化、替代投资机会及其投资收益率变化、融资来源和条件变化、外汇风险变化等情况时，将出售该金融资产。但是，无法控制、预期不会重复发生且难以合理预计的独立事项引起的金融资产出售除外。

（3）该金融资产的发行方可以按照明显低于其摊余成本的金额清偿。

（4）其他表明企业没有明确意图将该金融资产持有至到期的情况。

据此，对于发行方可以赎回的债务工具，如发行方行使赎回权，投资者仍可收回其几乎所有初始净投资（含支付的溢价和交易费用），那么投资者可以将此类投资划分为持有至到期投资。但是，对于投资者有权要求发行方赎回的债务工具投资，投资者不能将其划分为持有至到期投资。

（三）企业有能力将该金融资产持有至到期

"有能力持有至到期"是指企业有足够的财力资源，并不受外部因素影响将投资持有至到期。

存在下列情况之一的，表明企业没有能力将具有固定期限的金融资产投资持有至到期：

（1）没有可利用的财力资源持续地为该金融资产投资提供资金支持，以使该金融资产投资持有至到期。

（2）受法律、行政法规的限制，使企业难以将该金融资产投资持有至到期。

（3）其他表明企业没有能力将具有固定期限的金融资产投资持有至到期的情况。

企业应当于每个资产负债表日对持有至到期投资的意图和能力进行评价。发生变化的，应当将其重分类为可供出售金融资产进行处理。

企业将某金融资产划分为持有至到期投资后，可能会发生到期前将该金融资产予以处置或重分类的情况。这种情况的发生，通常表明企业违背了将投资持有至到期的最初意图。

企业将尚未到期的某项持有至到期投资在本会计年度内出售或重分类为可供出售金融资产的金额，相对于该类投资（即企业全部持有至到期投资）在出售或重分类前的总额较大时，则企业在处置或重分类后应立即将其剩余的持有至到期投资（即全部持有至到期投资扣除已处置或重分类的部分）重分类为可供出售金融资产，且在本会计年度及以后两个完整的会计年度内不得再将该金融资产划分为持有至到期投资。但是，下列情况除外：

（1）出售日或重分类日距离该项投资到期日或赎回日较近（如到期前三个月内），且市场利率变化对该项投资的公允价值没有显著影响。

(2) 根据合同约定的定期偿付或提前还款方式收回该投资几乎所有初始本金后，将剩余部分予以出售或重分类。

(3) 出售或重分类是由于企业无法控制、预期不会重复发生且难以合理预计的独立事项所引起。此种情况主要包括：

1) 因被投资单位信用状况严重恶化，将持有至到期投资予以出售。

2) 因相关税收法规取消了持有至到期投资的利息税前可抵扣政策，或显著减少了税前可抵扣金额，将持有至到期投资予以出售。

3) 因发生重大企业合并或重大处置，为保持现行利率风险头寸或维持现行信用风险政策，将持有至到期投资予以出售。

4) 因法律、行政法规对允许投资的范围或特定投资品种的投资限额做出重大调整，将持有至到期投资予以出售。

5) 因监管部门要求大幅度提高资产流动性，或大幅度提高持有至到期投资在计算资本充足率时的风险权重，将持有至到期投资予以出售。

【例3-3】2013年7月，某银行支付19900000美元从市场上以折价方式购入一批美国甲汽车金融公司发行的三年期固定利率债券，票面年利率4.5%，债券面值为20000000美元。该银行将其划分为持有至到期投资。

2014年年初，美国汽车行业受燃油价格上涨、劳资纠纷、成本攀升等诸多因素影响，盈利能力明显减弱，甲汽车金融公司所发行债券的二级市场价格严重下滑。为此，国际公认的评级公司将甲汽车金融公司的长期信贷等级从Baa2下调至Baa3，认为甲汽车金融公司的清偿能力较弱，风险相对越来越大，对经营环境和其他内外部条件变化较为敏感，容易受到冲击，具有较大的不确定性。

综合考虑上述因素，该银行认为，尽管所持有的甲汽车金融公司债券剩余期限较短，但由于其未来表现存有相当大的不确定性，继续持有这些债券会有较大的信用风险。为此，该银行于2014年8月将该持有至到期债券按低于面值的价格出售。

本例中，该银行出售所持有的甲汽车金融公司债券主要是由于其本身无法控制、预期不会重复发生且难以合理预计的独立事项所引起，因而不会影响其对其他持有至到期投资的分类。

【例3-4】2015年11月，广州东方公司采用控股合并方式合并了广州兴隆公司，广州东方公司的管理层为此也做了调整。广州东方公司的新管理层认为，广州兴隆公司的某些持有至到期债券期限过长，合并完成后再将其划分为持有至到期投资不合理。为此，在购买日编制的合并资产负债表内，广州东方公司决定将这部分持有至到期债券重分类为可供出售金融资产。在这种情况下，广州东方公司在合并日资产负债表内进行这种重分类没有违背划分为持有至到期投资所要求的"有明确意图和能力"。

本例中，广州东方公司如果因为要合并广州兴隆公司而将其自身的持有至到期投资的较大部分予以出售，则违背了划分为持有至到期投资的所要求的"有明确意图和能力"。

值得说明的是，如出售或重分类金融资产的金额较大而受到的"两个完整会计年度"内不能将金融资产划分为持有至到期的限制已解除（即已过了两个完整的会计年度），企业可以再将符合规定条件的金融资产划分为持有至到期投资。

二、持有至到期投资的会计处理

企业对持有至到期投资的会计处理，应着重于该金融资产的持有者打算"持有至到期"，未到期前通常不会出售或重分类，主要应解决该金融资产实际利率的计算、摊余成本的确定、持有期间的收益确认以及将其处置时损益的处理。

（一）持有至到期投资的初始计量

持有至到期投资初始确认时，应当按照公允价值计量和相关交易费用之和作为初始入账金额。实际支付的价款中包括的已到付息期但尚未领取的债券利息，应单独确认为应收项目。

持有至到期投资初始确认时，应当计算确定其实际利率，并在该持有至到期投资预期存续期间或适用的更短期间内保持不变。

实际利率，是指将金融资产或金融负债在预期存续期间或适用的更短期间内的未来现金流量，折现为该金融资产或金融负债当前账面价值所使用的利率。企业在确定实际利率时，应当在考虑金融资产或金融负债所有合同条款（包括提前还款权、看涨期权、类似期权等）的基础上预计未来现金流量，但不应考虑未来信用损失。

金融资产合同各方之间支付或收取的、属于实际利率组成部分的各项收费、交易费用及溢价或折价等，应当在确定实际利率时予以考虑。金融资产的未来现金流量或存续期间无法可靠预计时，应当采用该金融资产在整个合同期内的合同现金流量。

（二）持有至到期投资的后续计量

企业应当采用实际利率法，按摊余成本对持有至到期投资进行后续计量。其中，实际利率法是指按照金融资产或金融负债（含一组金融资产或金融负债）的实际利率计算其摊余成本及各期利息收入或利息费用的方法。摊余成本是指该金融资产的初始确认金额经下列调整后的结果：①扣除已偿还的本金；②加上或减去采用实际利率法将该初始确认金额与到期日金额之间的差额进行摊销形成的累计摊销额；③扣除已发生的减值损失。

企业应在持有至到期投资持有期间，采用实际利率法，按照摊余成本和实际利率计算确认利息收入，计入投资收益。实际利率应当在取得持有至到期投资时确定，实际利率与票面利率差别较小的，也可按票面利率计算利息收入，计入投资收益。

处置持有至到期投资时，应将所取得价款与持有至到期投资账面价值之间的差额，计入当期损益。

【例3-5】 2010年1月1日，广州东方公司支付价款1000万元（含交易费用）从活跃市场上购入某公司5年期债券，面值1250万元，票面年利率4.72%，按年支付利息（即每年59万元），本金最后一次支付。合同约定，该债券的发行方在遇到特定情况时可以将债券赎回，且不需要为提前赎回支付额外款项。广州东方公司在购买该债券时，预计发行方不会提前赎回。

广州东方公司将购入的该公司债券划分为持有至到期投资,且不考虑所得税、减值损失等因素。为此,广州东方公司在初始确认时先计算确定该债券的实际利率:

设该债券的实际利率为r,则可列出如下等式:

$$59 \times (1+r)^{-1} + 59 \times (1+r)^{-2} + 59 \times (1+r)^{-3} + 59 \times (1+r)^{-4} + (59+1250) \times (1+r)^{-5} = 1000 \text{(万元)}$$

采用插值法,可以计算得出$r=10\%$,由此可编制表3-1。

表3-1 债券利息摊销表

金额单位:万元

年 份	期初摊余成本(a)	实际利息收入(b)	现金流入(c)	期末摊余成本 ($d=a+b-c$)
2010年	1000	100	59	1041
2011年	1041	104	59	1086
2012年	1086	109	59	1136
2013年	1136	114*	59	1191
2014年	1191	118**	1309	0

注:*数字四舍五入取整。
**数字考虑了计算过程中出现的尾差。

根据上述数据,广州东方公司的有关账务处理如下:

(1) 2010年1月1日,购入债券:

借:持有至到期投资——成本　　　　　　　　　　　　　　12500000
　　贷:银行存款　　　　　　　　　　　　　　　　　　　10000000
　　　　持有至到期投资——利息调整　　　　　　　　　　2500000

(2) 2010年12月31日,确认实际利息收入、收到票面利息等:

借:应收利息　　　　　　　　　　　　　　　　　　　　　590000
　　持有至到期投资——利息调整　　　　　　　　　　　　410000
　　贷:投资收益　　　　　　　　　　　　　　　　　　　1000000
借:银行存款　　　　　　　　　　　　　　　　　　　　　590000
　　贷:应收利息　　　　　　　　　　　　　　　　　　　590000

(3) 2011年12月31日,确认实际利息收入、收到票面利息等:

借:应收利息　　　　　　　　　　　　　　　　　　　　　590000
　　持有至到期投资——利息调整　　　　　　　　　　　　450000
　　贷:投资收益　　　　　　　　　　　　　　　　　　　1040000
借:银行存款　　　　　　　　　　　　　　　　　　　　　590000
　　贷:应收利息　　　　　　　　　　　　　　　　　　　590000

（4）2012年12月31日，确认实际利息收入、收到票面利息等：

借：应收利息   590000
　　持有至到期投资——利息调整   500000
　　　贷：投资收益   1090000
借：银行存款   590000
　　　贷：应收利息   590000

（5）2013年12月31日，确认实际利息、收到票面利息等：

借：应收利息   590000
　　持有至到期投资——利息调整   550000
　　　贷：投资收益   1140000
借：银行存款   590000
　　　贷：应收利息   590000

（6）2014年12月31日，确认实际利息、收到票面利息和本金等：

借：应收利息   590000
　　持有至到期投资——利息调整   590000
　　　贷：投资收益   1180000
借：银行存款   590000
　　　贷：应收利息   590000
借：银行存款等   12500000
　　　贷：持有至到期投资——成本   12500000

假定在2012年1月1日，广州东方公司预计本金的一半（即625万元）将会在该年末收回，而其余的一半本金将于2014年末付清。遇到这种情况时，广州东方公司应当调整2012年年初的摊余成本，计入当期损益。调整时采用最初确定的实际利率。

据此，调整上述表中相关数据后如表3-2所示。

表3-2　债券利息摊销表

金额单位：万元

年　份	期初摊余成本（a）	实际利息收入（b）	现金流入（c）	期末摊余成本（d = a + b - c）
2012年	1139*	114**	684	569
2013年	569	57	30***	596
2014年	596	60	656	0

注：*1139 = 684$(1+10)^{-1}$ + 301$(1+10\%)^{-2}$ + 6551$(1+10\%)^{-3}$（四舍五入）。

**114 = 1138110%（四舍五入）。

***30 = 62514.72%（四舍五入）。

根据上述调整，广州东方公司的账务处理如下：

（1）2012年1月1日，调整期初摊余成本：

借：持有至到期投资——利息调整 530000
　　贷：投资收益 530000

(2) 2012 年 12 月 31 日，确认实际利息、收回本金等：

借：应收利息 590000
　　持有至到期投资——利息调整 550000
　　贷：投资收益 1140000
借：银行存款 590000
　　贷：应收利息 590000
借：银行存款 6250000
　　贷：持有至到期投资——成本 6250000

(3) 2013 年 12 月 31 日，确认实际利息等：

借：应收利息 300000
　　持有至到期投资——利息调整 270000
　　贷：投资收益 570000
借：银行存款 300000
　　贷：应收利息 300000

(4) 2014 年 12 月 31 日，确认实际利息、收回本金等：

借：应收利息 300000
　　持有至到期投资——利息调整 300000
　　贷：投资收益 600000
借：银行存款 300000
　　贷：应收利息 300000
借：银行存款 6250000
　　贷：持有至到期投资——成本 6250000

假定广州东方公司购买的债券不是分次付息，而是到期一次还本付息，且利息不是以复利计算。此时广州东方公司所购买债券的实际利率 r，可以计算如下：

$(59+59+59+59+59+1250) \times (1+r)^{-5} = 1000$（万元），由此得出

$r = 9.05\%$。

据此，调整上述表中相关数据后如表 3-3 所示。

表 3-3 债券利息摊销表

金额单位：万元

年　份	期初摊余成本 (a)	实际利息收入 (b)	现金流入 (c)	期末摊余成本 ($d=a+b-c$)
2010 年	1000	90.50	0	1090.50
2011 年	1090.50	98.69	0	1189.19
2012 年	1189.19	107.62	0	1296.81

续上表

年　份	期初摊余成本（a）	实际利息收入（b）	现金流入（c）	期末摊余成本 (d=a+b-c)
2013 年	1296.81	117.36	0	1414.17
2014 年	1414.17	130.83*	1545	0

* 考虑了计算过程中出现的尾差2.85万元。

根据上述数据，广州东方公司的有关账务处理如下：

(1) 2010 年 1 月 1 日，购入债券：

借：持有至到期投资——成本　　　　　　　　　　　　　　　12500000
　　贷：银行存款　　　　　　　　　　　　　　　　　　　　　10000000
　　　　持有至到期投资——利息调整　　　　　　　　　　　　2500000

(2) 2010 年 12 月 31 日，确认实际利息收入：

借：持有至到期投资——应计利息　　　　　　　　　　　　　　590000
　　　　　　　　　　——利息调整　　　　　　　　　　　　　315000
　　贷：投资收益　　　　　　　　　　　　　　　　　　　　　905000

(3) 2011 年 12 月 31 日，确认实际利息收入：

借：持有至到期投资——应计利息　　　　　　　　　　　　　　590000
　　　　　　　　　　——利息调整　　　　　　　　　　　　　396900
　　贷：投资收益　　　　　　　　　　　　　　　　　　　　　986900

(4) 2012 年 12 月 31 日：

借：持有至到期投资——应计利息　　　　　　　　　　　　　　590000
　　　　　　　　　　——利息调整　　　　　　　　　　　　　486200
　　贷：投资收益　　　　　　　　　　　　　　　　　　　　　1076200

(5) 2013 年 12 月 31 日，确认实际利息：

借：持有至到期投资——应计利息　　　　　　　　　　　　　　590000
　　　　　　　　　　——利息调整　　　　　　　　　　　　　583600
　　贷：投资收益　　　　　　　　　　　　　　　　　　　　　1173600

(6) 2014 年 12 月 31 日，确认实际利息、收到本金和名义利息等：

借：持有至到期投资——应计利息　　　　　　　　　　　　　　590000
　　　　　　　　　　——利息调整　　　　　　　　　　　　　718300
　　贷：投资收益　　　　　　　　　　　　　　　　　　　　　1308300
借：银行存款　　　　　　　　　　　　　　　　　　　　　　　15450000
　　贷：持有至到期投资——成本　　　　　　　　　　　　　　2500000
　　　　　　　　　　　——应计利息　　　　　　　　　　　　2950000

（三）持有至到期投资转换

企业因持有至到期投资部分出售或重分类的金额较大，且不属于企业会计准则所允许的例外情况，使该投资的剩余部分不再适合划分为持有至到期投资的，企业应当将该投资的剩余部分重分类为可供出售金融资产，并以公允价值进行后续计量。重分类日，该投资剩余部分的账面价值与其公允价值之间的差额计入所有者权益，在该可供出售金融资产发生减值或终止确认时转出，计入当期损益。

【例3-6】2016年3月，由于贷款基准利率的变动和其他市场因素的影响，广州兴隆公司持有的、原划分为持有至到期投资的某公司债券价格持续下跌。为此，广州兴隆公司于4月1日对外出售该持有至到期债券投资10%，收取价款1200000元（即所出售债券的公允价值）。

假定4月1日该债券出售前的账面余额（成本）为10000000元，不考虑债券出售等其他相关因素的影响，则广州兴隆公司相关的账务处理如下：

借：银行存款　　　　　　　　　　　　　　　　　　　　1200000
　　贷：持有至到期投资——成本　　　　　　　　　　　　1000000
　　　　投资收益　　　　　　　　　　　　　　　　　　　　200000
借：可供出售金融资产　　　　　　　　　　　　　　　　10800000
　　贷：持有至到期投资——成本　　　　　　　　　　　　9000000
　　　　其他综合收益　　　　　　　　　　　　　　　　　1800000

假定4月23日，广州兴隆公司将该债券全部出售，收取价款11800000元，则广州兴隆公司相关账务处理如下：

借：银行存款　　　　　　　　　　　　　　　　　　　　11800000
　　贷：可供出售金融资产　　　　　　　　　　　　　　　10800000
　　　　投资收益　　　　　　　　　　　　　　　　　　　1000000
借：其他综合收益　　　　　　　　　　　　　　　　　　　1800000
　　贷：投资收益　　　　　　　　　　　　　　　　　　　1800000

第四节　可供出售金融资产

一、概述

可供出售金融资产，是指初始确认时即被指定为可供出售的非衍生金融资产，以及除下列各类资产以外的金融资产：①贷款和应收款项；②持有至到期投资；③以公允价值计量且其变动计入当期损益的金融资产。例如，企业购入的在活跃市场上有报价的股票、债券和基金等，没有划分为以公允价值计量且其变动计入当期损益的金融资产或持有至到期投资等金融资产的，可归为此类。

对于在活跃市场上有报价的金融资产，既可能划分为以公允价值计量且其变动计入当期损益的金融资产，也可能划分为可供出售金融资产；如果该金融资产属于有固定到期日、回收金额固定或可确定的金融资产，则该金融资产还可能划分为持有至到期投资。某项金融资产具体应分为哪一类,主要取决于企业管理层的风险管理、投资决策等因素。金融资产的分类应是管理层意图的如实表达。

二、会计处理

可供出售金融资产的会计处理,与以公允价值计量且其变动计入当期损益的金融资产的会计处理有类似之处,但也有不同。具体而言:①初始确认时,都应按公允价值计量,但对于可供出售金融资产,相关交易费用应计入初始入账金额;②资产负债表日,都应按公允价值计量,但对于可供出售金融资产,公允价值变动不是计入当期损益,而通常应计入所有者权益。

企业在对可供出售金融资产进行会计处理时,还应注意以下三方面:

(1) 企业取得可供出售金融资产支付的价款中包含的已到付息期但尚未领取的债券利息或已宣告但尚未发放的现金股利,应单独确认为应收项目。

可供出售金融资产持有期间取得的利息或现金股利,应当计入投资收益。资产负债表日,可供出售金融资产应当以公允价值计量,且公允价值变动计入资本公积(其他资本公积)。

(2) 可供出售金融资产发生的减值损失,应计入当期损益;如果可供出售金融资产是外币货币性金融资产,则其形成的汇兑差额也应计入当期损益。采用实际利率法计算的可供出售金融资产的利息,应当计入当期损益;可出售权益工具投资的现金股利,应当在被投资单位宣告发放股利时计入当期损益。

(3) 处置可供出售金融资产时,应将取得的价款与该金融资产账面价值之间的差额,计入投资损益;同时,将原直接计入所有者权益的公允价值变动累计额对应处置部分的金额转出,计入投资损益。

【例3-7】广州兴隆公司于2015年7月13日从二级市场购入股票1000000股,每股市价15元,手续费30000元;初始确认时,该股票划分为可供出售金融资产。

广州兴隆公司至2015年12月31日仍持有该股票,该股票当时的市价为16元。

2016年2月1日,广州兴隆公司将该股票售出,售价为每股13元,另支付交易费用30000元。

假定不考虑其他因素,广州兴隆公司的账务处理如下:

(1) 2015年7月13日,购入股票:

借:可供出售金融资产——成本　　　　　　　　　　　　　　15030000
　　贷:银行存款　　　　　　　　　　　　　　　　　　　　　15030000

(2) 2015年12月31日,确认股票价格变动:

借:可供出售金融资产——公允价值变动　　　　　　　　　　970000
　　贷:其他综合收益　　　　　　　　　　　　　　　　　　　970000

(3) 2016年2月1日,出售股票:

借:银行存款　　　　　　　　　　　　　　　　　　　　　　12970000
　　其他综合收益　　　　　　　　　　　　　　　　　　　　　970000

投资收益 2060000
贷：可供出售金融资产——成本 15030000
——公允价值变动 970000

【例3-8】2015年1月1日甲保险公司支付价款1028.24元购入某公司发行的3年期公司债券，该公司债券的票面总金额为1000元，票面利率4%，实际利率3%，利息每年末支付，本金到期支付。甲保险公司将该公司债券划分为可供出售金融资产。2015年12月31日，该债券的市场价格为1000.094元。假定无交易费用和其他因素的影响，甲保险公司的账务处理如下：

(1) 2015年1月1日，购入债券：

借：可供出售金融资产——成本 1000
　　　　　　　　　　　——利息调整 28.244
贷：银行存款 1028.244

(2) 2015年12月31日，收到债券利息、确认公允价值变动：

实际利息 = 1028.24 × 13% = 30.8472 ≈ 30.85（元）
年末摊余成本 = 1028.244 + 30.85 - 40 = 1019.094（元）

借：应收利息 40
贷：投资收益 30.85
　　可供出售金融资产——利息调整 9.15

借：银行存款 40
贷：应收利息 40

借：其他综合收益 19
贷：可供出售金融资产——公允价值变动 19

【例3-9】2016年5月6日，广州东方公司支付价款10160000元（含交易费用10000元和已宣告但尚未发放的现金股利150000元），购入广州兴隆公司发行的股票2000000股，占广州兴隆公司有表决权股份的0.5%。广州东方公司将其划分为可供出售金融资产。其他资料如下：

(1) 2016年5月10日，广州东方公司收到广州兴隆公司发放的现金股利150000元。

(2) 2016年6月30日，该股票市价为每股5.20元。

(3) 2016年12月31日，广州东方公司仍持有该股票；当日，该股票市价为每股5元。

(4) 2017年5月9日，广州兴隆公司宣告发放股利40000000元。

(5) 2017年5月13日，广州东方公司收到广州兴隆公司发放的现金股利。

(6) 2017年5月20日，广州东方公司以每股4.90元的价格将该股票全部转让。

假定不考虑其他因素的影响，广州东方公司的账务处理如下：

(1) 2016年5月6日，购入股票：

借：应收股利 150000
　　可供出售金融资产——成本 10010000

贷：银行存款　　　　　　　　　　　　　　　　　　　　　10160000
（2）2016年5月10日，收到现金股利：
借：银行存款　　　　　　　　　　　　　　　　　　　　　　　150000
　　贷：应收股利　　　　　　　　　　　　　　　　　　　　　　150000
（3）2016年6月30日，确认股票的价格变动：
借：可供出售金融资产——公允价值变动　　　　　　　　　　　390000
　　贷：其他综合收益　　　　　　　　　　　　　　　　　　　　390000
（4）2016年12月31日，确认股票价格变动：
借：其他综合收益　　　　　　　　　　　　　　　　　　　　　400000
　　贷：可供出售金融资产——公允价值变动　　　　　　　　　　400000
（5）2017年5月9日，确认应收现金股利：
借：应收股利　　　　　　　　　　　　　　　　　　　　　　　200000
　　贷：投资收益　　　　　　　　　　　　　　　　　　　　　　200000
（6）2017年5月13日，收到现金股利：
借：银行存款　　　　　　　　　　　　　　　　　　　　　　　200000
　　贷：应收股利　　　　　　　　　　　　　　　　　　　　　　200000
（7）2017年5月20日，出售股票：
借：银行存款　　　　　　　　　　　　　　　　　　　　　　9800000
　　投资收益　　　　　　　　　　　　　　　　　　　　　　　210000
　　可供出售金融资产——公允价值变动　　　　　　　　　　　　10000
　　贷：可供出售金融资产——成本　　　　　　　　　　　　　10010000
　　　　其他综合收益　　　　　　　　　　　　　　　　　　　　10000

第四章 存　　货

第一节　存货的确认和初始计量

一、存货概述

（一）存货的内容

存货是指企业在日常活动中持有以备出售的产品或商品、处在生产过程中的在产品、在生产过程或提供劳务过程中耗用的材料或物料等，包括各类材料、在产品、半成品、产成品、商品以及包装物、低值易耗品、委托代销商品等。

（1）原材料是指企业在生产过程中经加工改变其形态或性质并构成产品主要实体的各种原料及主要材料、辅助材料、燃料、修理用备件（备品备件）、包装材料、外购半成品（外购件）等。

（2）在产品是指企业正在制造尚未完工的生产物，包括正在各个生产工序加工的产品和已加工完毕但尚未检验或已检验但尚未办理入库手续的产品。

（3）半成品是指经过一定生产过程并已检验合格交付半成品仓库保管，但尚未制造完工成为产成品，仍需进一步加工的中间产品。

（4）产成品是指工业企业已经完成全部生产过程并已验收入库，可以按照合同规定的条件送交订货单位，或者可以作为商品对外销售的产品。企业接受来料加工制造的代制品和为外单位加工修理的代修品，制造和修理完成验收入库后，应视同企业的产成品。

（5）商品是指商品流通企业外购或委托加工完成验收入库用于销售的各种商品。

（6）包装物是指为了包装本企业的商品而储备的各种包装容器，如桶、箱、瓶、坛、袋等。其主要作用是盛装、装潢产品或商品。

（7）低值易耗品是指不能作为固定资产核算的各种用具物品，如工具、管理用具、玻璃器皿、劳动保护用品以及在经营过程中周转使用的容器等。其特点是单位价值较低，或使用期限相对于固定资产较短，在使用过程中保持其原有实物形态基本不变。包装物和低值易耗品构成了周转材料。周转材料是指企业能够多次使用，不符合固定资产定义，逐渐转移其价值但仍保持原有形态，不确认为固定资产的材料。

(8) 委托代销商品是指企业委托其他单位代销的商品。

(二) 存货成本的确定方法

存货应当按照成本进行初始计量。存货成本包括采购成本、加工成本和其他成本。

1. 存货的采购成本

存货的采购成本，包括购买价款、相关税费、运输费、装卸费、保险费以及其他可归属于存货采购成本的费用。

其中，存货的购买价款是指企业购入的材料或商品的发票账单上列明的价款，但不包括按照规定可以抵扣的增值税税额。

存货的相关税费是指企业购买存货发生的进口关税、消费税、资源税和不能抵扣的增值税进项税税额以及相应的教育费附加等应计入存货采购成本的税费。

其他可归属于存货采购成本的费用是指采购成本中除上述各项以外的可归属于存货采购的费用，如在存货采购过程中发生的仓储费、包装费、运输途中的合理损耗、入库前的挑选整理费用等。运输途中的合理损耗，是指商品在运输过程中，因商品性质、自然条件及技术设备等因素，所发生的自然的或不可避免的损耗。例如，汽车在运输煤炭、化肥等的过程中自然散落以及易挥发产品在运输过程中的自然挥发。

商品流通企业在采购商品过程中发生的运输费、装卸费、保险费以及其他可归属于存货采购成本的费用等进货费用，应当计入存货采购成本，也可以先进行归集，期末根据所购商品的存销情况进行分摊。对于已售商品的进货费用，计入当期损益；对于未售商品的进货费用，计入期末存货成本。企业采购商品的进货费用金额较小的，可以在发生时直接计入当期损益。

2. 存货的加工成本

存货的加工成本是指在存货的加工过程中发生的追加费用，包括直接人工以及按照一定方法分配的制造费用。

直接人工是指企业在生产产品和提供劳务过程中发生的直接从事产品生产和劳务提供人员的职工薪酬。

制造费用是指企业为生产产品和提供劳务而发生的各项间接费用。

3. 存货的其他成本

存货的其他成本是指除采购成本、加工成本以外的，使存货达到目前场所和状态所发生的其他支出。企业设计产品发生的设计费用通常应计入当期损益，但是为特定客户设计产品所发生的、可直接确定的设计费用应计入存货的成本。

存货的来源不同，其成本的构成内容也不同。原材料、商品、低值易耗品等通过购买而取得的存货的成本由采购成本构成；产成品、在产品、半成品等自制或需委托外单位加工完成的存货的成本由采购成本、加工成本以及使存货达到目前场所和状态所发生的其他支出构成。

实务中具体按以下原则确定：

（1）购入的存货，其成本包括：买价、运杂费（包括运输费、装卸费、保险费、包装费、仓储费等）、运输途中的合理损耗、入库前的挑选整删费用（包括挑选整理中发生的工、费支出和挑选整理过程中所发生的数量损耗，并扣除回收的下脚废料价值）

以及按规定应计入成本的税费和其他费用。

（2）自制的存货，包括自制原材料、自制包装物、自制低值易耗品、自制半成品及库存商品等，其成本包括直接材料、直接人工和制造费用等的各项实际支出。

（3）委托外单位加工完成的存货，包括加工后的原材料、包装物、低值易耗品、半成品、产成品等，其成本包括实际耗用的原材料或者半成品、加工费、装卸费、保险费、委托加工的往返运输费等费用以及按规定应计入成本的税费。

但是，下列费用不应计入存货成本，而应在其发生时计入当期损益：

（1）非正常消耗的直接材料、直接人工和制造费用，应在发生时计入当期损益，不应计入存货成本。如由于自然灾害而发生的直接材料、直接人工和制造费用，由于这些费用的发生无助于使该存货达到目前场所和状态，不应计入存货成本，而应确认为当期损益。

（2）仓储费用指企业在存货采购入库后发生的储存费用，应在发生时计入当期损益。但是，在生产过程中为达到下一个生产阶段所必需的仓储费用应计入存货成本。如某种酒类产品生产企业为使生产的酒达到规定的产品质量标准而必须发生的仓储费用，应计入酒的成本，而不应计入当期损益。

（3）不能归属于使存货达到目前场所和状态的其他支出，应在发生时计入当期损益，不得计入存货成本。

二、原材料的核算

原材料是指企业在生产过程中经过加工改变其形态或性质并构成产品主要实体的各种原料、主要材料和外购半成品，以及不构成产品实体但有助于产品形成的辅助材料。原材料具体包括原料及主要材料、辅助材料、外购半成品（外购件）、修理用备件（备品备件）、包装材料、燃料等。

原材料的日常收发及结存可以采用实际成本核算，也可以采用计划成本核算。

（一）采用实际成本核算

1. 会计科目与账户设置

材料采用实际成本核算时，材料的收发及结存，无论总分类核算还是明细分类核算，均按照实际成本计价。使用的会计科目有"原材料""在途物资"等，"原材料"科目用于核算库存各种材料的收发与结存情况。在原材料按实际成本核算时，本科目的借方登记入库材料的实际成本，贷方登记发出材料的实际成本，期末余额在借方，反映企业库存材料的实际成本。本科目应当按照材料品种进行明细核算。

"在途物资"科目用于核算企业采用实际成本（进价）进行材料、商品等物资的日常核算、价款已付尚未验收入库的各种物资的采购成本。本科目应当按照供应单位和物资品种进行明细核算。"在途物资"科目的借方登记企业购入的在途物资的实际成本，贷方登记验收入库的在途物资的实际成本，期末余额在借方，反映企业在途物资的采购成本。

2. 原材料的账务处理

(1) 购入材料。由于支付方式不同，原材料入库的时间与付款的时间可能一致，也可能不一致，在账务处理上也有所不同。

1) 款已经支付或开出、承兑商业汇票，同时材料已验收入库。

【例4-1】来来公司购入A材料一批，增值税专用发票上注明的价款为500000元，增值税税额85000元，另对方代垫运输费2220元（含税，税率11%），全部款项已用转账支票付讫，材料已验收入库。来来司应根据相关单据（发票、入仓单等）编制如下会计分录：

借：原材料——A材料　　　　　　　　　　　　　　　　502000
　　应交税费——应交增值税（进项税税额）　　　　　　85220
　　贷：银行存款　　　　　　　　　　　　　　　　　　　　587220

若企业采用月末一次性结转入库材料成本，也可以先通过"在途物资"账户过渡，在收到采购发票、运输费发票和付款凭证时，编制会计分录

借：在途物资——A材料　　　　　　　　　　　　　　　502000
　　应交税费——应交增值税（进项税税额）　　　　　　85220
　　贷：银行存款　　　　　　　　　　　　　　　　　　　　587220

待月末，根据仓库报来经过审核的入库材料清单（汇总表）单据，借记"原材料"，贷记"在途物资"。

【例4-2】来来公司持银行汇票1874000元购入D材料一批，增值税专用发票上注明的价款为1600000元，增值税税额272000元，对方送货上门，材料已验收入库。来来公司应根据相关单据（发票、入仓单等）编制如下会计分录：

借：原材料——D材料　　　　　　　　　　　　　　　　1600000
　　应交税费——应交增值税（进项税税额）　　　　　　272000
　　贷：其他货币资金——银行汇票　　　　　　　　　　　1872000

若企业采用月末一次性结转入库材料成本，处理方法同上。

【例4-3】来来公司采用托收承付结算方式购入E材料一批，价款40000元，增值税税额6800元，款项在承付期内以银行存款支付，材料已验收入库。来来公司应根据相关单据（发票、入仓单等）编制如下会计分录：

借：原材料——E材料　　　　　　　　　　　　　　　　40000
　　应交税费——应交增值税（进项税税额）　　　　　　6800
　　贷：银行存款　　　　　　　　　　　　　　　　　　　　46800

若企业采用月末一次性结转入库材料成本，处理方法同上。

2) 款已经支付或已开出、承兑商业汇票，材料尚未到达或尚未验收入库。

【例4-4】来来公司采用汇兑结算方式购入F材料一批，发票及账单已收到，增值税专用发票上注明的价款为20000元，增值税税额3400元。保险费1000元和增值税税额60元，材料尚未到达，全部款项均已支付。来来公司应编制如下会计分录：

借：在途物资——F材料　　　　　　　　　　　　　　　21000
　　应交税费——应交增值税（进项税税额）　　　　　　3460

　　　　贷：银行存款　　　　　　　　　　　　　　　　　　　　　　　　24460

【例4-5】 承【例4-4】，上述购入的F材料已收到，并验收入库。来来公司应编制如下会计分录：

　　　　借：原材料——F材料　　　　　　　　　　　　　　　　　　　21000
　　　　　　贷：在途物资——F材料　　　　　　　　　　　　　　　　　21000

3）款尚未支付，材料已经验收入库。

【例4-6】 来来公司采用托收承付结算方式从东方公司购入G材料一批，增值税专用发票上注明的价款为50000元，增值税税额8500元。银行转来的结算凭证已到，款项尚未支付，材料已验收入库。来来公司应编制如下会计分录：

　　　　借：原材料——G材料　　　　　　　　　　　　　　　　　　　50000
　　　　　　应交税费——应交增值税（进项税税额）　　　　　　　　　　8500
　　　　　　贷：应付账款——东方公司　　　　　　　　　　　　　　　58500

【例4-7】 来来公司购入H材料一批，材料已验收入库，月末发票账单尚未收到也无法确定其实际成本，暂估价值为30000元。在这种情况下，发票账单未到也无法确定实际成本，期末应按照暂估价值先入账，但在下月初作相反的会计分录予以冲回，收到发票账单后再按照实际金额记账。来来公司应编制如下会计分录：

　　　　借：原材料——H材料　　　　　　　　　　　　　　　　　　　30000
　　　　　　贷：应付账款——暂估应付账款　　　　　　　　　　　　　30000

下月初作相反的会计分录予以冲回：

　　　　借：应付账款——暂估应付账款　　　　　　　　　　　　　　　30000
　　　　　　贷：原材料——H材料　　　　　　　　　　　　　　　　　30000

【例4-8】 承【例4-7】，上述购入的H材料于次月收到发票账单，增值税专用发票上注明的价款为31000元，增值税税额5270元，已用银行存款付讫。来来公司应编制如下会计分录：

　　　　借：原材料——H材料　　　　　　　　　　　　　　　　　　　31000
　　　　　　应交税费——应交增值税（进项税税额）　　　　　　　　　　5270
　　　　　　贷：银行存款　　　　　　　　　　　　　　　　　　　　　36270

4）款已经预付，材料尚未验收入库。

【例4-9】 根据与升水钢厂的购销合同规定，来来公司为购买J材料向该钢厂预付100000元价款的30%，计30000元，已通过汇兑方式汇出。来来公司应编制如下会计分录：

　　　　借：预付账款——升水钢厂　　　　　　　　　　　　　　　　　30000
　　　　　　贷：银行存款　　　　　　　　　　　　　　　　　　　　　30000

【例4-10】 承【例4-9】，来来公司收到升水钢厂发运来的J材料，已验收入库。增值税专用发票上注明该批货物的价款100000元，增值税税额17000元，所欠款项以银行存款付讫。来来公司应编制如下会计分录：

材料入库时：

　　　　借：原材料——J材料　　　　　　　　　　　　　　　　　　　100000

应交税费——应交增值税（进项税税额）	17000
贷：预付账款——升水钢厂	117000

补付货款时：

借：预付账款——升水钢厂	87000
贷：银行存款	87000

（二）采用计划成本核算

1. 科目与账户设置

材料采用计划成本核算时，材料的收发及结存，无论总分类核算还是明细分类核算，均按照计划成本计价。使用的会计科目有"材料采购""原材料""材料成本差异"等。

"材料采购"科目借方登记采购材料的实际成本，贷方登记入库材料的计划成本。出现超支差异时，从"材料采购"科目贷方转入"材料成本差异"科目的借方；出现节约差异时，贷方大于借方表示节约，从"材料采购"科目借方转入"材料成本差异"科目的贷方；本科目为借方余额，反映企业在途材料的采购成本。

"原材料"科目用于核算库存各种材料的收发与结存情况。本科目的借方登记入库材料的计划成本，贷方登记发出材料的计划成本，期末余额在借方，反映企业库存材料的计划成本。

"材料成本差异"科目反映企业已入库各种材料的实际成本与计划成本的差异，借方登记超支差异及发出材料应负担的节约差异，贷方登记节约差异及发出材料应负担的超支差异。期末如为借方余额，反映企业库存材料的实际成本大于计划成本的差异（即超支差异）；如为贷方余额，反映企业库存材料实际成本小于计划成本的差异（即节约差异）。

月末，计算本月发出材料应负担的成本差异并进行分摊，从而将发出材料的计划成本调整为实际成本。

2. 原材料的账务处理

（1）购入材料：

1）货款已经支付，同时材料验收入库。

【例4-11】来来公司购入L材料一批，增值税专用发票上注明的价款为3000000元，增值税税额510000元，发票账单已收到，计划成本为3200000元，已验收入库，全部款项以银行存款支付。来来公司应编制如下会计分录：

借：材料采购——L材料	3000000
应交税费——应交增值税（进项税税额）	510000
贷：银行存款	3510000

2）货款已经支付，材料尚未验收入库。

【例4-12】来来公司采用汇兑结算方式购入M1材料一批，增值税专用发票上注明的价款为200000元，增值税税额34000元，发票账单已收到，计划成本为180000元，材料尚未入库，款项已用银行存款支付。来来公司应编制如下会计分录：

借：材料采购——M1材料	200000

应交税费——应交增值税（进项税税额）	34000
贷：银行存款	234000

3）货款尚未支付，材料已经验收入库。

【例4-13】来来公司采用商业承兑汇票支付方式购入M2材料一批，增值税专用发票上注明的价款为500000元，增值税税额85000元，发票账单已收到，计划成本520000元，材料已验收入库。来来公司应编制如下会计分录：

借：材料采购——M2材料	500000
应交税费——应交增值税（进项税税额）	85000
贷：应付票据	585000

【例4-14】来来公司购入M3材料一批，材料已验收入库，发票账单未到，月末应按照计划成本120000元估价入账。来来公司应编制如下会计分录：

借：原材料——M3材料	120000
贷：应付账款——暂估应付账款	120000

下月初作相反的会计分录予以冲回：

借：应付账款——暂估应付账款	120000
贷：原材料——M3材料	120000

月末，企业购入验收入库的材料，按计划成本，借记"原材料"科目，贷记"材料采购"科目，按实际成本大于计划成本的差异，借记"材料成本差异"科目，贷记"材料采购"科目；实际成本小于计划成本的差异，借记"材料采购"科目，贷记"材料成本差异"科目。

【例4-15】承【例4-11】和【例4-13】，月末，来来公司汇总本月入库材料的计划成本3200000+520000=3720000（元）。

来来公司应编制如下会计分录：

借：原材料——L材料	3200000
——M2材料	520000
贷：材料采购——L材料	3200000
——M2材料	520000

上述入库材料的实际成本为3000000+500000=3500000（元），入库材料的成本差异为节约3500000-3720000=220000（元）。

借：材料采购——L材料	200000
——M2材料	20000
贷：材料成本差异——L材料	200000
——M2材料	20000

或简化核算，将上述两笔分录合并：

借：原材料——L材料	3200000
——M2材料	520000
贷：材料采购——L材料	3000000
——M2材料	500000

　　　　材料成本差异——L 材料　　　　　　　　　　　　　　　　200000
　　　　　　　　　　——M2 材料　　　　　　　　　　　　　　　　20000

（2）发出材料：

月末，企业根据领料单等编制"发料凭证汇总表"结转发出材料的计划成本，应当根据所发出材料的用途，按计划成本分别记入"生产成本""制造费用""销售费用""管理费用"等科目，同时结转材料成本差异。

【例 4-16】来来公司根据"发料凭证汇总表"的记录，某月 L 材料的消耗（计划成本）为：基本生产车间领用 2000000 元，辅助生产车间领用 600000 元，车间一般性消耗领用 250000 元，企业行政管理部门领用 50000 元。来来公司应编制如下会计分录：

　　借：生产成本——基本生产成本　　　　　　　　　　　　　2000000
　　　　　　　　　——辅助生产成本　　　　　　　　　　　　　600000
　　　　制造费用　　　　　　　　　　　　　　　　　　　　　　250000
　　　　管理费用　　　　　　　　　　　　　　　　　　　　　　50000
　　　贷：原材料——L 材料　　　　　　　　　　　　　　　　　2900000

【例 4-17】承前例，来来公司某月月初结存 L 材料的计划成本为 1000000 元，成本差异为超支 30740 元；当月入库 L 材料的计划成本 3200000 元，成本差异为节约 200000 元。则：

材料成本差异率 =（30740 - 200000）/（1000000 + 3200000）× 100% = -4.03%

结转发出材料的成本差异，来来公司应编制如下会计分录：

　　借：材料成本差异——L 材料　　　　　　　　　　　　　　　116870
　　　贷：生产成本——基本生产成本　　　　　　　　　　　　　80600
　　　　　　　　　——辅助生产成本　　　　　　　　　　　　　24180
　　　　　制造费用　　　　　　　　　　　　　　　　　　　　　10075
　　　　　管理费用　　　　　　　　　　　　　　　　　　　　　2015

三、包装物的核算

（一）包装物的内容

包装物，是指为了包装本企业商品而储备的各种包装容器，如桶、箱、瓶、坛、袋等。其核算内容包括：

（1）生产过程中用于包装产品作为产品组成部分的包装物。
（2）随同商品出售而不单独计价的包装物。
（3）随同商品出售单独计价的包装物。
（4）出租或出借给购买单位使用的包装物。

（二）包装物的账务处理

为了反映和监督包装物的增减变动及其价值损耗、结存等情况，企业应当设置"周转材料——包装物"科目进行核算，借方登记包装物的增加，贷方登记包装物的减少，期末余额在借方，通常反映企业期末结存包装物的金额。

对于生产领用包装物，应根据领用包装物的实际成本或计划成本，借记"生产成本"科目，贷记"周转材料——包装物""材料成本差异"等科目。随同商品出售而不单独计价的包装物，应于包装物发出时，按其实际成本计入销售费用。随同商品出售而单独计价的包装物，一方面应反映其销售收入，计入其他业务收入；另一方面应反映其实际销售成本，计入其他业务成本。多次使用的包装物应当根据使用次数分次进行摊销。

1. 生产领用包装物

生产领用包装物，应按照领用包装物的实际成本，借记"生产成本"科目，按照领用包装物的计划成本，贷记"周转材料——包装物"科目，按照其差额，借记或贷记"材料成本差异"科目。

【例4-18】来来公司对包装物采用计划成本核算，某月生产产品领用包装物的计划成本为80000元，材料成本差异率为2%。来来公司应编制如下会计分录：

借：生产成本　　　　　　　　　　　　　　　　81600
　　材料成本差异　　　　　　　　　　　　　　 1600
　　贷：周转材料——包装物　　　　　　　　　　　80000

2. 随同商品出售包装物

随同商品出售而不单独计价的包装物，应按其实际成本计入销售费用，借记"销售费用"科目，按其计划成本，贷记"周转材料——包装物"科目，按其差额，借记或贷记"材料成本差异"科目。

【例4-19】来来公司某月销售商品领用不单独计价包装物的计划成本为50000元。材料成本差异率为-3%。来来公司应编制如下会计分录：

借：销售费用　　　　　　　　　　　　　　　　48500
　　材料成本差异　　　　　　　　　　　　　　 1500
　　贷：周转材料——包装物　　　　　　　　　　　50000

【例4-20】来来公司某月销售商品领用单独计价包装物的计划成本为70000元，销售收入为100000元，增值税税额为17000元，款项已存入银行。该包装物的材料成本差异率为3%。来来公司应编制如下会计分录：

（1）出售单独计价包装物时：

借：银行存款　　　　　　　　　　　　　　　117000
　　贷：其他业务收入　　　　　　　　　　　　　100000
　　　　应交税费——应交增值税（销项税税额）　 17000

（2）结转所售单独计价包装物的成本：

借：其他业务成本　　　　　　　　　　　　　 72100
　　贷：周转材料——包装物　　　　　　　　　　　70000
　　　　材料成本差异　　　　　　　　　　　　　 2100

四、低值易耗品的核算

（一）低值易耗品的内容

作为存货核算和管理的低值易耗品，一般划分为一般工具、专用工具、替换设备、管理用具、劳动保护用品和其他用具等。

（二）低值易耗品的账务处理

为了反映和监督低值易耗品的增减变动及其结存情况，企业应当设置"周转材料——低值易耗品"科目，借方登记低值易耗品的增加，贷方登记低值易耗品的减少，期末余额在借方，通常反映企业期末结存低值易耗品的金额。

低值易耗品等企业的周转材料符合存货定义和条件的，按照使用次数分次计入成本费用。金额较小的，可在领用时一次计入成本费用，以简化核算，但为加强实物管理，应当在备查簿上进行登记。

采用五五摊销法摊销低值易耗品，低值易耗品在领用时摊销其账面价值的单次平均摊销额。五五摊销法适用于可供多次反复使用的低值易耗品。在采用五五摊销法的情况下，需要单独设置"周转材料——低值易耗品——在用""周转材料——低值易耗品——在库"和"周转材料——低值易耗品——摊销"明细科目。

【例4-21】来来公司的基本生产车间领用专用工具一批，实际成本为100000元，采用五五摊销法进行摊销。来来公司应编制如下会计分录：

（1）领用专用工具时：

借：周转材料——低值易耗品——在用　　　　　　　　　　　　100000
　　贷：周转材料——低值易耗品——在库　　　　　　　　　　　　100000

（2）第一次领用时摊销其价值的一半：

借：制造费用　　　　　　　　　　　　　　　　　　　　　　　50000
　　贷：周转材料——低值易耗品——摊销　　　　　　　　　　　　50000

（3）报废时摊销其价值的一半：

借：制造费用　　　　　　　　　　　　　　　　　　　　　　　50000
　　贷：周转材料——低值易耗品——摊销　　　　　　　　　　　　50000

同时：

借：周转材料——低值易耗品——摊销　　　　　　　　　　　　100000
　　贷：周转材料——低值易耗品——在用　　　　　　　　　　　　100000

【例4-22】来来公司的本月发出专用工具一批，实际成本为4000元，分别为生产车间领用3200元，销售机构领用800元，采用一次摊销法进行处理。来来公司应编制如下会计分录：

借：制造费用　　　　　　　　　　　　　　　　　　　　　　　3200
　　销售费用　　　　　　　　　　　　　　　　　　　　　　　　800
　　贷：周转材料——低值易耗品　　　　　　　　　　　　　　　　4000

五、委托加工物资的核算

（一）委托加工物资的内容和成本

委托加工物资是指企业委托外单位加工的各种材料、商品等物资。

企业委托外单位加工物资的成本包括加工中实际耗用物资的成本、支付的加工费用及应负担的运杂费、支付的税费等。

（二）委托加工物资的账务处理

为了反映和监督委托加工物资增减变动及其结存情况，企业应当设置"委托加工物资"科目，借方登记委托加工物资的实际成本，贷方登记加工完成验收入库的物资的实际成本和剩余物资的实际成本，期末余额在借方，反映企业尚未完工的委托加工物资的实际成本等。

委托加工物资也可以采用计划成本或售价进行核算，其方法与库存商品相似。

1. 发出物资

【例4-23】来来公司委托某量具厂加工一批量具，发出材料的计划成本为70000元，材料成本差异率为4%，以银行存款支付运输费3000元，增值税180元。来来公司应编制如下会计分录：

（1）发出材料时：

借：委托加工物资　　　　　　　　　　　　　　　　72800
　　贷：原材料　　　　　　　　　　　　　　　　　　　70000
　　　　材料成本差异　　　　　　　　　　　　　　　　2800

（2）支付运杂费时：

借：委托加工物资　　　　　　　　　　　　　　　　3000
　　应交税费——应交增值税（进项税税额）　　　　 180
　　贷：银行存款　　　　　　　　　　　　　　　　　3180

2. 支付加工费、运杂费等

【例4-24】承【例4-23】，来来公司以银行存款支付上述量具的加工费用20000元，增值税3400元，运输费500元，增值税30元。来来公司应编制如下会计分录：

借：委托加工物资　　　　　　　　　　　　　　　　20500
　　应交税费——应交增值税（进项税税额）　　　　 3430
　　贷：银行存款　　　　　　　　　　　　　　　　　23930

3. 加工完成验收入库

【例4-25】承【例4-23】和【例4-24】，来来公司收回由某量具厂代加工的量具，按照计划成本为100000元入库。来来公司应编制如下会计分录：

借：周转材料——低值易耗用　　　　　　　　　　　100000
　　贷：委托加工物资　　　　　　　　　　　　　　　96300
　　　　材料成本差异　　　　　　　　　　　　　　　3700

【例4-26】来来公司委托丁公司加工商品一批（属于应税消费品）100000件，有关经济业务如下：

（1）1月20日，发出材料一批，计划成本为6000000元，材料成本差异率为-3%。来来公司应编制如下会计分录：

1）发出委托加工材料时：
借：委托加工物资　　　　　　　　　　　　　　　　6000000
　　贷：原材料　　　　　　　　　　　　　　　　　　　　6000000

2）结转发出材料应分摊的材料成本差异时：
借：材料成本差异　　　　　　　　　　　　　　　　180000
　　贷：委托加工物资　　　　　　　　　　　　　　　　　180000

（2）2月20日，支付商品加工费120000元，支付应当交纳的消费税660000元，该商品收回后用于连续生产，消费税可抵扣，来来公司和丁公司均为一般纳税人，适用增值税税率为17%。来来公司应编制如下会计分录：
借：委托加工物资　　　　　　　　　　　　　　　　120000
　　应交税费——应交消费税　　　　　　　　　　　660000
　　　　　　——应交增值税（进项税税额）　　　　 20400
　　贷：银行存款　　　　　　　　　　　　　　　　　　 800400

（3）3月4日，用银行存款支付往返运输费10000元，增值税600元。
借：委托加工物资　　　　　　　　　　　　　　　　 10000
　　应交税费——应交增值税（进项税税额）　　　　　 600
　　贷：银行存款　　　　　　　　　　　　　　　　　　　10600

（4）3月5日，上述商品100000产件（每件计划成本为70元）加工完毕，来来公司已办理验收入库手续。
借：库存商品　　　　　　　　　　　　　　　　　　7000000
　　贷：委托加工物资　　　　　　　　　　　　　　　　5950000
　　　　材料成本差异　　　　　　　　　　　　　　　　1050000

需要注意的是，需要交纳消费税的委托加工物资，由受托方代收代缴的消费税，收回后用于直接销售的，记入"委托加工物资"科目；收回后用于继续加工的，记入"应交税费——应交消费税"科目。

六、库存商品

（一）库存商品的内容

库存商品是指企业完成全部生产过程并已验收入库、合乎标准规格和技术条件，可以按照合同规定的条件送交订货单位，或可以作为商品对外销售的产品以及外购或委托加工完成验收入库用于销售的各种商品。

库存商品具体包括库存产成品、外购商品、存放在门市部准备出售的商品、发出展览的商品、寄存在外的商品、接受来料加工制造的代制品和为外单位加工修理的代修品等。已完成销售手续但购买单位在月末未提取的产品，不应作为企业的库存商品，而应作为代管商品处理，单独设置代管商品备查簿进行登记。

库存商品可以采用实际成本核算，也可以采用计划成本核算，其方法与原材料相似。采用计划成本核算时，库存商品实际成本与计划成本的差异，可单独设置"产（商）品成本差异"科目核算。

为了反映和监督库存商品的增减变动及其结存情况，企业应当设置"库存商品"科目，借方登记验收入库的库存商品成本，贷方登记发出的库存商品成本，期末余额在借方，反映各种库存商品的实际成本或计划成本。

（二）库存商品的账务处理

1. 验收入库商品

对于库存商品采用实际成本核算的企业，当库存商品生产完成并验收入库时，应按实际成本，借记"库存商品"科目，贷记"生产成本——基本生产成本"科目。

【例4-27】来来公司"商品入库汇总表"记载，某月已验收入库Y产品1000台，实际单位成本300元，计300000元；Z产品2000台，实际单位成本250元，计500000元。来来公司应编制如下会计分录：

借：库存商品——Y产品　　　　　　　　　　　　　　300000
　　　　　　——Z产品　　　　　　　　　　　　　　500000
　贷：生产成本——Y产品　　　　　　　　　　　　　300000
　　　　　　——Z产品　　　　　　　　　　　　　　500000

2. 发出商品

企业销售商品、确认收入结转销售成本，借记"主营业务成本"等科目，贷记"库存商品"科目。

【例4-28】来来公司月末汇总的发出商品中，当月已实现销售的Y产品有500台，Z产品有1500台。该月Y产品和Z产品实际单位成本见上例。在结转其销售成本时，来来公司应编制如下会计分录：

借：主营业务成本　　　　　　　　　　　　　　　　525000
　贷：库存商品——Y产品　　　　　　　　　　　　　150000
　　　　　　——Z产品　　　　　　　　　　　　　　375000

商品流通企业购入的商品可以采用进价或售价核算。采用售价核算的，商品售价和进价的差额，可通过"商品进销差价"科目核算。月末，应分摊已销商品的进销差价，将已销商品的销售成本调整为实际成本，借记"商品进销差价"科目，贷记"主营业务成本"科目。

商品流通企业的库存商品还可以采用毛利率法和售价金额核算法进行日常核算。

（1）毛利率法。毛利率法是指根据本期销售净额乘以上期实际（或本期计划）毛利率匡算本期销售毛利，并据以计算发出存货和期末存货成本的一种方法。其计算公式如下：

$$毛利率 = （销售毛利 \div 销售额）\times 100\%$$

$$销售毛利 = 销售额 \times 毛利率$$

销售成本 = 销售额 - 销售毛利
期末存货成本 = 期初存货成本 + 本期购货成本 - 本期销售成本

这一方法是商品流通企业,尤其是商业批发企业常用的计算本期商品销售成本和期末库存商品成本的方法。商品流通企业由于经营商品的品种繁多,如果分品种计算商品成本,工作量将大大增加,而且一般来讲,商品流通企业同类商品的毛利率大致相同,采用这种存货计价方法既能减轻工作量,也能满足对存货管理的需要。

【例4-29】晋江商场采用毛利率法进行核算,2017年4月1日针织品库存余额18000000元,本月购进30000000元,本月销售收入34000000元,上季度该类商品毛利率为25%。本月已销商品和月末库存商品的成本计算如下:

销售毛利 = 34000000 × 25% = 8500000(元)
本月销售成本 = 34000000 - 8500000 = 25500000(元)
月末库存商品成本 = 18000000 + 30000000 - 25500000 = 22500000(元)

(2)售价金额核算法。售价金额核算法是指平时商品的购入、加工收回、销售均按售价记账,售价与进价的差额通过"商品进销差价"科目核算,期末计算进销差价率和本期已销售商品应分摊的进销差价,并据以调整本期销售成本的一种方法。

如果企业的商品进销差价率各期之间比较均衡,也可以采用上期商品进销差价率分摊本期的商品进销差价。年度终了,应对商品进销差价进行核实调整。

对于从事商业零售业务的企业(如百货公司、超市等),由于经营的商品种类、品种、规格等繁多,而且要求按商品零售价格标价,采用其他成本计算结转方法均较困难,因此广泛采用这一方法。

【例4-30】某商场采用售价金额核算法进行核算,2016年7月期初库存商品的进价成本为1000000元,售价总额为1100000元,本月购进该商品的进价成本为750000元,售价总额为900000元,本月销售收入为1200000元。有关计算如下:

商品进销差价率 =(100000 + 150000)/(1100000 + 900000)× 100% = 12.5%
已销商品应分摊的商品进销差价 = 1200000 × 12.5% = 150000(元)
本期销售商品的实际成本 = 1200000 - 150000 = 1050000(元)
期末结存商品的实际成本 = 1000000 + 750000 - 1050000 = 700000(元)

第二节 发出存货的计量

一、计量方法

企业应当根据各类存货的实物流转方式、企业管理的要求、存货的性质等实际情况,合理地选择发出存货成本的计算方法,以合理确定当期发出存货的实际成本。

对于性质和用途相似的存货,应当采用相同的成本计算方法确定发出存货的成本,企业在确定发出存货的成本时,可以采用先进先出法、移动加权平均法、月末一次加权平均法和个别计价法等方法。企业不得采用后进先出法确定发出存货的成本。

二、个别计价法

个别计价法亦称个别认定法、具体辨认法、分批实际法，采用这一方法是假设存货具体项目的实物流转与成本流转相一致，按照各种存货逐一辨认各批发出存货和期末存货所属的购进批别或生产批别，分别按其购入或生产时所确定的单位成本计算各批发出存货和期末存货成本的方法。在这种方法下，是把每一种存货的实际成本作为计算发出存货成本和期末存货成本的基础。

个别计价法的成本计算准确，符合实际情况，但在存货收发频繁情况下，其发出成本分辨的工作量较大。因此，这种方法适用于一般不能替代使用的存货、为特定项目专门购入或制造的存货以及提供的劳务，如珠宝、名画等贵重物品。

【例4-31】广州东方公司2016年5月D材料的收入、发出及购进单位成本如表4-1所示。

表4-1　D材料明细账

单位：元

日期		摘要	收入			发出			结存		
月	日		数量	单价	金额	数量	单价	金额	数量	单价	金额
5	1	期初							150	10	1500
	5	购入	100	12	1200				250		
	11	发出				200			50		
	16	购入	200	14	2800				250		
	20	发出				100			150		
	23	购入	100	15	1500				250		
	27	发出				100			150		
	30	合计	400	—	5500	400	—		1250		

假设经过具体辨认，本期发出存货的单位成本如下：5月11日发出的200件存货中，100件系期初结存存货，单位成本为10元，100件作为5日购入存货，单位成本为12元；5月20日发出的100件存货系16日购入，单位成本为14元；5月27日发出的100件存货中，50件为期初结存，单位成本为10元，50件为23日购入，单位成本为15元。则按照个别认定法，广州东方公司5月份D材料收入、发出与结存情况如表4-2所示。

表4-2 D材料明细账（个别认定法）

单位：元

日期		摘要	收入			发出			结存		
月	日		数量	单价	金额	数量	单价	金额	数量	单价	金额
5	1	期初余额							150	10	1500
	5	购入	100	12	1200				150 100	10 12	1500 1200
	11	发出				100 100	10 12	1000 1200	50	10	500
	16	购入	200	14	2800				50 200	10 14	500 2800
	20	发出				100	14	1400	50 100	10 14	500 1400
	23	购入	100	15	1500				50 100 100	10 14 15	500 1400 1500
	27	发出				50 50	10 15	500 750	100 50	14 15	1400 750
	30	本期合计	400	–	5500	400	–	4850	100 50	14 15	1400 750

从表中可知，广州东方公司本期发出存货成本及期末结转存货成本如下：本期发出存货成本＝100×10＋100×12＋100×14＋50×10＋50×15＝4850（元）。期末结存存货成本＝期末结存存货成本＋本期购入存货成本－本期发出存货成本＝150×10＋100×12＋200×14＋100×15－4850＝2150（元）。

三、先进先出法

先进先出法是指以先购入的存货应先发出（销售或耗用）这样一种存货实物流动假设为前提，对发出存货进行计价的一种方法。采用这种方法，先购入的存货成本在后购入存货成本之前转出，据此确定发出存货和期末存货的成本。具体方法是：收入存货时，逐笔登记收入存货的数量、单价和金额；发出存货时，按照先进先出的原则逐笔登记存货的发出成本和结存金额。

先进先出法可以随时结转存货发出成本，但较繁；如果存货收发业务较多且存货单价不稳定时，其工作量较大。在物价持续上升时，期末存货成本接近于市价，而发出成本偏低，会高估企业当期利润和库存存货价值；反之，会低估企业存货价值和当期利润。

【例4-32】在【例4-31】中，假设广州东方公司D材料本期收入、发出和结存情况如表4-3所述。从该表可以看出存货成本的计价顺序，如11日发出的200件存货，按先进先出法的流转顺序，应先发出期初库存存货150110元，然后再发出5日购入的50件，即50112元，其他以此类推。从表4-3中看出，使用先进先出法得出的发出存货成本和期末存货成本分别为4800元和2200元。

表4-3 D材料明细账（先进先出法）

单位：元

日期		摘要	收入			发出			结存		
月	日		数量	单价	金额	数量	单价	金额	数量	单价	金额
5	1	期初余额							150	10	1500
	5	购入	100	12	1200				150 100	10 12	1500 1200
	11	发出				150 50	10 12	1500 600	50	12	600
	16	购入	200	14	2800				50 200	12 14	600 2800
	20	发出				50 50	12 14	600 700	150	14	2100
	23	购入	100	15	1500				150 100	14 15	2100 1500
	27	发出				100	14	1400	50 100	14 15	700 1500
	30	本期合计	400	—	5500	400	—	4800	50 100	14 15	700 1500

广州东方公司日常账面记录显示，D材料期初结存存货为150110元，本期购入存货三批，按先后顺序分别为：100112元、200114元、100115元。假设经过盘点，发现期末库存150件。则本期发出存货为400件，则：

发出存货成本 = 150×10 + 50×12 + 50×12 + 50×14 + 100×14 = 4800（元）

期末存货成本 = 50×14 + 100×15 = 2200（元）

四、月末一次加权平均法

月末一次加权平均法是指以本月全部进货数量加上月初存货数量作为权数，去除本月全部进货成本加上月初存货成本，计算出存货的加权平均单位成本，以此为基础计算本月发出存货的成本和期末存货的成本的一种方法。计算公式如下：

存货单位成本＝［月初库存存货的实际成本＋∑（本月各批进货的实际单位成本×本月各批进货的数量）］／（月初库存存货数量＋本月各批进货数量之和）

本月发出存货成本＝本月发出存货的数量×存货单位成本

本月月末库存存货成本＝月末库存存货的数量×存货单位成本

或本月月末库存存货成本＝月初库存货的实际成本＋本月收入存货的实际成本－本月发出存货的实际成本

采用加权平均法只在月末一次计算加权平均单价，比较简单，有利于简化成本计算工作，但由于平时无法从账上提供发出和结存存货的单价及金额，因此不利于存货成本的日常管理与控制。

【例4-33】假设广州东方公司采用加权平均法，则5月D材料的平均单位成本为：

5月D材料平均单位成本＝（期初结存存货金额＋本期购入存货金额）÷（期初存货结存数量＋本期购入存货数量）
＝（150×10＋100×12＋200×14＋100×15）÷（150＋100＋200＋100）≈12.727（元）

5月D材料的发出存货成本＝400112.727＝5090.80（元）

5月D材料的期末结存成本＝7000－5090.80＝1909.20（元）

五、移动加权平均法

移动加权平均法是指以每次进货的成本加上原有库存存货的成本，除以每次进货数量加上原有库存存货的数量，据以计算加权平均单位成本，作为在下次进货前计算各次发出存货成本依据的一种方法。计算公式如下：

存货单位成本＝（原有库存存货的实际成本＋本次进货的实际成本）÷（原有库存存货数量＋本次进货数量）

本次发出存货的成本＝本次发出存货数量×本次发货前存货的单位成本

本月月末库存存货成本＝月末库存存货的数量×本月月末存货单位成本

采用移动平均法能够使企业管理当局及时了解存货的结存情况，计算的平均单位成本以及发出和结存的存货成本比较客观。但由于每次收货都要计算一次平均单价，计算工作量较大，对收发货较频繁的企业不适用。

【例4-34】假设广州东方公司采用移动加权平均法核算企业存货，作为D材料本期收入、发出和结存情况如表4-4所示。从表中看出，存货的平均成本从期初的10元变为5月5日的10.80元、5月16日的13.36元，再变成期末的14.016元。各平均成本计算如下：5月5日购入存货后的平均单位成本＝（150110＋100112）÷（150＋100）＝10.80（元）。5月16日购入存货后的平均单位成本＝（50110.8＋200114）÷（50＋200）＝13.36（元）。5月23日购入存货后的平均单位成本＝（150113.36＋

100115)÷(150+100)=14.016(元)。

表4-4 D材料明细账（移动加权平均法）

单位：元

日期		摘要	收入			发出			结存		
月	日		数量	单价	金额	数量	单价	金额	数量	单价	金额
5	1	期初余额							150	10	1500
	5	购入	100	12	1200				250	10.80	2700
	11	发出				200	10.8	2160	50	10.80	540
	16	购入	200	14	2800				250	13.36	3340
	20	发出				100	13.36	1336	150	13.36	2004
	23	购入	100	15	1500				250	14.016	3504
	27	发出				100	14.016	1401.36	150	14.016	2102.40
	30	合计	400	—	5500	400	—	4897.36	150	14.016	2102.40

六、发出存货成本的结转

存货为商品、产成品的，企业应采用先进先出法、移动加权平均法、月末一次加权平均法和个别计价法确定已销售商品的实际成本。存货为非商品存货的，如材料等，应将已出售的材料的实际成本予以结转，计入当期其他业务成本。这里所讲的材料销售不构成企业的主营业务。如果材料销售构成了企业的主营业务，则该材料为企业的商品存货，而不是非商品存货。

对已售存货计提了存货跌价准备，还应结转已计提的存货跌价准备，冲减当期主营业务成本或其他业务成本，实际上是按已售产成品或商品的账面价值结转主营业务成本或其他业务成本。企业按存货类别计提存货跌价准备的，也应按比例结转相应的存货跌价准备。

【例4-35】星海公司4月初，结存原材料的计划成本为50000元，材料成本差异为节约3000元。4月，购进原材料的实际成本为247000元，计划成本为230000元；本月领用原材料的计划成本为250000元，其中，生产领用235000元，车间一般消耗12000元，管理部门耗用3000元。

（1）按计划成本领用原材料。

借：生产成本　　　　　　　　　　　　　　235000
　　制造费用　　　　　　　　　　　　　　12000
　　管理费用　　　　　　　　　　　　　　3000
　　贷：原材料　　　　　　　　　　　　　　250000

(2) 计算本月材料成本差异率。

材料成本差异率 = －3000 + 17000/50000 + 230000 × 100% = 5%

(3) 分摊材料成本差异。

生产成本 = 235000 × 5% = 11750（元）

制造费用 = 12000 × 5% = 600（元）

管理费用 = 3000 × 5% = 150（元）

借：生产成本　　　　　　　　　　　　　　　　　　　　11750
　　制造费用　　　　　　　　　　　　　　　　　　　　　600
　　管理费用　　　　　　　　　　　　　　　　　　　　　150
　　贷：材料成本差异　　　　　　　　　　　　　　　　12500

【例4-36】企业B材料月初库存1000千克，"原材料——B"账户期初余额20000元，"材料成本差异——B"账户贷余600元。本月共购入B材料共计19000千克，产生超支差异6600元，本月发出B材料汇总如表4-6：

表4-6　本月发出B材料汇总

领用部门	数量（千克）	用途	备注
生产车间	6000	甲产品生产	
	5000	乙产品生产	
销售机构	1000	直接售出	
合计	12000		

(1) 差异结转。

借：材料成本差异　　　　　　　　　　　　　　　　　　6600
　　贷：材料采购　　　　　　　　　　　　　　　　　　6600

(2) 发出材料，按照计划成本结转。

借：生产成本——甲产品　　　　　　　　　　　　　　120000
　　　　　　——乙产品　　　　　　　　　　　　　　100000
　　其他业务成本——B　　　　　　　　　　　　　　　20000
　　贷：原材料——B　　　　　　　　　　　　　　　240000

(3) 分配差异。

差异率 = （－600 + 6600）/ （20000 + 380000）* 100% = 1.5%

借：生产成本——甲产品　　　　　　　　　　　　　　　1800
　　　　　　——乙产品　　　　　　　　　　　　　　　1500
　　其他业务成本——B　　　　　　　　　　　　　　　　300
　　贷：材料成本差异　　　　　　　　　　　　　　　　3600

【例4-37】升水公司汇总本月售出A产品20000件，单位成本4元，已提减值准备每件0.20元。

借：主营业务成本　　　　　　　　　　　　　　　　　76000
　　　存货跌价准备　　　　　　　　　　　　　　　　　4000
　　　　贷：库存商品——A　　　　　　　　　　　　　　　　　80000

第三节　期末存货的计量

一、存货期末计量原则

资产负债表日，存货应当按照成本与可变现净值孰低计量。

当存货成本低于可变现净值时，存货按成本计量；当存货成本高于可变现净值时，存货按可变现净值计量，同时按照成本高于可变现净值的差额计提存货跌价准备，计入当期损益。

成本与可变现净值孰低计量的理论基础主要是使存货符合资产的定义。当存货的可变现净值下跌至成本以下时，表明该存货会给企业带来的未来经济利益低于其账面成本，因而应将这部分损失从资产价值中扣除，计入当期损益。否则，存货的可变现净值低于成本时，如果仍然以其成本计量，就会出现虚计资产的现象。

二、存货的可变现净值

可变现净值，是指在日常活动中，存货的估计售价减去至完工时估计将要发生的成本、估计的销售费用以及相关税费后的金额。存货的可变现净值由存货的估计售价、至完工时将要发生的成本、估计的销售费用和估计的相关税费等内容构成。

（一）可变现净值的基本特征

1. 确定存货可变现净值的前提是企业在进行日常活动

如果企业不是在进行正常的生产经营活动，比如企业处于清算过程，那么不能按照存货准则的规定确定存货的可变现净值。

2. 可变现净值为存货的预计未来净现金流量，而不是简单地等于存货的售价或合同价

企业预计的销售存货现金流量，并不完全等于存货的可变现净值。存货在销售过程中可能发生的销售费用和相关税费，以及为达到预定可销售状态还可能发生的加工成本等相关支出，构成现金流入的抵减项目。企业预计的销售存货现金流量，扣除这些抵减项目后，才能确定存货的可变现净值。

3. 不同存货可变现净值的构成不同

（1）产成品、商品和用于出售的材料等直接用于出售的商品存货。在正常生产经营过程中，应当以该存货的估计售价减去估计的销售费用和相关税费后的金额，确定其可变现净值。

（2）需要经过加工的材料存货，在正常生产经营过程中，应当以所生产的产成品的估计售价减去至完工时估计将要发生的成本、估计的销售费用和相关税费后的金额，确定其可变现净值。

（二）确定存货的可变现净值时应考虑的因素

一企业在确定存货的可变现净值时，应当以取得的确凿证据为基础，并且考虑持有存货的目的、资产负债表日后事项的影响等因素。

1. 确定存货的可变现净值应当以取得确凿证据为基础

确定存货的可变现净值必须建立在取得确凿证据的基础上。这里所讲的"确凿证据"是指对确定存货的可变现净值和成本有直接影响的客观证明。

（1）存货成本的确凿证据。存货的采购成本、加工成本和其他成本及以其他方式取得存货的成本，应当以取得外来原始凭证、生产成本账簿记录等作为确凿证据。

（2）存货可变现净值的确凿证据。存货可变现净值的确凿证据，是指对确定存货的可变现净值有直接影响的确凿证明，如产成品或商品的市场销售价格、与产成品或商品相同或类似商品的市场销售价格、销货方提供的有关资料和生产成本资料等。

2. 确定存货的可变现净值应当考虑持有存货的目的

由于企业持有存货的目的不同，确定存货可变现净值的计算方法也不同。如用于出售的存货和用于继续加工的存货，其可变现净值的计算就不相同，因此，企业在确定存货的可变现净值时，应考虑持有存货的目的。企业持有存货的目的，通常可以分为：

（1）持有以备出售的存货，如商品、产成品，其中又分为有合同约定的存货和没有合同约定的存货。

（2）将在生产过程或提供劳务过程中耗用的存货，如材料等。

3. 确定存货的可变现净值应当考虑资产负债表日后事项等的影响

资产负债表日后事项应当能够确定资产负债表日存货的存在状况。确定存货的可变现净值时，应当根据资产负债表日存货所处状况应估计的售价为基础，资产负债表日后事项期间发生的有关价格波动，如果有确凿证据表明是对资产负债表日的存货存在状况提供进一步证明的，在计算可变现净值时应当考虑资产负债表日后事项的影响。

三、存货期末计量的具体方法

（一）存货估计售价的确定

对于企业持有的各类存货，在确定其可变现净值时，最关键的问题是确定估计售价。企业应当区别如下情况确定存货的估计售价：

（1）为执行销售合同或者劳务合同而持有的存货，通常应当以产成品或商品的合同价格作为其可变现净值的计算基础。如果企业与购买方签订了销售合同（或劳务合同，下同），并且销售合同订购的数量等于企业持有存货的数量，在这种情况下，在确定与该项销售合同直接相关存货的可变现净值时，应当以销售合同价格作为其可变现净值的计算基础。也就是说，如果企业就其产成品或商品签订了销售合同，则该批产成品或商品的可变现净值应当以合同价格作为计算基础;如果企业销售合同所规定的标的物还没有生产出来,但持有专门用于该标的物生产的原材料,其可变现净值也应当以合同价格作为计算基础。

【例 4-38】 2015 年 8 月 1 日,广州东方公司与广州兴隆公司签订了一份不可撤销的销售合同,双方约定,2016 年 1 月 25 日,广州东方公司应按每台 62 万元的价格(假定本章中所称销售价格和成本均不含增值税)向广州兴隆公司提供 W1 型机器 100 台。

2015 年 12 月 31 日,广州东方公司 W1 型机器的成本为 5600 万元,数量为 100 台,单位成本为 56 万元/台。

2015 年 12 月 31 日,W1 型机器的市场销售价格为 60 万元/台。假定不考虑相关税费和销售费用。

根据广州东方公司与广州兴隆公司签订的销售合同规定,该批 W1 型机器的销售价格已由销售合同约定,并且其库存数量等于销售合同约定的数量。因此,在这种情况下,计算 W1 型机器的可变现净值应以销售合同约定的价格 62×100=6200(万元)作为计算基础。

(2) 如果企业持有存货的数量多于销售合同订购数量,超出部分的存货可变现净值应当以产成品或商品的一般销售价格(即市场销售价格)作为计算基础。

【例 4-39】 2015 年 11 月 1 日,广州东方公司与丙公司签订了一份不可撤销的销售合同,双方约定,2016 年 3 月 31 日,广州东方公司应按每台 15 万元的价格向丙公司提供 W2 型机器 120 台。

2015 年 12 月 31 日,广州东方公司 W2 型机器的成本为 1960 万元,数量为 140 台,单位成本为 14 万元/台。

根据广州东方公司销售部门提供的资料表明,向丙公司销售的 W2 型机器的平均运杂费等销售费用为 0.12 万元/台;向其他客户销售 W2 型机器的平均运杂费等销售费用为 0.1 万元/台。

2015 年 12 月 31 日,W2 型机器的市场销售价格为 16 万元/台。

在本例中,能够证明 W2 型机器的可变现净值的确凿证据是广州东方公司与丙公司签订的有关 W2 型机器的销售合同、市场销售价格资料、账簿记录和公司销售部门提供的有关销售费用的资料等。

根据该销售合同规定,库存的 W2 型机器中的 120 台的销售价格已由销售合同约定,其余 20 台并没有由销售合同约定。因此,在这种情况下,对于销售合同约定的数量(120 台)的 W2 型机器的可变现净值应以销售合同约定的价格 15 万元/台作为计算基础,而对于超出部分(20 台)的 W2 型机器的可变现净值应以市场销售价格 16 万元/台作为计算基础。

W2 型机器的可变现净值
= (15×120 - 0.12×120) + (16×20 - 0.1×20)
= (1800 - 14.14) + (320 - 2)
= 1785.6 + 318
= 2103.6(万元)

（3）如果企业持有存货的数量少于销售合同订购数量，实际持有与该销售合同相关的存货应以销售合同所规定的价格作为可变现净值的计算基础。如果该合同为亏损合同，还应同时按照《企业会计准则第13号——或有事项》的规定处理。

（4）没有销售合同约定的存货（不包括用于出售的材料），其可变现净值应当以产成品或商品一般销售价格（即市场销售价格）作为计算基础。

【例4-40】2015年12月31日，广州东方公司W3型机器的账面成本为600万元，数量为10台，单位成本为60万元/台。

2015年12月31日，W3型机器的市场销售价格为64万元/台。预计发生的相关税费和销售费用合计为3万元/台。

广州东方公司没有签订有关W3型机器的销售合同。

由于广州东方公司没有就W3型机器签订销售合同，因此，在这种情况下，计算W3型机器的可变现净值应以一般销售价格总额（64-3）×110=610（万元）作为计算基础。

（5）用于出售的材料等，通常以市场价格作为其可变现净值的计算基础。这里的市场价格是指材料等的市场销售价格。如果用于出售的材料存在销售合同约定，应按合同价格作为其可变现净值的计算基础。

【例4-41】2015年11月1日，广州东方公司根据市场需求的变化，决定停止生产W4型机器。为减少不必要的损失，决定将库存原材料中专门用于生产W4型机器的外购原材料——A材料全部出售，2015年12月31日其账面成本为500万元，数量为10吨。据市场调查，A材料的市场销售价格为30万元吨，同时可能发生销售费用及相关税费共计为5万元。

在本例中，由于企业已决定不再生产W4型机器，因此，该批A材料的可变现净值不能再以W4型机器的销售价格作为其计算基础，而应按其本身的市场销售价格作为计算基础。即：

该批A材料的可变现净值：30×10-5=295（万元）。

（二）材料存货的期末计量

材料存货的期末价值应当以所生产的产成品的可变现净值与成本的比较为基础加以确定。

（1）对于为生产而持有的材料等，如果用其生产的产成品的可变现净值预计高于成本，则该材料仍然应当按照成本计量。这里的"材料"指原材料、在产品、委托加工材料等。"可变现净值高于成本"中的成本是指产成品的生产成本。

【例4-42】2015年12月31日，广州东方公司库存原材料——B材料的账面成本为3000万元，市场销售价格总额为2800万元，假定不发生其他销售费用。用B材料生产的产成品——W5型机器的可变现净值高于成本。

根据上述资料可知，2015年12月31日，B材料的账面成本高于其市场价格，但是由于用其生产的产成品——W5型机器的可变现净值高于成本，也就是用该原材料生产的最终产品此时并没有发生价值减损，因此，B材料即使其账面成本已高于市场价格，也不应计提存货跌价准备，仍应按3000万元列示在2015年12月31日的资产负债表的存货项目之中。

（2）如果材料价格的下降表明产成品的可变现净值低于成本，则该材料应当按可变现净值计量，按其差额计提存货跌价准备。

【例4-43】 2015年12月31日广州东方公司库存原材料——C材料的账面成本为600万元，单位成本为6万元/件，数量为100件，可用于生产100台W6型机器。C材料的市场销售价格为5万元/件。

C材料市场销售价格下跌，导致用C材料生产的W6型机器的市场销售价格也下跌，由此造成W6型机器的市场销售价格由15万元/台降为13.5万元/台，但生产成本仍为14万元/台。将每件C材料加工成W6型机器尚需投入8万元，估计发生运杂费等销售费用0.5万元/台。

根据上述资料，可按照以下步骤确定C材料的可变现净值。

首先，计算用该原材料所生产的产成品的可变现净值：

W6型机器的可变现净值 = W6型机器估计售价 - 估计销售费用 - 估计相关税费
$$= 13.5 \times 100 - 0.5 \times 100$$
$$= 1300（万元）$$

其次，将用该原材料所生产的产成品的可变现净值与其成本进行比较：

W6型机器的可变现净值1300万元小于其成本1400万元，即C材料价格的下降表明W6型机器的可变现净值低于成本。因此，C材料应当按可变现净值计量。

最后，计算该原材料的可变现净值：

C材料的可变现净值 = W6型机器的售价总额 -
将C材料加工成W6型机器尚需投入的成本 -
估计销售费用 - 估计相关税费
$$= 13.5 \times 100 - 8 \times 100 - 0.5 \times 100 = 500（万元）$$

C材料的可变现净值500万元小于其成本600万元，因此，C材料的期末价值应为其可变现净值500万元，即C材料应按500万元列示在2017年12月31日资产负债表的存货项目之中。

（三）计提存货跌价准备的方法

1. 企业通常应当按照单个存货项目计提存货跌价准备

企业在计提存货跌价准备时通常应当以单个存货项目为基础。在企业采用计算机信息系统进行会计处理的情况下，完全有可能做到按单个存货项目计提存货跌价准备。在这种方式下，企业应当将每个存货项目的成本与其可变现净值逐一进行比较，按较低者计量存货，并且按成本高于可变现净值的差额，计提存货跌价准备。这就要求企业应当根据管理要求和存货的特点，明确规定存货项目的确定标准。比如，将某一型号和规格的材料作为一个存货项目，将某一品牌和规格的商品作为一个存货项目，等等。

2. 对于数量繁多、单价较低的存货，可以按照存货类别计提存货跌价准备

如果某一类存货的数量繁多并且单价较低，企业可以按存货类别计量成本与可变现净值，即按存货类别的成本的总额与可变现净值的总额进行。

3. 与在同一地区生产和销售的产品系列相关、具有相同或类似最终用途或目的，且难以与其他项目分开计量的存货，可以合并计提存货跌价准备

存货具有相同或类似最终用途或目的，并在同一地区生产和销售，意味着存货所处的经济环境、法律环境、市场环境等相同，具有相同的风险和报酬。因此，在这种情况下，可以对该存货进行合并计提存货跌价准备。

4. 存货存在下列情形之一的，通常表明存货的可变现净值低于成本
(1) 该存货的市场价格持续下跌，并且在可预见的未来无回升的希望。
(2) 企业使用该项原材料生产的产品的成本大于产品的销售价格。
(3) 企业因产品更新换代，原有库存原材料已不适应新产品的需要，而该原材料的市场价格又低于其账面成本。
(4) 因企业所提供的商品或劳务过时或消费者偏好改变而使市场的需求发生变化，导致市场价格逐渐下跌。
(5) 其他足以证明该项存货实质上已经发生减值的情形。

5. 存货存在下列情形之一的，通常表明存货的可变现净值为零
(1) 已霉烂变质的存货。
(2) 已过期且无转让价值的存货。
(3) 生产中已不再需要，并且已无使用价值和转让价值的存货。
(4) 其他足以证明已无使用价值和转让价值的存货。

需要注意的是，资产负债表日，同一项存货中一部分有合同价格约定、其他部分不存在合同价格的，应当分别确定其可变现净值，并与其相对应的成本进行比较，分别确定存货跌价准备的计提或转回的金额，由此计提的存货跌价准备不得相互抵消。

（四）存货跌价准备转回的处理

1. 资产负债表日，企业应当确定存货的可变现净值

企业确定存货的可变现净值，应当以资产负债表日的状况为基础确定，既不能提前确定存货的可变现净值，也不能延后确定存货的可变现净值，并且在每一个资产负债表日都应当重新确定存货的可变现净值。

2. 企业的存货在符合条件的情况下，可以转回计提的存货跌价准备

存货跌价准备转回的条件是以前减记存货价值的影响因素已经消失，而不是在当期造成存货可变现净值高于成本的其他影响因素。

3. 当符合存货跌价准备转回的条件时，应在原已计提的存货跌价准备的金额内转回

即在对该项存货、该类存货或该合并存货已计提的存货跌价准备的金额内转回。转回的存货跌价准备与计提该准备的存货项目或类别应当存在直接对应关系，但转回的金额以将存货跌价准备余额冲减至零为限。

【例4-44】2014年12月31日，广州东方公司W7型机器的账面成本为500万元，但由于W7型机器的市场价格下跌，预计可变现净值为400万元，由此计提存货跌价准备100万元。

假定：(1) 2014年6月30日，W7型机器的账面成本仍为500万元，但由于W7型机器市场价格有所上升，使得W7型机器的预计可变现净值变为475万元。

(2) 2014年12月31日，W7型机器的账面成本仍为500万元，由于W7型机器的市场价格进一步上升，预计W7型机器的可变现净值为555万元。

本例中：(1) 2014年6月30日，由于W7型机器市场价格上升，W7型机器的可变现净值有所恢复，应计提的存货跌价准备为500－475＝25（万元），则当期应冲减已计提的存货跌价准备100－25＝75（万元），且小于已计提的存货跌价准备（100万元），因此，应转回的存货跌价准备为75万元。

会计分录为：

借：存货跌价准备　　　　　　　　　　　　　　　　　750000
　　贷：资产减值损失——存货减值损失　　　　　　　　　750000

(2) 2014年12月31日，W7型机器的可变现净值又有所恢复，应冲减存货跌价准备为500－555＝55（万元），但是对W7型机器已计提的存货跌价准备的余额为25万元，因此，当期应转回的存货跌价准备为25万元而不是55万元（即以将对W7型机器已计提的"存货跌价准备"余额冲减至零为限）。

会计分录为：

借：存货跌价准备　　　　　　　　　　　　　　　　　250000
　　贷：资产减值损失——存货减值损失　　　　　　　　　250000

（五）存货跌价准备的结转

企业计提了存货跌价准备，如果其中有部分存货已经销售，则企业在结转销售成本时，应同时结转对其已计提的存货跌价准备。对于因债务重组、非货币性资产交换转出的存货，也应同时结转已计提的存货跌价准备。如果按存货类别计提存货跌价准备的，应当按照发生销售、债务重组、非货币性资产交换等而转出存货的成本占该存货未转出前该类别存货成本的比例结转相应的存货跌价准备。

转回已计提的存货跌价准备金额时，按恢复增加的金额，借记"存货跌价准备"科目，贷记"资产减值损失——计提的存货跌价准备"科目。

企业结转存货销售成本时，对于已计提存货跌价准备的，应当一并结转，同时调整销售成本，借记"存货跌价准备"科目，贷记"主营业务成本""其他业务成本"等科目。

【例4-45】2016年12月31日，来来公司A商品4000件的账面余额（成本）为100000元。由于市场价格下跌，预计可变现净值为80000元，由此应计提的存货跌价准备为100000－80000＝20000（元）。2017年6月30日，由于市场价格有所上升，使得A商品的预计可变现净值为95000元。7月，售出A商品2000件。

2016年12月31日，来来公司应编制如下会计分录：

借：资产减值损失——计提的存货跌价准备　　　　　　20000
　　贷：存货跌价准备——A商品　　　　　　　　　　　20000

2017年6月30日，应转回的存货跌价准备为100000－95000－20000＝15000（元）。来来公司应编制如下会计分录：

借：存货跌价准备——A商品　　　　　　　　　　　　15000
　　贷：资产减值损失——计提的存货跌价准备　　　　　　15000

7月末，结转售出A商品成本，同步转出跌价准备

借：主营业务成本	47500	
存货跌价准备——A 商品	2500	
贷：库存商品——A 商品		50000

四、存货清查

存货清查是指通过对存货的实地盘点，确定存货的实有数量，并与账面结存数核对，从而确定存货实存数与账面结存数是否相符的一种专门方法。

由于存货种类繁多、收发频繁，在日常收发过程中可能发生计量错误、计算错误、自然损耗，还可能发生损坏变质以及贪污、盗窃等情况，造成账实不符，形成存货的盘盈、盘亏。对于存货的盘盈、盘亏，应填写存货盘点报告（如实存账存对比表），及时查明原因，按照规定程序报批处理。

为了反映和监督企业在财产清查中查明的各种存货的盘盈、盘亏和毁损情况，企业应当设置"待处理财产损溢"科目，借方登记存货的盘亏、毁损金额及盘盈的转销金额，贷方登记存货的盘盈金额及盘亏的转销金额。企业清查的各种存货损溢，应在期末结账前处理完毕，期末处理后，"待处理财产损溢"科目应无余额。

（一）存货盘盈的账务处理

企业发生存货盘盈时，借记"原材料""库存商品"等科目，贷记"待处理财产损溢"科目；在按管理权限报经批准后，借记"待处理财产损溢"科目，贷记"管理费用"科目。

【例4-46】来来公司在财产清查中盘盈 J 材料 1000 千克，实际单位成本 60 元，经查属于材料收发计量方面的错误。来来公司应编制如下会计分录：

（1）批准处理前：

借：原材料	60000	
贷：待处理财产损溢		60000

（2）批准处理后：

借：待处理财产损溢	60000	
贷：管理费用		60000

（二）存货盘亏及毁损的账务处理

企业发生存货盘亏及毁损时，借记"待处理财产损溢"科目，贷记"原材料""库存商品"等科目。在按管理权限报经批准后应作如下账务处理：对于入库的残料价值，记入"原材料"等科目；对于应由保险公司和过失人的赔款，记入"其他应收款"科目；扣除残料价值和应由保险公司、过失人赔款后的净损失，属于一般经营损失的部分，记入"管理费用"科目，属于非常损失的部分，记入"营业外支出"科目。

【例4-47】来来公司在财产清查中发现盘亏 K 材料 500 千克，实际单位成本为 2 元，经查属于正常损耗。来来公司应编制如下会计分录：

（1）批准处理前：

借：待处理财产损溢　　　　　　　　　　　　　　　　　1000
　　　贷：原材料　　　　　　　　　　　　　　　　　　　　　　　1000

（2）批准处理后：

借：管理费用　　　　　　　　　　　　　　　　　　　　1000
　　　贷：待处理财产损溢　　　　　　　　　　　　　　　　　　　1000

【例4-48】来来公司在财产清查中发现毁损L材料300千克，实际单位成本为100元。经查属于材料保管员的过失造成的，按规定由其个人赔偿20000元，其余作为意外事故处理，由单位承担损失。残料已办理入库手续，价值2000元。材料增值税税率17%。来来公司应编制如下会计分录：

（1）批准处理前：

借：待处理财产损溢　　　　　　　　　　　　　　　　　30000
　　　贷：原材料　　　　　　　　　　　　　　　　　　　　　　30000

（2）批准处理后：

1）由过失人赔款部分：

借：其他应收款　　　　　　　　　　　　　　　　　　20000
　　　贷：待处理财产损溢　　　　　　　　　　　　　　　　　　20000

2）残料入库：

借：原材料　　　　　　　　　　　　　　　　　　　　2000
　　　贷：待处理财产损溢　　　　　　　　　　　　　　　　　　2000

3）材料毁损净损失：

借：营业外支出　　　　　　　　　　　　　　　　　　13100
　　　贷：待处理财产损溢　　　　　　　　　　　　　　　　　　8000
　　　　　应交税费——应交增值税（进项税税额转出）　　　　　5100

【例4-49】来来公司因台风造成一批库存商品毁损，实际成本70000元，已提减值准备3000元。根据保险责任范围及保险合同规定，应由保险公司赔偿50000元，款未收到。该批商品材料费比率50%，材料税率17%。来来公司应编制如下会计分录：

（1）批准处理前：

借：待处理财产损溢　　　　　　　　　　　　　　　　　67000
　　　存货跌价准备　　　　　　　　　　　　　　　　　　3000
　　　贷：库存商品　　　　　　　　　　　　　　　　　　　　　70000

（2）批准处理后：

借：其他应收款——保险公司　　　　　　　　　　　　50000
　　　营业外支出——非常损失　　　　　　　　　　　　22950
　　　贷：待处理财产损溢　　　　　　　　　　　　　　　　　　67000
　　　　　应交税费——应交增值税（进项税税额转出）　　　　　5950

第五章 长期股权投资

第一节 长期股权投资的初始计量

一、长期股权投资初始计量原则

长期股权投资在取得时,应按初始投资成本入账。长期股权投资的初始投资成本应分企业合并和非企业合并两种情况确定。

本章所指长期股权投资,包括以下内容:①投资企业能够对被投资单位实施控制的权益性投资,即对子公司投资;②投资企业与其他合营方一同对被投资单位实施共同控制的权益性投资,即对合营企业投资;③投资企业对被投资单位具有重大影响的权益性投资,即对联营企业投资;④投资企业持有的对被投资单位不具有共同控制或重大影响,并且在活跃市场中没有报价、公允价值不能可靠计量的权益性投资。

二、企业合并形成的长期股权投资

企业合并形成的长期股权投资,初始投资成本的确定应区分企业合并的类型,分别同一控制下控股合并与非同一控制下控股合并确定形成长期股权投资的初始投资成本。

(一) 同一控制下企业合并形成的长期股权投资

对于同一控制下的企业合并,从能够对参与合并各方在合并前及合并后均实施最终控制的一方来看,最终控制方在企业合并前及合并后能够控制的资产并没有发生变化。合并方通过企业合并形成的对被合并方的长期股权投资,其成本代表的是在被合并方账面所有者权益中享有的份额。

1. 合并方以支付现金、转让非现金资产或承担债务方式作为合并对价的

这种情况应当在合并日按照取得被合并方所有者权益账面价值的份额作为长期股权投资的初始投资成本。长期股权投资的初始投资成本与支付的现金、转让的非现金资产及所承担债务账面价值之间的差额,应当调整资本公积(资本溢价或股本溢价);资本公积(资本溢价或股本溢价)的余额不足冲减的,调整留存收益。

具体进行会计处理时,合并方在合并日按取得被合并方所有者权益账面价值的份

额，借记"长期股权投资"科目，按应享有被投资单位已宣告但尚未发放的现金股利或利润，借记"应收股利"科目，按支付的合并对价的账面价值，贷记有关资产或借记有关负债科目，按其差额，贷记"资本公积——资本溢价或股本溢价"科目；如为借方差额，应借记"资本公积——资本溢价或股本溢价"科目，资本公积（资本溢价或股本溢价）不足冲减的，借记"盈余公积""利润分配——未分配利润"科目。

2. 合并方以发行权益性证券作为合并对价的

这种情况应按发行权益性证券的面值总额作为股本，长期股权投资初始投资成本与所发行权益性证券面值总额之间的差额，应当调整资本公积（资本溢价或股本溢价）；资本公积（资本溢价或股本溢价）不足冲减的，调整留存收益。

具体进行会计处理时，在合并日应按取得被合并方所有者权益账面价值的份额，借记"长期股权投资"科目，按应享有被投资单位已宣告但尚未发放的现金股利或利润，借记"应收股利"科目，按发行权益性证券的面值，贷记"股本"科目，按其差额，贷记"资本公积——资本溢价或股本溢价"科目；如为借方差额，应借记"资本公积——资本溢价或股本溢价"科目，资本公积（资本溢价或股本溢价）不足冲减的，借记"盈余公积""利润分配——未分配利润"科目。

上述在按照合并日应享有被合并方账面所有者权益的份额确定长期股权投资的初始投资成本时，前提是合并前合并方与被合并方采用的会计政策应当一致；企业合并前合并方与被合并方采用的会计政策不同的，应首先按照合并方的会计政策对被合并方资产、负债的账面价值进行调整，在此基础上计算确定形成长期股权投资的初始投资成本。

【例5-1】2016年6月30日，P公司向同一集团内S公司的原股东定向增发1500万股普通股（每股面值为1元，市价为13.02元），取得S公司100%的股权，并于当日起能够对S公司实施控制。合并后S公司仍维持其独立法人资格继续经营。两公司在企业合并前采用的会计政策相同。合并日S公司的账面所有者权益总额为6606万元。

S公司在合并后维持其法人资格继续经营，合并日P公司在其账簿及个别财务报表中应确认对S公司的长期股权投资，账务处理为：

借：长期股权投资　　　　　　　　　　　　　　　　　　66060000
　　贷：股本　　　　　　　　　　　　　　　　　　　　15000000
　　　　资本公积——股本溢价　　　　　　　　　　　　51060000

（二）非同一控制下企业合并形成的长期股权投资

1. 非同一控制下的控股合并的

购买方应当按照确定的企业合并成本作为长期股权投资的初始投资成本。企业合并成本包括购买方付出的资产、发生或承担的负债发行的权益性证券的公允价值以及为进行企业合并发生的各项直接相关费用之和。

具体进行会计处理时，对于非同一控制下企业合并形成的长期股权投资，应在购买日按企业合并成本（不含应自被投资单位收取的现金股利或利润），借记"长期股权投资"科目，按享有被投资单位已宣告但尚未发放的现金股利或利润，借记"应收股利"科目，按支付合并对价的账面价值，贷记有关资产或借记有关负债科目，按发生的直接相关费用,贷记"银行存款"等科目,按其差额,贷记"营业外收入"或借记"营业外支出"等科目。

非同一控制下企业合并涉及以库存商品等作为合并对价的,应按库存商品的公允价值,贷记"主营业务收入"科目,并同时结转相关的成本。

【例5-2】A公司于2016年3月31日取得B公司70%的股权。为核实B公司的资产价值,A公司聘请专业资产评估机构对B公司的资产进行评估,支付评估费用300万元。合并中,A公司支付的有关资产在购买日的账面价值与公允价值如表5-1所示。

表5-1　2016年3月31日

单位:万元

项　目	账　面　价　值	公　允　价　值
土地使用权(自用)	6000	9600
专利技术	2400	3000
银行存款	2400	2400
合　　计	10800	15000

假定合并前A公司与B公司不存在任何关联方关系,A公司用作合并对价的土地使用权和专利技术原价为9600万元,至企业合并发生时已累计摊销1200万元。

分析:本例中因A公司与B公司在合并前不存在任何关联方关系,应作为非同一控制下的企业合并处理。

A公司对于合并形成的对B公司的长期股权投资,应按确定的企业合并成本作为其初始投资成本。A公司应进行如下账务处理:

借:长期股权投资　　　　　　　　　　　　　　　153000000
　　累计摊销　　　　　　　　　　　　　　　　　 12000000
　　贷:无形资产　　　　　　　　　　　　　　　　96000000
　　　　银行存款　　　　　　　　　　　　　　　　27000000
　　　　营业外收入　　　　　　　　　　　　　　　42000000

2. 通过多次交换交易,分步取得股权最终形成企业合并的

企业合并成本为每一单项交换交易的成本之和。其中:达到企业合并前对持有的长期股权投资采用成本法核算的,长期股权投资在购买日的成本应为原账面余额加上购买日为取得进一步的股份新支付对价的公允价值之和;达到企业合并前对长期股权投资采用权益法等方法核算的,购买日应对权益法下长期股权投资的账面余额进行调整,将有关长期股权投资的账面余额调整至最初取得成本,在此基础上加上购买日新支付对价的公允价值作为购买日长期股权投资的成本。

【例5-3】A公司于2015年3月以12000万元取得B公司30%的股权,因能够对B公司施加重大影响,对所取得的长期股权投资采用权益法核算,于2015年确认对B公司的投资收益450万元。2016年4月,A公司又斥资15000万元自C公司取得B公

司另外30%的股权。假定A公司在取得对B公司的长期股权投资以后，B公司并未宣告发放现金股利或利润。A公司按净利润的10%提取盈余公积。A公司对该项长期股权投资未计提任何减值准备。A公司与C公司不存在任何关联方关系。

本例中，A公司是通过分步购买最终达到对B公司实施控制，形成企业合并。在购买日，A公司应进行如下账务处理：

  借：盈余公积   450000
    利润分配——未分配利润   4050000
    贷：长期股权投资   4500000
  借：长期股权投资   150000000
    贷：银行存款   150000000

购买日对B公司长期股权投资的账面余额＝（12450－450）＋15000＝27000（万元）。

三、企业合并以外其他方式取得的长期股权投资

除企业合并形成的长期股权投资应遵循特定的会计处理原则外，其他方式取得的长期股权投资，取得时初始投资成本的确定应遵循以下规定：

（1）以支付现金取得的长期股权投资，应当按照实际支付的购买价款作为长期股权投资的初始投资成本，包括购买过程中支付的手续费等必要支出。但所支付价款中包含的被投资单位已宣告但尚未发放的现金股利或利润应作为应收项目核算，不构成取得长期股权投资的成本。

【例5-4】来来公司于2016年2月10日，自公开市场中买入乙公司20%的股份，实际支付价款8000万元。另外，在购买过程中支付手续费等相关费用200万元。来来公司取得该部分股权后，能够对乙公司的生产经营决策施加重大影响。

来来公司应当按照实际支付的购买价款和相关费用作为取得长期股权投资的成本，其账务处理为：

  借：长期股权投资   82000000
    贷：银行存款   82000000

（2）以发行权益性证券方式取得的长期股权投资，其成本为所发行权益性证券的公允价值，但不包括应自被投资单位收取的已宣告但尚未发放的现金股利或利润。

为发行权益性证券支付给有关证券承销机构等的手续费、佣金等与权益性证券发行直接相关的费用，不构成取得长期股权投资的成本。该部分费用按照《企业会计准则第37号——金融工具列报》的规定，应自权益性证券的溢价发行收入中扣除，权益性证券的溢价收入不足冲减的，应冲减盈余公积和未分配利润。

【例5-5】2016年3月5日，A公司通过增发9000万股本公司普通股每股面值1元）取得B公司20%的股权，该9000万股股份的公允价值为15600万元。为增发该部分股份，A公司向证券承销机构等支付了600万元的佣金和手续费。假定A公司取得该部分股权后，能够对B公司的财务和生产经营决策产生重大影响。

A公司应当以所发行股份的公允价值作为取得长期股权投资的成本，账务处理为：

借：长期股权投资　　　　　　　　　　　　　　　　156 000 000
　　贷：股本　　　　　　　　　　　　　　　　　　90 000 000
　　　　资本公积——股本溢价　　　　　　　　　　66 000 000

发行权益性证券过程中支付的佣金和手续费，应冲减权益性证券的溢价发行收入，账务处理为：

借：资本公积——股本溢价　　　　　　　　　　　　6 000 000
　　贷：银行存款　　　　　　　　　　　　　　　　6 000 000

（3）投资者投入的长期股权投资，应当按照投资合同或协议约定的价值作为初始投资成本，但合同或协议约定的价值不公允的除外。

投资者投入的长期股权投资，是指投资者以其持有的对第三方的投资作为出资投入企业，接受投资的企业原则上应当按照投资各方在投资合同或协议中约定的价值作为取得投资的初始投资成本。

【例5-6】A公司设立时，其主要出资方之一来来公司以其持有的对B公司的长期股权投资作为出资投入A公司。投资各方在投资合同中约定，作为出资的该项长期股权投资作价6000万元。该作价是按照B公司股票的市价经考虑相关调整因素后确定的。A公司注册资本为24000万元。来来公司出资占A公司注册资本的20%。取得该项投资后，来来公司根据其持股比例，能够派人参与A公司的财务和生产经营决策。

A公司的账务处理如下：

借：长期股权投资　　　　　　　　　　　　　　　　60 000 000
　　贷：实收资本　　　　　　　　　　　　　　　　48 000 000
　　　　资本公积——资本溢价　　　　　　　　　　12 000 000

（4）以债务重组、非货币性资产交换等方式取得的长期股权投资，其初始投资成本应按照《企业会计准则4第12号——债务重组》和《企业会计准则第7号——非货币性资产交换》的规定确定。

四、投资成本中包含的已宣告但尚未发放的现金股利或利润的处理

企业无论以何种方式取得长期股权投资，取得投资时，对于投资成本中包含的应享有被投资单位已经宣告但尚未发放的现金股利或利润应作为应收项目单独核算，不构成取得长期股权投资的初始投资成本。即企业在支付对价取得长期股权投资时，对于实际支付的价款中包含的对方已经宣告但尚未发放的现金股利或利润，应作为预付款，构成企业的一项债权，其与取得的对被投资单位的长期股权投资应作为两项金融资产。

【例5-7】沿用【例5-6】的资料，假定来来公司取得该项投资时，乙公司已经宣告但尚未发放现金股利，来来公司按其持股比例计算确定可分得30万元。则来来公司在确认该长期股权投资时，应将包含的现金股利部分单独核算，相应的账务处理为：

借:长期股权投资　　　　　　　　　　　　　　　81700000
　　应收股利　　　　　　　　　　　　　　　　　　300000
　贷:银行存款　　　　　　　　　　　　　　　　　82000000

第二节　长期股权投资的后续计量

长期股权投资在持有期间,根据投资企业对被投资单位的影响程度及是否存在活跃市场、公允价值能否可靠计量等进行划分,应当分别采用成本法及权益法进行核算。

一、长期股权投资的成本法

(一) 成本法的定义及其适用范围

成本法,是指投资按成本计价的方法。长期股权投资的成本法适用于以下情况:

1. 企业持有的能够对被投资单位实施控制的长期股权投资

控制,是指有权决定一个企业的财务和经营政策,并能据以从该企业的经营活动中获取利益。控制一般存在于以下情况,如投资企业直接拥有被投资单位50%以上的表决权资本,投资企业直接拥有被投资单位50%或以下的表决权资本,但具有实质控制权的情况。投资企业对被投资单位是否具有实质控制权,可以通过以下一种或几种情形进行判定:

(1) 通过与其他投资者的协议,投资企业拥有被投资单位50%以上表决权资本的控制权。例如,A公司拥有B公司40%表决权的资本,C公司拥有B公司30%的表决权资本。A公司与C公司达成协议,C公司在B公司的权益由A公司代表。在这种情况下,A公司实质上拥有B公司70%表决权资本的控制权,表明A公司实质上控制B公司。

(2) 根据章程或协议,投资企业有权控制被投资单位的财务和经营政策。例如,A公司拥有B公司45%的表决权资本,同时根据协议,B公司的生产经营决策由A公司控制。

(3) 有权任免被投资单位董事会等类似权力机构的多数成员。这种情况是指,虽然投资企业仅拥有被投资单位50%或以下表决权资本,但根据章程或协议有权任免被投资单位董事会的多数董事,能够达到实质上控制的目的。

(4) 在被投资单位董事会或类似权力机构会议上有半数以上投票权。这种情况是指,虽然投资企业仅拥有被投资单位50%或以下表决权的资本,但能够控制被投资单位董事会等类似权力机构的会议,从而能够控制其财务和经营政策。

投资企业能够对被投资单位实施控制的,被投资单位为其子公司,投资企业应当将子公司纳入合并财务报表的合并范围。投资企业在其个别财务报表中对子公司的长期股权投资,应当采用成本法核算,编制合并财务报表时按照权益法进行调整。

2. 投资企业对被投资单位不具有共同控制或重大影响，且在活跃市场中没有报价、公允价值不能可靠计量的长期股权投资

共同控制，是指按照合同约定对某项经济活动共有的控制。仅在与该项经济活动相关的重要财务和经营政策需要分享控制权的投资方一致同意时存在。投资企业与其他方对被投资单位实施共同控制的，被投资单位为其合营企业。在确定是否构成共同控制时，一般可以考虑以下情况作为确定基础：①任何一个合营方均不能单独控制合营企业的生产经营活动；②涉及合营企业基本经营活动的决策需要各合营方一致同意；③各合营方可能通过合同或协议的形式任命其中的一个合营方对合营企业的日常活动进行管理，但其必须在各合营方已经一致同意的财务和经营政策范围内行使管理权。

重大影响，是指对一个企业的财务和经营政策有参与决策的权力，但并不能够控制或者与其他方一起共同控制这些政策的制定。投资企业直接或通过子公司拥有被投资单位20%以上但低于50%的表决权股份时，一般认为对被投资单位具有重大影响，除非有明确的证据表明该种情况下不能参与被投资

单位的生产经营决策，不形成重大影响。投资企业拥有被投资单位有表决权股份的比例低于20%的，一般认为对被投资单位不具有重大影响，但符合下列情况之一的，应认为对被投资单位具有重大影响：

（1）在被投资单位的董事会或类似权力机构中派有代表。这种情况下，由于在被投资单位的董事会或类似权力机构中派有代表，并享有相应的实质性的参与决策权，投资企业可以通过该代表参与被投资单位经营政策的制定，达到对被投资单位施加重大影响。

（2）参与被投资单位的政策制定过程，包括股利分配政策等的制定。这种情况下，因可以参与被投资单位的政策制定过程，在制定政策过程中可以为其自身利益提出建议和意见，从而对被投资单位施加重大影响。

（3）与被投资单位之间发生重要交易。有关的交易因对被投资单位的日常经营具有重要性，进而一定程度上可以影响被投资单位的生产经营决策。

（4）向被投资单位派出管理人员。这种情况下，通过投资企业对被投资单位派出管理人员，管理人员有权力并负责被投资单位的财务和经营活动，从而能够对被投资单位施加重大影响。

（5）向被投资单位提供关键技术资料。因被投资单位的生产经营需要依赖投资企业的技术或技术资料，表明投资企业对被投资单位具有重大影响。

在确定能否对被投资单位施加重大影响时，一方面应考虑投资企业直接或间接持有被投资单位的表决权股份，另一方面要考虑企业及其他方持有的现行可执行潜在表决权在假定转换为对被投资单位的股权后产生的影响，如被投资单位发行的现行可转换的认股权证、股票期权及可转换公司债券等的影响，如果其在转换为对被投资单位的股权后，能够增加投资企业的表决权比例或是降低被投资单位其他投资者的表决权比例，从而使得投资企业能够参与被投资单位的财务和经营决策的，应当认为投资企业对被投资单位具有重大影响。

（二）成本法的核算

采用成本法核算的长期股权投资，核算方法如下：

（1）初始投资或追加投资时，按照初始投资或追加投资时的成本增加长期股权投资的账面价值。

（2）除取得投资时实际支付的价款或对价中包含的已宣告但尚未发放的现金股利或利润外，投资企业应当按照享有被投资单位宣告发放的现金股利或利润确认投资收益，不管有关利润分配是属于对取得投资前还是取得投资后被投资单位实现净利润的分配。

投资企业在确认自被投资单位应分得的现金股利或利润后，应当考虑有关长期股权投资是否发生减值。在判断该类长期股权投资是否存在减值迹象时，应当关注长期股权投资的账面价值是否大于享有被投资单位净资产（包括相关商誉）账面价值的份额等情况。出现类似情况时，企业应当按照《企业会计准则第8号——资产减值》的规定对长期股权投资进行减值测试，可收回金额低于长期股权投资账面价值的，应当计提减值准备。

【例5-8】2015年6月20日，来来公司以1500万元购入乙公司8%的股权。来来公司取得该部分股权后，未派出人员参与乙公司的财务和生产经营决策，同时也未以任何其他方式对乙公司施加控制、共同控制或重大影响。同时，该股权不存在活跃市场，其公允价值不能可靠计量。

2015年9月30日，乙公司宣告分派现金股利，来来公司按照其持有比例确定可分回20万元。

来来公司对乙公司长期股权投资应进行的账务处理如下：

借：长期股权投资　　　　　　　　　　　　　　　15000000
　　贷：银行存款　　　　　　　　　　　　　　　　　15000000
借：应收股利　　　　　　　　　　　　　　　　　　200000
　　贷：投资收益　　　　　　　　　　　　　　　　　　200000

二、长期股权投资的权益法

（一）权益法的定义及其适用范围

权益法，是指投资以初始投资成本计量后，在投资持有期间根据投资企业享有被投资单位所有者权益的份额的变动对投资的账面价值进行调整的方法。

投资企业对被投资单位具有共同控制或重大影响的长期股权投资，即对合营企业投资及联营企业投资，应当采用权益法核算。

（二）权益法的核算

1. 初始投资成本的调整

投资企业取得对联营企业或合营企业的投资以后，对于取得投资时投资成本与应享有被投资单位可辨认净资产公允价值份额之间的差额，应区别情况分别处理。

（1）初始投资成本大于取得投资时应享有被投资单位可辨认净资产公允价值份额的，该部分差额从本质上是投资企业在取得投资过程中通过购买作价体现出的与所取得股权份额相对应的商誉及被投资单位不符合确认条件的资产价值。初始投资成本大于投资时应享有被投资单位可辨认净资产公允价值的份额时，两者之间的差额不要求对长期股权投资的成本进行调整。

（2）初始投资成本小于取得投资时应享有被投资单位可辨认净资产公允价值份额的，两者之间的差额体现为双方在交易作价过程中转让方的让步，该部分经济利益流入应作为收益处理，计入取得投资当期的营业外收入，同时调整增加长期股权投资的账面价值。

【例5-9】A企业于2015年1月取得B公司30%的股权，支付价款9000万元。取得投资时被投资单位净资产账面价值为22500万元（假定被投资单位各项可辨认资产、负债的公允价值与其账面价值相同）。

在B公司的生产经营决策过程中，所有股东均按持股比例行使表决权。A企业在取得B公司的股权后，派人参与了B公司的生产经营决策。因能够对B公司施加重大影响，A企业对该投资应当采用权益法核算。取得投资时，A企业应进行以下账务处理：

    借：长期股权投资——成本   90000000
     贷：银行存款   90000000

长期股权投资的初始投资成本9000万元大于取得投资时应享有被投资单位可辨认净资产公允价值的份额22500×30%=6750（万元），两者之间的差额不调整长期股权投资的账面价值。

如果本例中取得投资时被投资单位可辨认净资产的公允价值为36000万元，A企业按持股比例30%计算确定应享有10800万元，则初始投资成本与应享有被投资单位可辨认净资产公允价值份额之间的差额1800万元应计入取得投资当期的营业外收入，账务处理如下：

    借：长期股权投资——成本   108000000
     贷：银行存款   90000000
       营业外收入   18000000

2. 投资损益的确认

投资企业取得长期股权投资后，应当按照应享有或应分担被投资单位实现净利润或发生净亏损的份额（法规或章程规定不属于投资企业的净损益除外），调整长期股权投资的账面价值，并确认为当期投资损益。

在确认应享有或应分担被投资单位的净利润或净亏损时，在被投资单位账面净利润的基础上，应考虑以下因素的影响进行适当调整：

一是被投资单位采用的会计政策及会计期间与投资企业不一致的，应按投资企业的会计政策及会计期间对被投资单位的财务报表进行调整。

二是以取得投资时被投资单位固定资产、无形资产的公允价值为基础计提的折旧额或摊销额，以及以投资企业取得投资时的公允价值为基础计算确定的资产减值准备金额等对被投资单位净利润的影响。

被投资单位个别利润表中的净利润是以其持有的资产、负债账面价值为基础持续计算的,而投资企业在取得投资时,是以被投资单位有关资产、负债的公允价值为基础确定投资成本,长期股权投资的投资收益所代表的是被投资单位资产、负债在公允价值计量的情况下在未来期间通过经营产生的损益中归属于投资企业的部分。取得投资时有关资产、负债的公允价值与其账面价值不同的,未来期间,在计算归属于投资企业应享有的净利润或应承担的净亏损时,应以投资时被投资单位有关资产对投资企业的成本即取得投资时的公允价值为基础计算确定,从而产生了需要对被投资单位账面净利润进行调整的情况。

在针对上述事项对被投资单位实现的净利润进行调整时,应考虑重要性原则,不具重要性的项目可不予调整。符合下列条件之一的,投资企业可以以被投资单位的账面净利润为基础,计算确认投资损益,同时应在会计报表附注中说明不能按照准则规定进行核算的原因:①投资企业无法合理确定取得投资时被投资单位各项可辨认资产等的公允价值;②投资时被投资单位可辨认资产的公允价值与其账面价值相比,两者之间的差额不具重要性的;③其他原因导致无法取得被投资单位的有关资料,不能按照准则中规定的原则对被投资单位的净损益进行调整的。

【例5-10】沿用【例5-9】的资料,假定长期股权投资的成本大于取得投资时被投资单位可辨认净资产公允价值份额的情况下,取得投资当年被投资单位实现净利润2400万元。投资企业与被投资单位均以公历年度作为会计年度,两者之间采用的会计政策相同。由于投资时被投资单位各项资产、负债的账面价值与其公允价值相同,且假定投资企业与被投资单位未发生任何内部交易,不需要对被投资单位实现的净损益进行调整,投资企业应确认的投资收益为2400×30%=720(万元)。

【例5-11】来来公司于2015年1月10日购入乙公司30%的股份,购买价款为3300万元,并自取得投资之日起派人参与乙公司的财务和生产经营决策。取得投资当日,乙公司可辨认净资产公允价值为9000万元,除表5-2所列项目外,乙公司其他资产、负债的公允价值与账面价值相同。

表5-2 资产差异表

单位:万元

项目	账面原价	已提折旧或摊销	公允价值	乙公司预计使用年限	来来公司取得投资后剩余使用年限
存货	750		1050		
固定资产	1800	360	2400	20	16
无形资产	1050	210	1200	10	8
合计	3600	570	4650		

假定乙公司于2015年实现净利润900万元,其中,在来来公司取得投资时的账面存货有80%对外出售。来来公司与乙公司的会计年度及采用的会计政策相同。固定资

产、无形资产均按直线法提取折旧或摊销，预计净残值均为 0。假定甲、乙公司间未发生任何内部交易。

来来公司在确定其应享有的投资收益时，应在乙公司实现净利润的基础上，根据取得投资时乙公司有关资产的账面价值与其公允价值差额的影响进行调整（假定不考虑所得税影响）：

存货账面价值与公允价值的差额应调减的利润 = （1050 – 750）×80% = 240（万元）

固定资产公允价值与账面价值的差额应调整增加的折旧额 = 2400 ÷ 16 – 1800 ÷ 20 = 60（万元）

无形资产公允价值与账面价值的差额应调整增加的折旧额 = 1200 ÷ 8 – 1050 ÷ 10 = 45（万元）

调整后的净利润 = 900 – 240 – 60 – 45 = 555（万元）

来来公司应享有份额 = 555 × 30% = 166.5（万元）

确认投资收益的账务处理如下：

借：长期股权投资——损益调整　　　　　　　　　　1665000
　　贷：投资收益　　　　　　　　　　　　　　　　　　1665000

三是在确认投资收益时，除考虑公允价值的调整外，对于投资企业与其联营企业及合营企业之间发生的未实现内部交易损益应予抵消。即投资企业与联营企业及合营企业之间发生的未实现内部交易损益按照持股比例计算归属于投资企业的部分应当予以抵消，在此基础上确认投资损益。投资企业与被投资单位发生的内部交易损失，按照《企业会计准则第 8 号——资产减值》等规定属于资产减值损失的，应当全额确认。投资企业对于纳入其合并范围的子公司与其联营企业及合营企业之间发生的内部交易损益，也应当按照上述原则进行抵消，在此基础上确认投资损益。

应当注意的是，该未实现内部交易损益的抵消既包括顺流交易也包括逆流交易其中，顺流交易是指投资企业向其联营企业或合营企业出售资产，逆流交易是指联营企业或合营企业向投资企业出售资产。当该未实现内部交易损益体现在投资企业或其联营企业、合营企业持有的资产账面价值中时，相关的损益在计算确认投资损益时应予抵消。

（1）对于联营企业或合营企业向投资企业出售资产的逆流交易，在该交易存在未实现内部交易损益的情况下（即有关资产未对外部独立第三方出售），投资企业在采用权益法计算确认应享有联营企业或合营企业的投资损益时，应抵消该未实现内部交易损益的影响。当投资企业自其联营企业或合营企业购买资产时，在将该资产出售给外部独立的第三方之前，不应确认联营企业或合营企业因该交易产生的损益中本企业应享有的部分。

因逆流交易产生的未实现内部交易损益，在未对外部独立第三方出售之前，体现在投资企业持有资产的账面价值当中。投资企业对外编制合并财务报表的，应在合并财务报表中对长期股权投资及包含未实现内部交易损益的资产账面价值进行调整，抵消有关资产账面价值中包含的未实现内部交易损益，并相应调整对联营企业或合营企业的长期股权投资。

【例5-12】 甲企业于2015年1月取得乙公司20%有表决权股份。能够对乙公司施加重大影响。假定甲企业取得该项投资时，乙公司各项可辨认资产、负债的公允价值与其账面价值相同。2015年8月，乙公司将其成本为600万元的某商品以1000万元的价格出售给甲企业，甲企业将取得的商品作为存货。至2015年资产负债表日，甲企业仍未对外出售该存货。乙公司2015年实现净利润为3200万元。假定不考虑所得税因素。

甲企业在按照权益法确认应享有乙公司2015年净损益时，应进行以下账务处理：

借：长期股权投资——损益调整（28000000×20%）　　　5600000
　　贷：投资收益　　　　　　　　　　　　　　　　　　　5600000

进行上述处理后，投资企业有子公司，需要编制合并财务报表的，在合并财务报表中，因该未实现内部交易损益体现在投资企业持有存货的账面价值当中，应在合并财务报表中进行以下调整：

借：长期股权投资——损益调整　　　　　　　　　　　　800000
　　贷：存货　　　　　　　　　　　　　　　　　　　　　800000

假定在2016年，甲企业将该商品以1000万元的价格向外部独立第三方出售，因该部分内部交易损益已经实现，甲企业在确认应享有乙公司2016年净损益时，应考虑将原未确认的该部分内部交易损益计入投资损益，即应在考虑其他因素计算确定的投资损益基础上调整增加80万元。

（2）对于投资企业向联营企业或合营企业出售资产的顺流交易，在该交易存在未实现内部交易损益的情况下（即有关资产未向外部独立第三方出售），投资企业在采用权益法计算确认应享有联营企业或合营企业的投资损益时，应抵消该未实现内部交易损益的影响，同时调整对联营企业或合营企业长期股权投资的账面价值。当投资企业向联营企业或合营企业出售资产，同时有关资产由联营企业或合营企业持有时，投资方因出售资产应确认的损益仅限于与联营企业或合营企业其他投资者交易的部分。即在顺流交易中，投资方投出资产或出售资产给其联营企业或合营企业产生的损益中，按照持股比例计算确定归属于本企业的部分不予确认。

【例5-13】 甲企业持有乙公司20%有表决权股份，能够对乙公司的财务和生产经营决策施加重大影响。2015年，甲企业将其账面价值为600万元的商品以1000万元的价格出售给乙公司。至2015年资产负债表日，该批商品尚未对外部第三方出售。假定甲企业取得该项投资时，乙公司各项可辨认资产、负债的公允价值与其账面价值相同，两者在以前期间未发生过内部交易。乙公司2015年净利润为2000万元。假定不考虑所得税因素。

甲企业在该项交易中实现利润400万元，其中的400×20% = 80（万元），是针对本企业持有的对联营企业的权益份额，在采用权益法计算确认投资损益时应予抵消，即甲企业应当进行的账务处理为：

借：长期股权投资——损益调整　　　　　　　　　　　　3200000
　　贷：投资收益　　　　　　　　　　　　　　　　　　　3200000

甲企业如需编制合并财务报表，在合并财务报表中对该未实现内部交易损益应在个别报表已确认投资损益的基础上进行以下调整：

借：营业收入　　　　　　　　　　　　　　　　　2000000
　　贷：营业成本　　　　　　　　　　　　　　　　1200000
　　　　投资收益　　　　　　　　　　　　　　　　 800000

应当说明的是，投资企业与其联营企业及合营企业之间发生的无论是顺流交易还是逆流交易产生的未实现内部交易损失，属于所转让资产发生减值损失的，有关的未实现内部交易损失不应予以抵消。

（3）合营方向合营企业投出非货币性资产产生损益的处理。合营方向合营企业投出或出售非货币性资产的相关损益，应当按照以下原则处理：

符合下列情况之一的，合营方不应确认该类交易的损益：与投出非货币性资产所有权有关的重大风险和报酬没有转移给合营企业；投出非货币性资产的损益无法可靠计量；投出非货币性资产交易不具有商业实质。

合营方转移了与投出非货币性资产所有权有关的重大风险和报酬并且投出资产留给合营企业使用的，应在该项交易中确认属于合营企业其他合营方的利得和损失。交易表明投出或出售非货币性资产发生减值损失的，合营方应当全额确认该部分损失。

在投出非货币性资产的过程中，合营方除了取得合营企业的长期股权投资外还取得了其他货币性或非货币性资产的，应当确认该项交易中与所取得其他货币性、非货币性资产相关的损益。

3. 取得现金股利或利润的处理

按照权益法核算的长期股权投资，投资企业自被投资单位取得的现金股利或利润，应抵减长期股权投资的账面价值。在被投资单位宣告分派现金股利或利润时，借记"应收股利"科目，贷记"长期股权投资（损益调整）"科目；自被投资单位取得的现金股利或利润超过已确认损益调整的部分应视同投资成本的收回，冲减长期股权投资的账面价值。

4. 超额亏损的确认

按照权益法核算的长期股权投资，投资企业确认应分担被投资单位发生的损失，原则上应以长期股权投资及其他实质上构成对被投资单位净投资的长期权益减记至零为限，投资企业负有承担额外损失义务的除外。这里所讲的"其他实质上构成对被投资单位净投资的长期权益"通常是指长期应收项目，比如，企业对被投资单位的长期债权，该债权没有明确的清收计划，且在可预见的未来期间不准备收回的，实质上构成对被投资单位的净投资，但不包括投资企业与被投资单位之间因销售商品、提供劳务等日常活动所产生的长期债权。

投资企业在确认应分担被投资单位发生的亏损时，具体应按照以下顺序处理：

首先，减记长期股权投资的账面价值。

其次，在长期股权投资的账面价值减记至零的情况下，对于未确认的投资损失，考虑除长期股权投资以外，账面上是否有其他实质上构成对被投资单位净投资的长期权益项目，如果有，则应以其他长期权益的账面价值为限，继续确认投资损失，冲减长期应收项目等的账面价值。

最后，经过上述处理，按照投资合同或协议约定，投资企业仍需要承担额外损失弥补等义务的，应按预计将承担的义务金额确认预计负债，计入当期投资损失。

企业在实务操作过程中，在发生投资损失时，应借记"投资收益"科目，贷记"长期股权投资——损益调整"科目。在长期股权投资的账面价值减记至零以后，考虑其他实质上构成对被投资单位净投资的长期权益，继续确认的投资损失，应借记"投资收益"科目，贷记"长期应收款"等科目；因投资合同或协议约定导致投资企业需要承担额外义务的，按照或有事项准则的规定，对于符合确认条件的义务，应确认为当期损失，同时确认预计负债，借记"投资收益"科目，贷记"预计负债"科目。除上述情况仍未确认的应分担被投资单位的损失，应在账外备查登记。

在确认了有关的投资损失以后，被投资单位于以后期间实现盈利的，应按以上相反顺序分别减记账外备查登记的金额、已确认的预计负债、恢复其他长期权益及长期股权投资的账面价值，同时确认投资收益。即应当按顺序分别借记"预计负债""长期应收款""长期股权投资"等科目，贷记"投资收益"科目。

【例5-14】甲企业持有乙企业40%的股权，能够对乙企业施加重大影响。2014年12月31日，该项长期股权投资的账面价值为6000万元。乙企业2015年由于一项主营业务市场条件发生变化，当年度亏损9000万元。假定甲企业在取得该投资时，乙企业各项可辨认资产、负债的公允价值与其账面价值相等，双方所采用的会计政策及会计期间也相同。则甲企业当年度应确认的投资损失为3600万元。确认上述投资损失后，长期股权投资的账面价值变为2400万元。

如果上述乙企业当年度的亏损额为18000万元，则甲企业按其持股比例确认应分担的损失为7200万元，但长期股权投资的账面价值仅为6000万元，如果没有其他实质上构成对被投资单位净投资的长期权益项目，则甲企业应确认的投资损失仅为6000万元，超额损失在账外进行备查登记；在确认了6000万元的投资损失，长期股权投资的账面价值减记至零以后，如果甲企业账上仍有应收乙企业的长期应收款2400万元，该款项从目前情况看，没有明确的清偿计划（并非产生于商品购销等日常活动），则在长期应收款的账面价值大于1200万元的情况下，应以长期应收款的账面价值为限进一步确认投资损失1200万元。甲企业应进行的账务处理为：

借：投资收益　　　　　　　　　　　　　　　　60000000
　　贷：长期股权投资——损益调整　　　　　　　　60000000
借：投资收益　　　　　　　　　　　　　　　　12000000
　　贷：长期应收款　　　　　　　　　　　　　　12000000

5. 被投资单位除净损益以外所有者权益的其他变动

采用权益法核算时，投资企业对于被投资单位除净损益以外所有者权益的其他变动，在持股比例不变的情况下，应按照持股比例与被投资单位除净损益以外所有者权益的其他变动中归属于本企业的部分，相应调整长期股权投资的账面价值，同时增加或减少资本公积。

【例5-15】A企业持有B企业30%的股份，能够对B企业施加重大影响。当期B企业因持有的可供出售金融资产公允价值的变动计入资本公积的金额为1800万元，除该事项外，B企业当期实现的净损益为9600万元。假定A企业与B企业适用的会计政策、会计期间相同，投资时B企业有关资产、负债的公允价值与其账面价值亦相同，双方当期及以前期间未发生任何内部交易。

A企业在确认应享有被投资单位所有者权益的变动时，应进行的账务处理为：

借：长期股权投资——损益调整　　　　　　　　28800000
　　　　　　　——其他权益变动　　　　　　　　5400000
　贷：投资收益　　　　　　　　　　　　　　　　28800000
　　　其他综合收益　　　　　　　　　　　　　　5400000

6. 股票股利的处理

被投资单位分派的股票股利，投资企业不作账务处理，但应于除权日注明所增加的股数，以反映股份的变化情况。

三、长期股权投资的减值

长期股权投资在按照规定进行核算确定其账面价值的基础上，如果存在减值迹象的，应当按照相关准则的规定计提减值准备。其中，对子公司、联营企业及合营企业的投资，应当按照《企业会计准则第8号——资产减值》的规定确定其可收回金额及应予计提的减值准备；企业持有的对被投资单位不具有共同控制或重大影响，在活跃市场中没有报价、公允价值不能可靠计量的长期股权投资，应当按照《企业会计准则第22号——金融工具确认和计量》的规定确定其可收回金额及应予计提的减值准备，上述有关长期股权投资的减值准备在提取以后，均不允许转回。

第三节　长期股权投资核算方法的转换及处置

一、长期股权投资核算方法的转换

长期股权投资在持有期间，因各方面情况的变化，可能导致其核算需要由一种方法转换为另外的方法。

（一）成本法转换为权益法

长期股权投资的核算由成本法转为权益法时，应以成本法下长期股权投资的账面价值作为按照权益法核算的初始投资成本，并在此基础上比较该初始投资成本与应享有被投资单位可辨认净资产公允价值的份额，确定是否需要对长期股权投资的账面价值进行调整。

（1）原持有的对被投资单位不具有控制、共同控制或重大影响、在活跃市场中没有报价、公允价值不能可靠计量的长期股权投资，因追加投资导致持股比例上升，能够对被投资单位施加重大影响或是实施共同控制的。在自成本法转为权益法时，应区分原持有的长期股权投资以及新增长期股权投资两部分分别处理：

1) 原持有长期股权投资的账面余额与按照原持股比例计算确定应享有原取得投资时被投资单位可辨认净资产公允价值份额之间的差额，属于通过投资作价体现的商誉部分，不调整长期股权投资的账面价值；属于原取得投资时因投资成本小于应享有被投资单位可辨认净资产公允价值份额的差额，一方面应调整长期股权投资的账面价值，另一方面应同时调整留存收益。

2) 对于新取得的股权部分，应比较新增投资的成本与取得该部分投资时应享有被投资单位可辨认净资产公允价值的份额，其中，投资成本大于投资时应享有被投资单位可辨认净资产公允价值份额的，不调整长期股权投资的成本；对于投资成本小于应享有被投资单位可辨认净资产公允价值份额的，应调整增加长期股权投资的成本，同时计入取得当期的营业外收入。

上述与原持股比例相对应的商誉或是应计入留存收益的金额与新取得投资过程中体现的商誉与计入当期损益的金额应综合考虑，在此基础上确定与整体投资相关的商誉或是因投资成本小于应享有被投资单位可辨认净资产公允价值份额应计入留存收益或是损益的金额。

3) 对于原取得投资后至新取得投资的交易日之间被投资单位可辨认净资产公允价值的变动相对于原持股比例的部分，属于在此期间被投资单位实现的净损益中应享有份额的，一方面应调整长期股权投资的账面价值，同时对于原取得投资时至新增投资当期期初按照原持股比例应享有被投资单位实现的净损益，应调整留存收益；对于新增投资当期期初至新增投资交易日之间应享有被投资单位的净损益，应计入当期损益；属于其他原因导致的被投资单位可辨认净资产公允价值变动中应享有的份额，在调整长期股权投资账面价值的同时，应当记入"资本公积——其他资本公积"。

【例5-16】A公司于2014年2月取得B公司10%的股权，成本为900万元，取得时B公司可辨认净资产公允价值总额为8400万元（假定公允价值与账面价值相同）。因对被投资单位不具有重大影响且无法可靠确定该项投资的公允价值，A公司对其采用成本法核算。本例中A公司按照净利润的10%提取盈余公积。

2015年1月1日，A公司又以1800万元取得B公司12%的股权，当日B公司可辨认净资产公允价值总额为12000万元。取得该部分股权后，按照B公司章程规定，A公司能够派人参与B公司的财务和生产经营决策，对该项长期股权投资转为采用权益法核算。假定A公司在取得对B公司10%的股权后，双方未发生任何内部交易。B公司通过生产经营活动实现的净利润为900万元。未派发现金股利或利润。除所实现净利润外，未发生其他计入资本公积的交易或事项。

(1) 2014年1月1日，A公司应确认对B公司的长期股权投资，账务处理为：
借：长期股权投资　　　　　　　　　　　　　　　　18000000
　　贷：银行存款　　　　　　　　　　　　　　　　　　18000000

(2) 对长期股权投资账面价值的调整：
确认该部分长期股权投资后，A公司对B公司投资的账面价值为2700万元，其中与原持有比例相对应的部分为 900 万元，新增股权的成本为 1800 万元。

1）对于原 10% 股权的成本 900 万元与原投资时应享有被投资单位可辨认净资产公允价值份额 8400×10%＝840（万元）之间的差额 60 万元，属于原投资时体现的商誉，该部分差额不调整长期股权投资的账面价值。

对于被投资单位可辨认净资产在原投资时至新增投资交易日之间公允价值的变动 12000－8400＝3600（万元）相对于原持股比例的部分 360 万元，其中，属于投资后被投资单位实现净利润部分 900×10%＝90（万元），应调整增加长期股权投资的账面余额，同时调整留存收益；除实现净损益外其他原因导致的可辨认净资产公允价值的变动 270 万元，应当调整增加长期股权投资的账面余额，同时记入"其他综合收益"。账务处理为：

借：长期股权投 3600000
　　贷：其他综合收益 2700000
　　　　盈余公积 90000
　　　　利润分配——未分配利润 810000

2）对于新取得的股权，其成本为 1800 万元，取得该投资时按照持股比例计算确定应享有被投资单位可辨认净资产公允价值的份额 12000×12%＝1440（万元）之间的差额为投资作价中体现出的商誉，该部分商誉不要求调整长期股权投资的成本。

（2）因处置投资导致对被投资单位的影响能力由控制转为具有重大影响或是与其他投资方一起实施共同控制的情况下，首先应按处置或收回投资的比例结转应终止确认的长期股权投资成本。

在此基础上，应当比较剩余的长期股权投资成本与按照剩余持股比例计算原投资时应享有被投资单位可辨认净资产公允价值的份额，属于投资作价中体现的商誉部分，不调整长期股权投资的账面价值；属于投资成本小于应享有被投资单位可辨认净资产公允价值份额的，在调整长期股权投资成本的同时，应调整留存收益。

对于原取得投资后至转变为权益法核算之间被投资单位实现的净损益中应享有的份额，一方面应调整长期股权投资的账面价值；同时对于原取得投资时至处置投资当期期初被投资单位实现的净损益（扣除已发放及已宣告发放的现金股利及利润）中应享有的份额，调整留存收益，对于处置投资当期期初至处置投资之日被投资单位实现的净损益中享有的份额，调整当期损益；其他原因导致被投资单位所有者权益变动中应享有的份额，在调整长期股权投资账面价值的同时，应当记入"其他综合收益"。

【例 5－17】A 公司原持有 B 公司 60% 的股权，其账面余额为 9000 万元，未计提减值准备。2006 年 1 月 2 日，A 公司将其持有的对 B 公司 20% 的股权出售给某企业，取得价款 5400 万元，当日被投资单位可辨认净资产公允价值总额为 24000 万元。A 公司原取得对 B 公司 60% 股权时，B 公司可辨认净资产公允价值总额为 13500 万元（假定可辨认净资产的公允价值与账面价值相同）。自取得对 B 公司长期股权投资后至处置投资前，B 公司实现净利润 7500 万元。假定 B 公司一直未进行利润分配。除所实现净损益外，B 公司未发生其他计入资本公积的交易或事项。本例中，A 公司按净利润的 10% 提取盈余公积。

在出售 20% 的股权后，A 公司对 B 公司的持股比例为 40%，在被投资单位董事会中派有代表，但不能对 B 公司的生产经营决策实施控制。对 B 公司长期股权投资应由成本法改为按照权益法进行核算。

（1）确认长期股权投资处置损益时，账务处理为：

借：银行存款　　　　　　　　　　　　　　　　　　54000000
　　贷：长期股权投资　　　　　　　　　　　　　　　　30000000
　　　　投资收益　　　　　　　　　　　　　　　　　　24000000

（2）调整长期股权投资账面价值：

剩余长期股权投资的账面价值为 6000 万元，与原投资时应享有被投资单位可辨认净资产公允价值份额之间的差额 6000－13500×40%＝600（万元）为商誉，该部分商誉的价值不需要对长期股权投资的成本进行调整。取得投资以后被投资单位可辨认净资产公允价值的变动中应享有的份额为（24000－13500）×40%＝4200（万元），其中，7500×40%＝3000（万元）为被投资单位实现的净损益，应调整增加长期股权投资的账面价值，同时调整留存收益。企业应进行以下账务处理：

借：长期股权投资　　　　　　　　　　　　　　　　30000000
　　贷：盈余公积　　　　　　　　　　　　　　　　　　3000000
　　　　利润分配——未分配利润　　　　　　　　　　27000000

（二）权益法转换为成本法

因追加投资原因导致原持有的对联营企业或合营企业的投资转变为对子公司投资的，长期股权投资账面价值的调整应当按照本章第一节的有关规定处理。除此之外，因收回投资等原因导致长期股权投资的核算由权益法转换为成本法的，应以转换时长期股权投资的账面价值作为按照成本法核算的基础。

【例 5－18】来来公司持有乙公司 30% 的有表决权股份，因能够对乙公司的生产经营决策施加重大影响，来来公司对该项投资采用权益法核算。2016 年 10 月，来来公司将该项投资中的 50% 对外出售，出售以后，无法再对乙公司施加重大影响，且该项投资不存在活跃市场，公允价值无法可靠计量，来来公司对该项投资转为采用成本法核算。出售时，该项长期股权投资的账面价值为 4800 万元，其中投资成本 3900 万元，损益调整为 900 万元，出售取得价款 2700 万元。

来来公司确认处置损益应进行以下账务处理：

借：银行存款　　　　　　　　　　　　　　　　　　27000000
　　贷：长期股权投资　　　　　　　　　　　　　　　　24000000
　　　　投资收益　　　　　　　　　　　　　　　　　　3000000

二、长期股权投资的处置

企业处置长期股权投资时，应相应结转与所售股权相对应的长期股权投资的账面价值，出售所得价款与处置长期股权投资账面价值之间的差额，应确认为处置损益。

采用权益法核算的长期股权投资，原计入资本公积中的金额，在处置时亦应进行结转,将与所出售股权相对应的部分在处置时自资本公积转入当期损益。

【例5-19】A企业原持有B企业40%的股权,2015年12月20日,A企业决定出售10%的B企业股权,出售时A企业账面上对B企业长期股权投资的构成为:投资成本1800万元,损益调整480万元,其他权益变动300万元。出售取得价款705万元。

(1) A企业确认处置损益的账务处理为:

借:银行存款　　　　　　　　　　　　　　　　　　　7050000
　　贷:长期股权投资　　　　　　　　　　　　　　　　6450000
　　　　投资收益　　　　　　　　　　　　　　　　　　 600000

(2) 除应将实际取得价款与出售长期股权投资的账面价值进行结转,确认出售损益以外,还应将原计入资本公积的部分按比例转入当期损益。

借:其他综合收益　　　　　　　　　　　　　　　　　 750000
　　贷:投资收益　　　　　　　　　　　　　　　　　　 750000

第六章 固定资产

第一节 固定资产的确认和初始计量

一、固定资产的定义和确认条件

（一）固定资产的定义

固定资产，是指同时具有下列特征的有形资产：①为生产商品、提供劳务、出租或经营管理而持有的；②使用寿命超过一个会计年度。

从固定资产的定义看，固定资产具有以下三个特征：

1. 为生产商品、提供劳务、出租或经营管理而持有

企业持有固定资产的目的是为了生产商品、提供劳务、出租或经营管理，即企业持有的固定资产是企业的劳动工具或手段，而不是用于出售的产品。其中"出租"的固定资产，是指企业以经营租赁方式出租的机器设备类固定资产，不包括以经营租赁方式出租的建筑物，后者属于企业的投资性房地产，不属于固定资产。

2. 使用寿命超过一个会计年度

固定资产的使用寿命，是指企业使用固定资产的预计期间，或者该固定资产所能生产产品或提供劳务的数量。通常情况下，固定资产的使用寿命是指使用固定资产的预计期间，比如自用房屋建筑物的使用寿命表现为企业对该建筑物的预计使用年限。对于某些机器设备或运输设备等固定资产，其使用寿命表现为以该固定资产所能生产产品或提供劳务的数量，例如，汽车或飞机等，按其预计行驶或飞行里程估计使用寿命。

固定资产使用寿命超过一个会计年度，意味着固定资产属于非流动资产，随着使用和磨损，通过计提折旧方式逐渐减少账面价值。对固定资产计提折旧和减值准备，均属于固定资产后续计量。

3. 固定资产是有形资产

固定资产具有实物特征，这一特征将固定资产与无形资产区别开来。有些无形资产可能同时符合固定资产的其他特征，如无形资产为生产商品、提供劳务而持有，使用寿命超过一个会计年度，但是，由于其没有实物形态，所以，不属于固定资产。

(二) 固定资产的确认条件

固定资产在符合定义的前提下，应当同时满足以下两个条件，才能加以确认。

1. 与该固定资产有关的经济利益很可能流入企业

资产最重要的特征是预期会给企业带来经济利益。企业在确认固定资产时，需要判断与该项固定资产有关的经济利益是否很可能流入企业。如果与该项固定资产有关的经济利益很可能流入企业，并同时满足固定资产确认的其他条件，那么，企业应将其确认为固定资产；否则，不应将其确认为固定资产。在实务中，判断与固定资产有关的经济利益是否很可能流入企业，主要判断与该固定资产所有权相关的风险和报酬是否转移到了企业。与固定资产所有权相关的风险，是指由于经营情况变化造成的相关收益的变动，以及由于资产闲置、技术陈旧等原因造成的损失；与固定资产所有权相关的报酬，是指在固定资产使用寿命内使用该资产而获得的收入，以及处置该资产所实现的利得等。

通常，取得固定资产的所有权是判断与固定资产所有权相关的风险和报酬转移到企业的一个重要标志。但是，所有权是否转移，不是判断与固定资产所有权相关的风险和报酬转移到企业的唯一标志，在有些情况下，某项固定资产的所有权虽然不属于企业，但是，企业能够控制与该项固定资产有关的经济利益流入企业，这就意味着与该固定资产所有权相关的风险和报酬实质上已转移到企业，在这种情况下，企业应将该项固定资产予以确认。例如，融资租入的固定资产，企业虽然不拥有固定资产的所有权，但与固定资产所有权相关的风险和报酬实质上已转移到了企业（承租人），因此，符合固定资产确认的第一个条件。

对于购置的环保设备和安全设备等资产，其使用不能直接为企业带来经济利益，但是有助于企业从相关资产获得经济利益，或者将减少企业未来经济利益的流出，因此，对于这类设备，企业应将其确认为固定资产。例如，为净化环境或者满足国家有关排污标准的需要购置的环保设备，这些设备的使用虽然不会为企业带来直接的经济利益，却有助于企业提高对废水、废气、废渣的处理能力，有利于净化环境，企业为此将减少未来由于污染环境而需要支付的环境净化费或者罚款，因此，也符合固定资产确认的第一个条件。

对于工业企业所持有的工具、用具、备品备件、维修设备等资产，施工企业所持有的模板、挡板、架料等周转材料，地质勘探企业所持有的管材等资产，以及企业（民用航空运输）的高价周转件等。企业应当根据实际情况，分别管理和核算。符合固定资产定义和确认条件的，应当确认为固定资产。

固定资产的各组成部分，如果各自具有不同使用寿命或者以不同方式为企业提供经济利益，从而适用不同折旧率或折旧方法的，该各组成部分实际上是以独立的方式为企业提供经济利益，企业应当分别将各组成部分确认为单项固定资产。例如，飞机的引擎、如果其与飞机机身具有不同的使用寿命，适用不同折旧率或折旧方法，则企业应当将其确认为单项固定资产。

2. 该固定资产的成本能够可靠地计量

成本能够可靠地计量是资产确认的一项基本条件。企业在确定固定资产成本时必须取得确凿证据,但是,有时需要根据所获得的最新资料,对固定资产的成本进行合理的估计。比如,企业对于已达到预定可使用状态但尚未办理竣工决算的固定资产,需要根据工程预算、工程造价或者工程实际发生的成本等资料,按估计价值确定其成本,办理竣工决算后,再按照实际成本调整原来的暂估价值。

二、固定资产的初始计量

固定资产的初始计量,指确定固定资产的取得成本。固定资产应当按照成本进行初始计量。

成本包括企业为购建某项固定资产达到预定可使用状态前所发生的一切合理的、必要的支出。在实务中,企业取得固定资产的方式是多种多样的,包括外购、自行建造、投资者投入以及非货币性资产交换、债务重组、企业合并和融资租赁等,取得的方式不同,其成本的具体构成内容及确定方法也不尽相同。

1. 外购固定资产的成本

企业外购固定资产的成本,包括购买价款,相关税费,使固定资产达到预定可使用状态前所发生的可归属于该项资产的运输费、装卸费、安装费和专业人员服务费等。

外购固定资产是否达到预定可使用状态,需要根据具体情况进行分析判断。如果购入不需安装的固定资产,购入后即可发挥作用,因此,购入后即可达到预定可使用状态。如果购入需安装的固定资产,只有安装调试后,达到设计要求或合同规定的标准,该项固定资产才可发挥作用,意味着达到预定可使用状态。

在实务中,企业可能以一笔款项同时购入多项没有单独标价的资产。如果这些资产均符合固定资产的定义,并满足固定资产的确认条件,则应将各项资产单独确认为固定资产,并按各项固定资产公允价值的比例对总成本进行分配,分别确定各项固定资产的成本。如果以一笔款项购入的多项资产中还包括固定资产以外的其他资产,也应按类似的方法予以处理。

企业购入的固定资产分为不需要安装的固定资产和需要安装的固定资产两种情形。前者的取得成本为企业实际支付的购买价款、包装费、运杂费、保险费、专业人员服务费和相关税费(不含可抵扣的增值税进项税税额)等,其账务处理为:按应计入固定资产成本的金额,借记"固定资产"科目,贷记"银行存款""其他应付款""应付票据"等科目;后者的取得成本是在前者取得成本的基础上,加上安装调试成本等,其账务处理为:按应计入固定资产成本的金额,先记入"在建工程"科目,安装完毕交付使用时再转入"固定资产"科目。

【例6-1】2017年3月1日,南风公司购入一台不需要安装的生产用设备,取得的增值税专用发票上注明的设备价款为100万元,增值税进项税税额为17万元,发生运输费5550元(含税,税率11%),款项全部付清。设备交付使用。账务处理如下:

借:固定资产——××设备　　　　　　　　　　　　　1005000
　　应交税费——应交增值税(进项税税额)　　　　　170550
　　贷:银行存款　　　　　　　　　　　　　　　　　　　1175550

【例6-2】2017年2月1日，南风公司购入一台需要安装的生产用机器设备，取得的增值税专用发票上注明的设备价款为50万元，增值税进项税税额为85000元，支付的运输费为2500元（不含税，税率11%），款项已通过银行支付；安装设备时，领用本公司原材料一批，价值3万元，购进该批原材料时支付的增值税进项税税额为5100元；支付安装工人的工资为4900元。假定不考虑其他相关税费。

南风公司的账务处理如下：

(1) 支付设备价款、增值税、运输费合计为587500元：

借：在建工程——××设备　　　　　　　　　　　　502500
　　应交税费——应交增值税（进项税税额）　　　　85275
　　贷：银行存款　　　　　　　　　　　　　　　　　　587775

(2) 领用本公司原材料、支付安装工人工资等费用合计为34900元：

借：在建工程——××设备　　　　　　　　　　　　34900
　　贷：原材料　　　　　　　　　　　　　　　　　　30000
　　　　应付职工薪酬　　　　　　　　　　　　　　　4900

(3) 设备安装完毕达到预定可使用状态：

借：固定资产——××设备　　　　　　　　　　　　537400
　　贷：在建工程——××设备　　　　　　　　　　　537400

企业购买固定资产通常在正常信用条件期限内付款，但也会发生超过正常信用条件购买固定资产的经济业务，如采用分期付款方式购买资产，且在合同中规定的付款期限比较长，超过了正常信用条件。在这种情况下，该项购货合同实质上具有融资性质，购入固定资产的成本不能以各期付款额之和确定，而应以各期付款额的现值之和确定。固定资产购买价款的现值，应当按照各期支付的价款选择恰当的折现率进行折现后的金额加以确定。折现率是反映当前市场货币时间价值和延期付款债务特定风险的利率。该折现率实质上是供货企业的必要报酬率。各期实际支付的价款之和与其现值之间的差额，在达到预定可使用状态之前符合《企业会计准则第17号——借款费用》中规定的资本化条件的，应当通过在建工程计入固定资产成本，其余部分应当在信用期间内确认为财务费用，计入当期损益。其账务处理为：购入固定资产时，按购买价款的现值，借记"固定资产"或"在建工程"等科目，按应支付的金额，贷记"长期应付款"科目，按其差额，借记"未确认融资费用"科目。

【例6-3】2016年1月1日，南风公司与乙公司签订一项购货合同，南风公司从乙公司购入一台需要安装的特大型设备。合同约定，南风公司采用分期付款方式支付价款。该设备价款共计900万元（不考虑增值税），在2016年至2020年的5年内每半年支付90万元，每年的付款日期为分别为当年6月30日和12月31日。

2016年1月1日，设备如期运抵南风公司并开始安装。2020年12月31日，设备达到预定可使用状态，发生安装费398530.60元，已用银行存款付讫。

假定南风公司适用的6个月折现率为10%。

(1) 购买价款的现值为：

$900000 \times (P/A, 10\%, 10) = 900000 \times 6.1446 = 5530140$（元）

2016 年 1 月 1 日南风公司的账务处理如下：

借：在建工程——××设备　　　　　　　　　　　　　　　5530140
　　未确认融资费用　　　　　　　　　　　　　　　　　　3469860
　　贷：长期应付款——乙公司　　　　　　　　　　　　　　　9000000

（2）确定信用期间未确认融资费用的分摊额，如表 6-1 所示。

表 6-1　未确认融资费用分摊表

2016 年 1 月 1 日　　　　　　　　　　　　　　　　　　　　　　　　单位：元

日　期	分期付款额	确认的融资费用	应付本金减少额	应付本金余额
①	②	③＝期初⑤×10%	④＝②－③	期末⑤＝期初⑤－④
2016.01.01				5530140.00
2016.06.30	900000	553014.00	346986.00	5183154.00
2016.12.31	900000	518315.40	381684.60	4801469.40
2017.06.30	900000	480146.94	419853.06	4381616.34
2017.12.31	900000	438161.63	461838.37	3919777.97
2018.06.30	900000	391977.80	508022.20	3411755.77
2018.12.31	900000	341175.58	558824.42	2852931.35
2019.06.30	900000	285293.14	614706.86	2238224.47
2019.12.31	900000	223822.45	676177.55	1562046.92
2020.06.30	900000	156204.69	743795.31	818251.61
2020.12.31	900000	81748.39*	818251.61	0.00
合　计	9000000	3469860	5530140	0.00

＊尾数调整：81748.39＝900000－818251.61，818251.61 为最后一期应付本金余额。

（3）2016 年 1 月 1 日至 2016 年 12 月 31 日为设备的安装期间，未确认融资费用的分摊额符合资本化条件，计入固定资产成本。

2016 年 6 月 30 日南风公司的账务处理如下：

借：在建工程——××设备　　　　　　　　　　　　　　　553014
　　贷：未确认融资费用　　　　　　　　　　　　　　　　　　553014
借：长期应付款——乙公司　　　　　　　　　　　　　　　900000
　　贷：银行存款　　　　　　　　　　　　　　　　　　　　　900000

2016 年 12 月 31 日，南风公司的账务处理如下：

借：在建工程——××设备	518315.40	
贷：未确认融资费用		518315.40
借：长期应付款——乙公司	900000	
贷：银行存款		900000
借：在建工程——××设备	398530.60	
贷：银行存款等		398530.60
借：固定资产——××设备	7000000	
贷：在建工程——××设备		7000000

固定资产的成本 = 5530140 + 553014 + 518315.40 + 398530.60 = 7000000（元）

（4）2017年1月1日至2017年12月31日，该设备已经达到预定可使用状态，未确认融资费用的分摊额不再符合资本化条件，应计入当期损益。

2017年6月30日南风公司的账务处理如下：

借：财务费用	480146.94	
贷：未确认融资费用		480146.94
借：长期应付款——乙公司	900000	
贷：银行存款		900000

以后期间的账务处理与2017年6月30日相同，此处略。

2. 自行建造固定资产

自行建造固定资产的成本，由建造该项资产达到预定可使用状态前所发生的必要支出构成。包括工程物资成本、人工成本、交纳的相关税费、应予资本化的借款费用以及应分摊的间接费用等。

企业自行建造固定资产包括自营建造和出包建造两种方式。无论采用何种方式，所建工程都应当按照实际发生的支出确定其工程成本并单独核算。

（1）自营方式建造固定资产。企业以自营方式建造固定资产，意味着企业自行组织工程物资采购、自行组织施工人员从事工程施工。实务中，企业较少采用自营方式建造固定资产，多数情况下采用出包方式。企业如有以自营方式建造固定资产，其成本应当按照直接材料、直接人工、直接机械施工费等计量。

企业为建造固定资产准备的各种物资应当按照实际支付的买价、运输费、保险费等相关税费作为实际成本，并按照各种专项物资的种类进行明细核算。工程完工后，剩余的工程物资转为本企业存货的，按其实际成本或计划成本进行结转。建设期间发生的工程物资盘亏、报废及毁损，减去残料价值以及保险公司、过失人等赔款后的净损失，计入所建工程项目的成本；盘盈的工程物资或处置净收益，冲减所建工程项目的成本。工程完工后发生的工程物资盘盈、盘亏、报废、毁损，计入当期损益。

建造固定资产领用工程物资、原材料或库存商品，应按其实际成本转入所建工程成本。自营方式建造固定资产应负担的职工薪酬、辅助生产部门为之提供的水、电、运输等劳务，以及其他必要支出等也应计入所建工程项目的成本。符合资本化条件，应计入所建造固定资产成本的借款费用，按照《企业会计准则第17号——借款费用》的有关规定处理。

所建造的固定资产已达到预定可使用状态，但尚未办理竣工结算的，应当自达到预定可使用状态之日起，根据工程预算、造价或者工程实际成本等，按暂估价值转入固定资产，并按有关计提固定资产折旧的规定，计提固定资产折旧。待办理竣工决算手续后再调整原来的暂估价值，但不需要调整原已计提的折旧额。

企业自营方式建造固定资产，发生的工程成本应通过"在建工程"科目核算，工程完工达到预定可使用状态时，从"在建工程"科目转入"固定资产"科目。

高危行业企业按照国家规定提取的安全生产费，应当计入相关产品的成本或当期损益，同时记入"专项储备"科目。企业使用提取的安全生产费形成固定资产的，应当通过"在建工程"科目归集所发生的支出，待安全项目完工达到预定可使用状态时确认为固定资产；同时，按照形成固定资产的成本冲减专项储备，并确认相同金额的累计折旧。该固定资产在以后期间不再计提折旧。

（2）出包方式建造固定资产。在出包方式下，企业通过招标方式将工程项目发包给建造承包商，由建造承包商（即施工企业）组织工程项目施工。企业要与建造承包商签订建造合同，企业是建造合同的甲方，负责筹集资金和组织管理工程建设，通常称为建设单位；建造承包商是建造合同的乙方，负责建筑安装工程施工任务。

企业以出包方式建造固定资产，其成本由建造该项固定资产达到预定可使用状态前所发生的必要支出构成，包括发生的建筑工程支出、安装工程支出以及需分摊计入各固定资产价值的待摊支出。建筑工程、安装工程支出，如人工费、材料费、机械使用费等由建造承包商核算。对于发包企业而言，建筑工程支出、安装工程支出是构成在建工程成本的重要内容，发包企业按照合同规定的结算方式和工程进度定期与建造承包商办理工程价款结算，结算的工程价款计入在建工程成本。待摊支出，是指在建设期间发生的、不能直接计入某项固定资产价值，而应由所建造固定资产共同负担的相关费用，包括为建造工程发生的管理费、可行性研究费、临时设施费、公证费、监理费、应负担的税金、符合资本化条件的借款费用、建设期间发生的工程物资盘亏、报废及毁损净损失以及负荷联合试车费等。企业为建造固定资产通过出让方式取得土地使用权而支付的土地出让金不计入在建工程成本，应确认为无形资产（土地使用权）。

在出包方式下，"在建工程"科目主要是企业与建造承包商办理工程价款的结算科目，企业支付给建造承包商的工程价款，作为工程成本通过"在建工程"科目核算。企业应按合理估计的工程进度和合同规定结算的进度款，借记"在建工程——建筑工程——××工程""在建工程——安装工程——××工程"科目，贷记"银行存款""预付账款"等科目。工程完成时，按合同规定补付的工程款，借记"在建工程"科目，贷记"银行存款"等科目。企业将需安装设备运抵现场安装时，借记"在建工程——在安装设备——××设备"科目，贷记"工程物资——××设备"科目；企业为建造固定资产发生的待摊支出，借记"在建工程——待摊支出"科目，贷记"银行存款""应付职工薪酬""长期借款"等科目。

在建工程达到预定可使用状态时，首先计算分配待摊支出，待摊支出的分配率可按下列公式计算：

$$待摊支出分配率 = \frac{累计发生的待摊支出}{建筑工程支出 + 安装工程支出 + 在安装设备支出} \times 100\%$$

$$\times\times工程应分配的待摊支出 = \left(\begin{array}{c}\times\times工程的\\建筑工程支出\end{array} + \begin{array}{c}\times\times工程的\\安装工程支出\end{array} + \begin{array}{c}\times\times工程的在\\安装设备支出\end{array}\right) \times \begin{array}{c}待摊支出\\分配率\end{array}$$

其次,计算确定已完工的固定资产成本:

房屋、建筑物等固定资产成本 = 建筑工程支出 + 应分摊的待摊支出需要安装设备的成本
= 设备成本 + 为设备安装发生的基础,支座等建筑工程支出 + 安装工程支出 + 应分摊的待摊支出

然后,进行相应的账务处理,借记"固定资产"科目,贷记"在建工程——建筑工程""在建工程——安装工程""在建工程——待摊支出"等科目。

3. 其他方式取得的固定资产的成本

企业取得固定资产的其他方式与存货类似,也主要包括接受投资者投资、非货币性资产交换、债务重组、企业合并等。

(1) 投资者投入固定资产的成本。投资者投入固定资产的成本,应当按照投资合同或协议约定的价值确定,但合同或协议约定价值不公允的除外。在投资合同或协议约定价值不公允的情况下,按照该项固定资产的公允价值作为入账价值。

(2) 通过非货币性资产交换、债务重组、企业合并等方式取得的固定资产的成本。企业通过非货币性资产交换、债务重组、企业合并等方式取得的固定资产,其成本应当分别按照《企业会计准则第 7 号——非货币性资产交换》《企业会计准则第 12 号——债务重组》《企业会计准则第 20 号——企业合并》等的规定确定。但是,其后续计量和披露应当执行固定资产准则的规定。

(3) 盘盈固定资产的成本。盘盈的固定资产,作为前期差错处理,在按管理权限报经批准处理前,应先通过"以前年度损益调整"科目核算。

4. 存在弃置费用的固定资产

对于特殊行业的特定固定资产,确定其初始成本时,还应考虑弃置费用。弃置费用通常是指根据国家法律和行政法规、国际公约等规定,企业承担的环境保护和生态恢复等义务所确定的支出,如核电站核设施等的弃置和恢复环境义务。

弃置费用的金额与其现值比较通常较大,需要考虑货币时间价值,对于这些特殊行业的特定固定资产,企业应当根据《企业会计准则第 13 号——或有事项》,按照现值计算确定应计入固定资产成本的金额和相应的预计负债。在固定资产的使用寿命内按照预计负债的摊余成本和实际利率计算确定的利息费用应当在发生时计入财务费用。一般工商企业的固定资产发生的报废清理费用不属于弃置费用,应当在发生时作为固定资产处置费用处理。

【例 6-4】乙公司经国家批准于 2013 年 1 月 1 日建造完成核电站核反应堆并交付使用,建造成本为 2500000 万元,预计使用寿命 40 年。该核反应堆将会对当地的生态环境产生一定的影响,根据法律规定,企业应在该项设施使用期满后将其拆除,并对造成的污染进行整治,预计发生弃置费用 250000 万元。假定适用的折现率为 10%。

核反应堆属于特殊行业的特定固定资产，确定其成本时应考虑弃置费用。账务处理为：

（1）2013年1月1日，弃置费用的现值＝250000×（P/F，10％，40）＝250000×0.0221＝5525（万元）。

固定资产的成本＝2500000＋5525＝2505525（万元）

借：固定资产　　　　　　　　　　　　　　　　　　　25055250000
　　贷：在建工程　　　　　　　　　　　　　　　　　　25000000000
　　　　预计负债　　　　　　　　　　　　　　　　　　　　55250000

（2）计算第1年应负担的利息费用＝55250000×10％＝5525000（元）。

借：财务费用　　　　　　　　　　　　　　　　　　　　　5525000
　　贷：预计负债　　　　　　　　　　　　　　　　　　　　5525000

以后年度，企业应当按照实际利率法计算确定每年财务费用，账务处理略。

第二节　固定资产的后续计量

固定资产的后续计量主要包括固定资产折旧的计提、减值损失的确定，以及后续支出的计量。其中，固定资产的减值应当按照《企业会计准则第8号——资产减值》处理。

一、固定资产折旧

（一）固定资产折旧的定义

折旧是指在固定资产的使用寿命内，按照确定的方法对应计折旧额进行的系统分摊。应计折旧额，是指应当计提折旧的固定资产的原价扣除其预计净残值后的金额。如果已对固定资产计提减值准备，还应当扣除已计提的固定资产减值准备累计金额。

（二）影响固定资产折旧的因素

影响固定资产折旧的因素主要有以下四个方面：

1. 固定资产原价

固定资产原价指固定资产的成本。

2. 预计净残值

预计净残值指假定固定资产预计使用寿命已满并处于使用寿命终了时的预期状态，企业目前从该项资产处置中获得的扣除预计处置费用后的金额。

3. 固定资产减值准备

固定资产减值准备指固定资产已计提的固定资产减值准备累计金额。固定资产计提减值准备后，应当在剩余使用寿命内根据调整后的固定资产账面价值（固定资产账面余额扣减累计折旧和累计减值准备后的金额）和预计净残值重新计算确定折旧率和折旧额。

4. 固定资产的使用寿命

固定资产的使用寿命指企业使用固定资产的预计期间，或者该固定资产所能生产产品或提供劳务的数量。企业确定固定资产使用寿命时，应当考虑下列因素：

（1）该项资产预计生产能力或实物产量。

（2）该项资产预计有形损耗，指固定资产在使用过程中，由于正常使用和自然力的作用而引起的使用价值和价值的损失，如设备使用中发生磨损、房屋建筑物受到自然侵蚀等。

（3）该项资产预计无形损耗，指由于科学技术的进步和劳动生产率的提高而带来的固定资产价值上的损失，如因新技术的出现而使现有的资产技术水平相对陈旧、市场需求变化使其所生产的产品过时等。

（4）法律或者类似规定对该项资产使用的限制。某些固定资产的使用寿命可能受法律或类似规定的约束。如对于融资租赁的固定资产，根据《企业会计准则第 21 号——租赁》规定，能够合理确定租赁期届满时将会取得租赁资产所有权的，应当在租赁资产使用寿命内计提折旧；如果无法合理确定租赁期届满时能够取得租赁资产所有权的，应当在租赁期与租赁资产使用寿命两者中较短的期间内计提折旧。

（三）固定资产折旧范围

企业应当对所有的固定资产计提折旧，但是，已提足折旧仍继续使用的固定资产和单独计价入账的土地除外。在确定计提折旧的范围时还应注意以下三点：

（1）固定资产应当按月计提折旧，并根据用途计入相关资产的成本或者当期损益。固定资产应自达到预定可使用状态时开始计提折旧，终止确认时或划分为持有待售非流动资产时停止计提折旧。为了简化核算，当月增加的固定资产，当月不计提折旧，从下月起计提折旧；当月减少的固定资产，当月仍计提折旧，从下月起不计提折旧。

（2）固定资产提足折旧后，不论能否继续使用，均不再计提折旧，提前报废的固定资产也不再补提折旧。所谓提足折旧是指已经提足该项固定资产的应计折旧额。

（3）已达到预定可使用状态但尚未办理竣工决算的固定资产，应当按照估计价值确定其成本，并计提折旧；待办理竣工决算后再按实际成本调整原来的暂估价值，但不需要调整原已计提的折旧额。

（四）固定资产折旧方法

企业应当根据与固定资产有关的经济利益的预期实现方式，合理选择折旧方法。可选用的折旧方法包括年限平均法、工作量法、双倍余额递减法和年数总和法等。企业选用不同的固定资产折旧方法，将影响固定资产使用寿命期间内不同时期的折旧费用，因此，固定资产的折旧方法一经确定，不得随意变更。如需变更应当符合《固定资产准则》第十九条的规定。

1. 年限平均法

年限平均法又称直线法，是指将固定资产的应计折旧额均衡地分摊到固定资产预计使用寿命内的一种方法。采用这种方法计算的每期折旧额均相等。计算公式如下：

$$年折旧率 = \frac{1 - 预计净残值率}{预计使用寿命} \times 100\%$$

$$月折旧率 = 年折旧率 \div 12$$

$$月折旧额 = 固定资产原价 \times 月折旧率$$

采用年限平均法计算固定资产折旧虽然比较简便，但它也存在着一些明显的局限性。首先，固定资产在不同使用年限提供的经济效益是不同的。一般来讲，固定资产在其使用前期工作效率相对较高，所带来的经济利益也就多；而在其使用后期，工作效率一般呈下降趋势，因而，所带来的经济利益也就逐渐减少。年限平均法不予考虑，明显是不合理的。其次，固定资产在不同的使用年限发生的维修费用也不一样。固定资产的维修费用将随着其使用时间的延长而不断增加，而年限平均法也没有考虑这一因素。

当固定资产各期负荷程度相同时，各期应分摊相同的折旧费，这时采用年限平均法计算折旧是合理的。但是，如果固定资产各期负荷程度不同，采用年限平均法计算折旧时，则不能反映固定资产的实际使用情况，计提的折旧额与固定资产的损耗程度也不相符。

2. 工作量法

工作量法，是根据实际工作量计算每期应提折旧额的一种方法。计算公式如下：

单位工作量折旧额 = 固定资产原价 ×（1 - 预计净残值率）/预计总工作量

某项固定资产月折旧额 = 该项固定资产当月工作量 × 单位工作量折旧额

【例6-5】南风公司的一台机器设备原价为 800000 元，预计生产产品产量为 4000000 个，预计净残值率为 5%，本月生产产品 40000 个；假设南风公司没有对该机器设备计提减值准备。则该台机器设备的本月折旧额计算如下：

单个产品折旧额 = 800000 ×（1 - 5%）/4000000 = 0.19（元/个）

本月折旧额 = 40000 × 0.19 = 7600（元）

3. 双倍余额递减法

双倍余额递减法，是指在不考虑固定资产预计净残值的情况下，根据每期期初固定资产原价减去累计折旧后的金额（即固定资产净值）和双倍的直线法折旧率计算固定资产折旧的一种方法。计算公式如下：

$$年折旧率 = 2 \div 预计使用寿命（年）\times 100\%$$

$$月折旧率 = 年折旧率 \div 12$$

$$月折旧额 = 固定资产净值 \times 月折旧率$$

由于每年年初固定资产净值没有扣除预计净残值，因此，在应用这种方法计算折旧额时必须注意不能使固定资产的净值降低到其预计净残值以下，即采用双倍余额递减法计提折旧的固定资产，通常在其折旧年限到期前两年内，将固定资产净值扣除预计净残值后的余额平均摊销。

【例6-6】南风公司某项设备原价为 120 万元，预计使用寿命为 5 年，预计净残值率为 4%；假设南风公司没有对该机器设备计提减值准备。

南风公司按双倍余额递减法计提折旧，每年折旧额计算如下：

年折旧率 = 2/5 × 100% = 40%

第一年应提的折旧额 = 120 × 40% = 48（万元）

第二年应提的折旧额 = （120 - 48）× 40% = 28.8（万元）

第三年应提的折旧额 = （120 - 48 - 28.8）× 40% = 17.28（万元）

从第四年起改按年限平均法（直线法）计提折旧：

第四年、第五年应提的折旧额 = （120 - 48 - 28.8 - 17.28 - 120 × 4%）÷ 2 = 10.56（万元）

4. 年数总和法

年数总和法，又称年限合计法，是将固定资产的原价减去预计净残值的余额乘以一个以固定资产尚可使用寿命为分子、以预计使用寿命逐年数字之和为分母的逐年递减的分数计算每年的折旧额。计算公式如下：

$$年折旧率 = 尚可使用寿命/预计使用寿命的年数总和 × 100\%$$

$$月折旧率 = 年折旧率 \div 12$$

$$月折旧额 = （固定资产原价 - 预计净残值）× 月折旧率$$

【例6-7】沿用【例6-6】的资料，采用年数总和法计算的各年折旧额如表6-2所示。

双倍余额递减法和年数总和法都属于加速折旧法，其特点是在固定资产使用的早期多提折旧，后期少提折旧，其递减的速度逐年加快，从而相对加快折旧的速度，目的是使固定资产成本在估计使用寿命内加快得到补偿。

（五）固定资产折旧的会计处理

固定资产应当按月计提折旧，计提的折旧应通过"累计折旧"科目核算，并根据用途计入相关资产的成本或者当期损益。如表6-2所示。

表6-2 折旧的计算

金额单位：元

年　份	尚可使用寿命	原价 - 预计净残值	年折旧率	每年折旧额	累计折旧
第1年	5	1152000	5/15	384000	384000
第2年	4	1152000	4/15	307200	691200
第3年	3	1152000	3/15	230400	921600
第4年	2	1152000	2/15	153600	1075200
第5年	1	1152000	1/15	76800	1152000

（1）企业基本生产车间所使用的固定资产，其折旧应计入制造费用。

（2）管理部门所使用的固定资产，其计提的折旧应计入管理费用。

（3）销售部门所使用的固定资产，其计提的折旧应计入销售费用。

（4）自行建造固定资产过程中使用的固定资产，其计提的折旧应计入在建工程成本。

（5）经营租出的固定资产，其计提的折旧额应计入其他业务成本。

（6）未使用的固定资产，其计提的折旧应计入管理费用。

【例6-8】南风公司2017年1月固定资产计提折旧情况如下：

第一生产车间厂房计提折旧7.6万元，机器设备计提折旧9万元。管理部门房屋建筑物计提折旧13万元，运输工具计提折旧4.8万元。销售部门房屋建筑物计提折旧6.4万元，运输工具计提折旧5.26万元。

此外，本月第一生产车间新购置一台设备，原价为122万元，预计使用寿命10年，预计净残值1万元，按年限平均法计提折旧。

本例中，新购置的设备本月不提折旧，应从2017年2月开始计提折旧。南风公司2017年1月计提折旧的账务处理如下：

借：制造费用——第一生产车间　　　　　　　　　　166000
　　管理费用　　　　　　　　　　　　　　　　　　178000
　　销售费用　　　　　　　　　　　　　　　　　　116600
　　贷：累计折旧　　　　　　　　　　　　　　　　　　460600

（六）固定资产使用寿命、预计净残值和折旧方法的复核

由于固定资产的使用寿命长于一年，属于企业的非流动资产，企业至少应当于每年年度终了，对固定资产的使用寿命、预计净残值和折旧方法进行复核。

在固定资产使用过程中，其所处的经济环境、技术环境以及其他环境有可能对固定资产使用寿命和预计净残值产生较大影响。例如，固定资产使用强度比正常情况大大加强，致使固定资产实际使用寿命大大缩短；替代该项固定资产的新产品的出现致使其实际使用寿命缩短，预计净残值减少，等等。为真实反映固定资产为企业提供经济利益的期间及每期实际的资产消耗，企业至少应当于每年年度终了，对固定资产使用寿命和预计净残值进行复核。如有确凿证据表明，固定资产使用寿命预计数与原先估计数有差异，应当调整固定资产使用寿命；如果固定资产预计净残值预计数与原先估计数有差异，应当调整预计净残值。

固定资产使用过程中所处经济环境、技术环境以及其他环境的变化也可能致使与固定资产有关的经济利益的预期实现方式发生重大改变。如果固定资产给企业带来经济利益的方式发生重大变化，企业也应相应改变固定资产折旧方法。例如，某企业以前年度采用年限平均法计提固定资产折旧，此次年度复核中发现，与该固定资产相关的技术发生很大变化，年限平均法已很难反映该项固定资产给企业带来经济利益的方式，因此，决定变年限平均法为加速折旧法。

企业应当根据《企业会计准则第4号——固定资产》的规定，结合企业的实际情况，制定固定资产目录、分类方法、每类或每项固定资产的使用寿命、预计净残值、折旧方法等，并编制成册，根据企业的管理权限，经股东大会或董事会，或经理（厂长）会议或类似机构批准，按照法律、行政法规等的规定报送有关各方备案，同时备置于企业所在地，以供投资者等有关各方查阅。企业已经确定并对外报送，或备置于企业所在地的有关固定资产目录、分类方法、使用寿命、预计净残值、折旧方法等，一经确定不得随意变更，如需变更，仍然应按照上述程序，经批准后报送有关各方备案。

固定资产使用寿命、预计净残值和折旧方法的改变应作为会计估计变更,按照《企业会计准则第 28 号——会计政策、会计估计变更和差错更正》处理。

二、固定资产的后续支出

固定资产的后续支出,是指固定资产使用过程中发生的更新改造支出、修理费用等。

后续支出的处理原则为:符合固定资产确认条件的,应当计入固定资产成本,同时将被替换部分的账面价值扣除;不符合固定资产确认条件的,应当计入当期损益。

(一) 资本化的后续支出

固定资产发生可资本化的后续支出时,企业一般应将该固定资产的原价、已计提的累计折旧和减值准备转销,将固定资产的账面价值转入在建工程,并在此基础上重新确定固定资产原价。因已转入在建工程,因此停止计提折旧。在固定资产发生的后续支出完工并达到预定可使用状态时,再从在建工程转为固定资产,并按重新确定的固定资产原价、使用寿命、预计净残值和折旧方法计提折旧。固定资产发生的可资本化的后续支出,通过"在建工程"科目核算。

【例 6-9】南风公司有关固定资产更新改造的资料如下:

(1) 2012 年 12 月 30 日,该公司自行建成了一条生产线,建造成本为 1136000 元;采用年限平均法计提折旧;预计净残值率为 3%,预计使用寿命为 6 年。

(2) 2015 年 1 月 1 日,由于生产的产品适销对路,现有生产线的生产能力已难以满足公司生产发展的需要,但若新建生产线则建设周期过长。甲公司决定对现有生产线进行改扩建,以提高其生产能力。假定该生产线未发生减值。

(3) 2015 年 1 月 1 日至 3 月 31 日,经过 3 个月的改扩建,完成了对这条生产线的改扩建工程,达到预定可使用状态共发生支出 537800 元,全部以银行存款支付。

(4) 该生产线改扩建工程达到预定可使用状态后,大大提高了生产能力,预计将其使用寿命延长 4 年,即为 10 年。假定改扩建后的生产线的预计净残值率为改扩建后固定资产账面价值的 3%;折旧方法仍为年限平均法。

(5) 为简化计算过程,整个过程不考虑其他相关税费;公司按年度计提固定资产折旧。

本例中,生产线改扩建后,生产能力大大提高,能够为企业带来更多的经济利益,改扩建的支出金额也能可靠计量,因此该后续支出符合固定资产的确认条件,应计入固定资产的成本。有关的账务处理如下:

(1) 固定资产后续支出发生前:

该条生产线的应计折旧额 = 1136000 × (1 - 3%) = 1101920 (元)

年折旧额 = 1101920 ÷ 6 = 183653.33 (元)

2013 年和 2014 年两年计提固定资产折旧的账务处理为:

借:制造费用 183653.33
  贷:累计折旧 183653.33

（2）2015年1月1日，固定资产的账面价值 = 11360001 − 183653.33 × 2 = 768693.34（元）。

固定资产转入改扩建：

借：在建工程——××生产线　　　　　　　　　　　　　768693.34
　　累计折旧　　　　　　　　　　　　　　　　　　　　367306.66
　　贷：固定资产——××生产线　　　　　　　　　　　　1136000

（3）2015年1月1日至3月31日，发生改扩建工程支出：

借：在建工程——××生产线　　　　　　　　　　　　　537800
　　贷：银行存款　　　　　　　　　　　　　　　　　　537800

（4）2015年3月31日，生产线改扩建工程达到预定可使用状态，固定资产的入账价值 = 768693.34 + 537800 = 1306493.34（元）：

借：固定资产——××生产线　　　　　　　　　　　　　1306493.34
　　贷：在建工程——××生产线　　　　　　　　　　　　1306493.34

（5）2015年3月31日，转为固定资产后，按重新确定的使用寿命、预计净残值和折旧方法计提折旧：

应计折旧额 = 1306493.34 ×（1 − 3%）= 1267298.54（元）

月折旧额 = 1267298.54/（7 × 12 + 9）= 13626.87（元）

年折旧额 = 13626.87 × 12 = 163522.39（元）

2015年应计提的折旧额 = 13626.87 × 9 = 122641.83（元）

会计分录为：

借：制造费用　　　　　　　　　　　　　　　　　　　　122641.83
　　贷：累计折旧　　　　　　　　　　　　　　　　　　122641.83

企业发生的某些固定资产后续支出可能涉及替换原固定资产的某组成部分，当发生的后续支出符合固定资产确认条件时，应将其计入固定资产成本，同时将被替换部分的账面价值扣除。这样可以避免将替换部分的成本和被替换部分的成本同时计入固定资产成本，导致固定资产成本高计。企业对固定资产进行定期检查发生的大修理费用，符合资本化条件的，可以计入固定资产成本；不符合资本化条件的，应当费用化，计入当期损益。固定资产在定期大修理间隔期间，照提折旧。

【例6−10】某航空公司2005年12月购入一架飞机，总计花费8000万元（含发动机），发动机当时的购价为500万元。公司未将发动机作为一项单独的固定资产进行核算。2014年年初，公司开辟新航线，航程增加。为延长飞机的空中飞行时间，公司决定更换一部性能更为先进的发动机。新发动机购价700万元，另需支付安装费用51000元。假定飞机的年折旧率为3%，不考虑相关税费的影响，公司的账务处理为：

（1）2014年年初飞机的累计折旧金额为：80000000 × 3% × 8 = 19200000（元），固定资产转入在建工程。

借：在建工程——××飞机　　　　　　　　　　　　　　60800000
　　累计折旧　　　　　　　　　　　　　　　　　　　　19200000
　　贷：固定资产——××飞机　　　　　　　　　　　　80000000

(2) 安装新发动机：

借：在建工程——××飞机　　　　　　　　　　　　7051000
　　贷：工程物资——××发动机　　　　　　　　　　7000000
　　　　银行存款　　　　　　　　　　　　　　　　　　51000

(3) 2014年年初老发动机的账面价值为：5000000 - 5000000 × 3% × 8 = 3800000（元），终止确认老发动机的账面价值。假定报废处理，无残值。

借：营业外支出　　　　　　　　　　　　　　　　　3800000
　　贷：在建工程——××飞机　　　　　　　　　　　3800000

(4) 发动机安装完毕，投入使用。固定资产的入账价值为：60800000 + 7051000 - 3800000 = 64051000（元）。

借：固定资产——××飞机　　　　　　　　　　　　64051000
　　贷：在建工程——××飞机　　　　　　　　　　　64051000

(二) 费用化的后续支出

与固定资产有关的修理费用等后续支出，不符合固定资产确认条件的，应当根据不同情况分别在发生时计入当期管理费用或销售费用。

一般情况下，固定资产投入使用之后，由于固定资产磨损、各组成部分耐用程度不同，可能导致固定资产的局部损坏，为了维护固定资产的正常运转和使用，充分发挥其使用效能，企业将对固定资产进行必要的维护。固定资产的日常修理费用在发生时应直接计入当期损益。企业生产车间（部门）和行政管理部门等发生的固定资产修理费用等后续支出计入管理费用；企业设置专设销售机构的，其发生的与专设销售机构相关的固定资产修理费用等后续支出，计入销售费用。企业固定资产更新改造支出不满足固定资产确认条件的，在发生时应直接计入当期损益。

【例6-11】2015年1月3日，南风公司对现有的一台生产用机器设备进行日常维护，维护过程中领用本企业原材料一批，价值为94000元，一应支付维护人员的工资为28000元；不考虑其他相关税费。

本例中，对机器设备的维护，仅仅是为了维护固定资产的正常使用而发生的，不产生未来的经济利益，因此应在其发生时确认为费用。南风公司的账务处理为：

借：管理费用　　　　　　　　　　　　　　　　　　122000
　　贷：原材料　　　　　　　　　　　　　　　　　　94000
　　　　应付职工薪酬　　　　　　　　　　　　　　　28000

三、固定资产的减值

固定资产的初始入账价值是历史成本，由于固定资产使用年限较长，市场条件和经营环境的变化、科学技术的进步以及企业经营管理不善等原因，都可能导致固定资产创造未来经济利益的能力大大下降。因此，固定资产的真实价值有可能低于账面价值，在期末必须对固定资产减值损失进行确认。

固定资产在资产负债表日存在可能发生减值的迹象时，其可收回金额低于账面价值的，企业应当将该固定资产的账面价值减记至可收回金额，减记的金额确认为减值损失，计入当期损益，同时计提相应的资产减值准备，借记"资产减值损失——计提的固定资产减值准备"科目，贷记"固定资产减值准备"科目。

固定资产减值损失一经确认，在以后会计期间不得转回。

【例6-12】2015年12月31日，丁公司的某生产线存在可能发生减值的迹象。经计算，机器的可收回金额合计为1230000元，账面价值为1600000元，以前年度未对该生产线计提过减值准备。由于该生产线的可收回金额为1230000元，账面价值为1600000元。可收回金额低于账面价值，应按两者之间的差额1600000 - 1230000 = 370000（元）计提固定资产减值准备。丁公司应编制如下会计分录：

借：资产减值损失——计提的固定资产减值准备　　　　370000
　　贷：固定资产减值准备　　　　　　　　　　　　　　370000

【例6-13】接【例6-12】，假定公司该生产线以前年度计提过减值准备，期初余额90000元，则2015年12月31日仅需要补提差额即可。

借：资产减值损失——计提的固定资产减值准备　　　　280000
　　贷：固定资产减值准备　　　　　　　　　　　　　　280000

【例6-14】接【例6-13】，假定2016年12月31日，该生产线经过减值测试，机器的可收回金额合计为1100000元，当年实际计提折旧150000元。年中未计提减值准备，也未进行任何其他价值变更活动。则年末的账务处理为

第一步，计算账面价值：

1230000 - 150000 = 1080000（元）

第二步，比较判断账面价值与可收回金额。若前者大，则补提减值准备；若后者大，则不需要进行账务处理。

本题中，可收回金额大于账面价值，由于固定资产一旦计提减值准备，以后期间不得转回，故此时不需要进行账务处理。

第三节　固定资产的处置

一、固定资产终止确认的条件

固定资产满足下列条件之一的，应当予以终止确认：

（1）该固定资产处于处置状态。固定资产处置包括固定资产的出售、转让、报废或毁损、对外投资、非货币性资产交换、债务重组等。处于处置状态的固定资产不再用于生产商品、提供劳务、出租或经营管理，因此不再符合固定资产的定义，应予终止确认。

（2）该固定资产预期通过使用或处置不能产生经济利益固定资产的确认条件之一是"与该固定资产有关的经济利益很可能流入企业"，如果一项固定资产预期通过使用

或处置不能产生经济利益，那么，它就不再符合固定资产的定义和确认条件，应予终止确认。

二、固定资产处置的账务处理

企业出售、转让、报废固定资产或发生固定资产毁损，应当将处置收入扣除账面价值和相关税费后的金额计入当期损益。固定资产处置一般通过"固定资产清理"科目进行核算。

企业因出售、转让、报废或毁损、对外投资、非货币性资产交换、债务重组等处置固定资产，其会计处理一般经过以下几个步骤：

第一，固定资产转入清理。固定资产转入清理时，按固定资产账面价值，借记"固定资产清理"科目；按已计提的累计折旧，借记"累计折旧"科目；按已计提的减值准备，借记"固定资产减值准备"科目；按固定资产账面余额，贷记"固定资产"科目。

第二，发生的清理费用。固定资产清理过程中发生的有关费用以及应支付的相关税费，借记"固定资产清理"科目，贷记"银行存款""应交税费"等科目。

第三，出售收入和残料等的处理。企业收回出售固定资产的价款、残料价值和变价收入等，应冲减清理支出。按实际收到的出售价款以及残料变价收入等，借记"银行存款""原材料"等科目，贷记"固定资产清理""应交税费——应交增值税"等科目。

第四，保险赔偿的处理。企业计算或收到的应由保险公司或过失人赔偿的损失，应冲减清理支出，借记"其他应收款""银行存款"等科目，贷记"固定资产清理"科目。

第五，清理净损益的处理。固定资产清理完成后的净损失，属于生产经营期间正常的处理损失，借记"营业外支出——处置非流动资产损失"科目，贷记"固定资产清理"科目；属于生产经营期间由于自然灾害等非正常原因造成的，借记"营业外支出——非常损失"科目，贷记"固定资产清理"科目。固定资产清理完成后的净收益，借记"固定资产清理"科目，贷记"营业外收入"科目。

【例6-15】乙公司有一台设备，因使用期满经批准报废。该设备原价为186400元，累计已计提折旧177080元、减值准备2300元。在清理过程中，以银行存款支付清理费用4000元，收到残料变卖收入5400元，应支付相关税费270元。有关账务处理如下：

(1) 固定资产转入清理：

借：固定资产清理——××设备　　　　　　　　　　　7020
　　累计折旧　　　　　　　　　　　　　　　　　　177080
　　固定资产减值准备——××设备　　　　　　　　　2300
　　贷：固定资产——××设备　　　　　　　　　　　186400

(2) 发生清理费用和相关税费：

借：固定资产清理——××设备　　　　　　　　　　4270
　　贷：银行存款　　　　　　　　　　　　　　　　4000
　　　　应交税费　　　　　　　　　　　　　　　　270

(3) 收到残料变价收入：

借：银行存款　　　　　　　　　　　　　　　　　5400
　　贷：固定资产清理——××设备　　　　　　　　5400

(4) 结转固定资产净损益：

借：营业外支出——处置非流动资产损失　　　　　5890
　　贷：固定资产清理——××设备　　　　　　　　5890

三、持有待售的固定资产

同时满足下列条件的非流动资产（包括固定资产）应当划分为持有待售：一是企业已经就处置该非流动资产做出决议；二是企业已经与受让方签订了不可撤销的转让协议；三是该项转让将在1年内完成。持有待售的非流动资产包括单项资产和处置组，处置组是指作为整体出售或其他方式一并处置的一组资产。处置组通常是一组资产组、一个资产组或某个资产组中的一部分，如果处置组是一个资产组，并且按照《企业会计准则第8号——资产减值》的规定将企业合并中取得的商誉分摊至该资产组，或者该资产组是这种资产组中的一项经营，则该处置组应当包括企业合并中取得的商誉。

企业对于持有待售的固定资产，应当调整该项固定资产的预计净残值，使该项固定资产的预计净残值能够反映其公允价值减去处置费用后的金额，但不得超过符合持有待售条件时该项固定资产的原账面价值，原账面价值高于预计净残值的差额，应作为资产减值损失计入当期损益。企业应当在报表附注中披露持有待售的固定资产名称、账面价值、公允价值、预计处置费用和预计处置时间等。持有待售的固定资产不计提折旧，按照账面价值与公允价值减去处置费用后的净额孰低进行计量。

某项资产或处置组被划归为持有待售，但后来不再满足持有待售的固定资产的确认条件，企业应当停止将其划归为持有待售，并按照下列两项金额中较低者计量：

(1) 该资产或处置组被划归为持有待售之前的账面价值，按照其假定在没有被划归为持有待售的情况下原应确认的折旧、摊销或减值进行调整后的金额。

(2) 决定不再出售之日的可收回金额。符合持有待售条件的无形资产等其他非流动资产，比照上述原则处理：这里所指的其他非流动资产不包括递延所得税资产、《企业会计准则第22号——金融工具确认和计量》规范的金融资产、以公允价值计量的投资性房地产和生物资产、保险合同中产生的合同权利等。

四、固定资产盘亏的会计处理

固定资产是一种价值较高、使用期限较长的有形资产，因此，对于管理规范的企业而言，盘盈、盘亏的固定资产较为少见。企业应当健全制度，加强管理，定期或者至少于每年年末对固定资产进行清查盘点，以保证固定资产核算的真实性和完整性。如果清查中发现固定资产损溢的应及时查明原因，在期末结账前处理完毕。

固定资产盘亏造成的损失，应当计入当期损益。企业在财产清查中盘亏的固定资产，按盘亏固定资产的账面价值借记"待处理财产损溢——待处理固定资产损溢"科目，按已计提的累计折旧，借记"累计折旧"科目；按已计提的减值准备，借记"固定资产减值准备"科目；按固定资产原价，贷记"固定资产"科目。按管理权限报经批准后处理时，按可收回的保险赔偿或过失人赔偿，借记"其他应收款"科目，按应计入营业外支出的金额，借记"营业外支出——盘亏损失"科目，贷记"待处理财产损溢"科目。

【例6-16】南风公司年末对固定资产进行清查时，发现丢失一台冷冻设备。该设备原价52000元，已计提折旧20000元，并已计提减值准备12000元。经查，冷冻设备丢失的原因在于保管员看守不当。经批准，由保管员赔偿5000元。有关账务处理如下（不考虑增值税）：

(1) 发现冷冻设备丢失时：

借：待处理财产损溢——待处理固定资产损溢——冷冻设备　　20000
　　累计折旧　　　　　　　　　　　　　　　　　　　　　　20000
　　固定资产减值准备——冷冻设备　　　　　　　　　　　　12000
　　　贷：固定资产——冷冻设备　　　　　　　　　　　　　　　　52000

(2) 报经批准后：

借：其他应收款——×××　　　　　　　　　　　　　　　　5000
　　营业外支出——盘亏损失　　　　　　　　　　　　　　　15000
　　　贷：待处理财产损溢——待处理固定资产损溢——冷冻设备　20000

第七章 无形资产

第一节 无形资产的确认和初始计量

一、无形资产的定义与特征

无形资产是指企业拥有或者控制的没有实物形态的可辨认非货币性资产。无形资产具有以下特征：

（一）由企业拥有或者控制并能为其带来未来经济利益的资源

预计能为企业带来未来经济利益是作为一项资产的本质特征，无形资产也不例外。通常情况下，企业拥有或者控制的无形资产应当拥有其所有权并且能够为企业带来未来经济利益。但在某些情况下并不需要企业拥有其所有权，如果企业有权获得某项无形资产产生的经济利益，同时又能约束其他人获得这些经济利益，则说明企业控制了该无形资产，或者说控制了该无形资产产生的经济利益，具体表现为企业拥有该无形资产的法定所有权，或者使用权并受法律的保护。比如，企业自行研制的技术通过申请依法取得专利权后，在一定期限内拥有了该专利技术的法定所有权；又比如，企业与其他企业签订合约转让商标权，由于合约的签订，使商标使用权转让方的相关权利受到法律的保护。

（二）无形资产不具有实物形态

无形资产通常表现为某种权利、某项技术或某种获取超额利润的综合能力。它们不具有实物形态，看不见，摸不着，比如，土地使用权、非专利技术等。无形资产为企业带来经济利益的方式与固定资产不同，固定资产是通过实物价值的磨损和转移来为企业带来未来经济利益，而无形资产很大程度上是通过自身所具有的技术等优势为企业带来未来经济利益，不具有实物形态是无形资产区别于其他资产的特征之一。

需要指出的是，某些无形资产的存在有赖于实物载体。比如，计算机软件需要存储在介质中。但这并不改变无形资产本身不具有实物形态的特性。在确定一项包含无形和有形要素的资产是属于固定资产，还是属于无形资产时，需要通过判断来加以确定，通常以哪个要素更重要作为判断的依据。例如，计算机控制的机械工具没有特定计算机软件就不能运行时，则说明该软件是构成相关硬件不可缺少的组成部分，该软件应作为固定资产处理；如果计算机软件不是相关硬件不可缺少的组成部分，则该软件应作为无形资产核算。无论是否存在实物载体，只要将一项资产归类为无形资产，则不具有实物形态仍然是无形资产的特征之一。

（三）无形资产具有可辨认性

要作为无形资产进行核算，该资产必须是能够区别于其他资产可单独辨认的，如企业持有的专利权、非专利技术、商标权、土地使用权、特许权等。从可辨认性角度考虑，商誉是与企业整体价值联系在一起的，无形资产的定义要求无形资产是可辨认的，以便与商誉清楚地区分开来。企业合并中取得的商誉代表了购买方为从不能单独辨认并独立确认的资产中获得预期未来经济利益而付出的代价。这些未来经济利益可能产生于取得的可辨认资产之间的协同作用，也可能产生于购买者在企业合并中准备支付的但不符合在财务报表上确认条件的资产。从计量上来讲，商誉是企业合并成本大于合并中取得的各项可辨认资产、负债公允价值份额的差额，代表的是企业未来现金流量大于每一单项资产产生未来现金流量的合计金额，其存在无法与企业自身区分开来，由于不具有可辨认性，虽然商誉也是没有实物形态的非货币性资产，但不构成无形资产。符合以下条件之一的，则认为其具有可辨认性：

（1）能够从企业中分离或者划分出来，并能单独用于出售或转让等，而不需要同时处置在同一获利活动中的其他资产，则说明无形资产可以辨认。某些情况下无形资产可能需要与有关的合同一起用于出售、转让等，这种情况下也视为可辨认无形资产。

（2）产生于合同性权利或其他法定权利，无论这些权利是否可以从企业或其他权利和义务中转移或者分离。如一方通过与另一方签订特许权合同而获得的特许使用权，通过法律程序申请获得的商标权、专利权等。

如果企业有权获得一项无形资产产生的未来经济利益，并能约束其他方获取这些利益，则表明企业控制了该项无形资产。例如，对于会产生经济利益的技术知识，若其受到版权、贸易协议约束（如果允许）等法定权利或雇员保密法定职责的保护，那么说明该企业控制了相关利益。

客户关系、人力资源等，由于企业无法控制其带来的未来经济利益，不符合无形资产的定义，不应将其确认为无形资产。

内部产生的品牌、报刊名、刊头、客户名单和实质上类似项目的支出不能与整个业务开发成本区分开来。因此，这类项目不应确认为无形资产。

（四）无形资产属于非货币性资产

非货币性资产，是指企业持有的货币资金和将以固定或可确定的金额收取的资产以外的其他资产。无形资产由于没有发达的交易市场，一般不容易转化成现金，在持有过程中为企业带来未来经济利益的情况不确定，不属于以固定或可确定的金额收取的资产，属于非货币性资产。货币性资产主要有现金、银行存款、应收账款、应收票据和短期有价证券等，它们的共同特点是直接表现为固定的货币数额，或在将来收到一定货币数额的权利。应收款项等资产也没有实物形态，其与无形资产的区别在于无形资产属于非货币性资产，而应收款项等资产则不属于非货币性资产。另外，虽然固定资产也属于非货币性资产，但其为企业带来经济利益的方式与无形资产不同，固定资产是通过实物价值的磨损和转移来为企业带来未来经济利益，而无形资产很大程度上是通过某些权利、技术等优势为企业带来未来经济利益。

二、无形资产的内容

无形资产通常包括专利权、非专利技术、商标权、著作权、特许权、土地使用权等。

（一）专利权

专利权，是指国家专利主管机关依法授予发明创造专利申请人，对其发明创造在法定期限内所享有的专有权利，包括发明专利权、实用新型专利权和外观设计专利权。发明，是指对产品、方法或者其改进所提出的新的技术方案。实用新型，是指对产品的形状、构造或者其结合所提出的适于实用的新的技术方案。外观设计，是指对产品的形状、图案或者其结合以及色彩与形状、图案的结合所做出的富有美感并适用于工业应用的新设计。发明专利权的期限为 20 年，实用新型专利权和外观设计专利权的期限为 10 年，均自申请日起计算。

（二）非专利技术

非专利技术，也称专有技术。它是指不为外界所知、在生产经营活动中已采用了的、不享有法律保护的、可以带来经济效益的各种技术和诀窍。非专利技术一般包括工业专有技术、商业贸易专有技术、管理专有技术等。工业专有技术，指在生产上已经采用，仅限于少数人知道，不享有专利权或发明权的生产、装配、修理、工艺或加工方法的技术知识，可以用蓝图、配方、技术记录、操作方法的说明等具体资料表现出来，也可以通过卖方派出技术人员进行指导，或接受买方人员进行技术实习等手段实现；商业贸易专有技术，指具有保密性质的市场情报、原材料价格情报以及用户、竞争对象的情况的有关知识；管理专有技术，指生产组织的经营方式、管理方法、培训职工方法等保密知识。非专利技术并不是专利法的保护对象，非专利技术用自我保密的方式来维持其独占性，具有经济性、机密性和动态性等特点。

（三）商标权

商标是用来辨认特定的商品或劳务的标记。商标权指专门在某类指定的商品或产品上使用特定的名称或图案的权利。经商标局核准注册的商标为注册商标，包括商品商标、服务商标和集体商标、证明商标；商标注册人享有商标专用权，受法律保护。集体商标，是指以团体、协会或者其他组织名义注册，供该组织成员在商事活动中使用，以表明使用者在该组织中的成员资格的标志。证明商标，是指由对某种商品或者服务具有监督能力的组织所控制，而由该组织以外的单位或者个人用于其商品或者服务，用以证明该商品或者服务的原产地、原料、制造方法、质量或者其他特定品质的标志。注册商标的有效期为 10 年，自核准注册之日起计算。注册商标有效期满，需要继续使用的，应当在期满前 6 个月内申请续展注册；在此期间未能提出申请的，可以给予 6 个月的宽展期。宽展期满仍未提出申请的，注销其注册商标。每次续展注册的有效期为10年。

（四）著作权

著作权又称版权，指作者对其创作的文学、科学和艺术作品依法享有的某些特殊权利。著作权包括作品署名权、发表权、修改权和保护作品完整权，还包括复制权、发行权、出租权、展览权、表演权、放映权、广播权、信息网络传播权、摄制权、改编权、翻译权、汇编权以及应当由著作权人享有的其他权利。著作权人包括作者和其他依法享有著作权的公民、法人或者其他组织。著作权属于作者，创作作品的公民是作者。由法人或者其他组织主持，代表法人或者其他组织意志创作，并由法人或者其他组织承担责任的作品，法人或者其他组织视为作者。作者的署名权、修改权、保护作品完整权的保护期不受限制。公民的作品，其发表权、复制权、发行权、出租权、展览权、表演权、放映权、广播权、信息网络传播权、摄制权、改编权、翻译权、汇编权以及应当由著作权人享有的其他权利的保护期，为作者终生及其死亡后50年，截止于作者死亡后第50年的12月31日；如果是合作作品，截止于最后死亡的作者死亡后第50年的12月31日。

（五）特许权

特许权，又称经营特许权、专营权，指企业在某一地区经营或销售某种特定商品的权利或是一家企业接受另一家企业使用其商标、商号、技术秘密等的权利。通常有两种形式，一种是由政府机构授权，准许企业使用或在一定地区享有经营某种业务的特权，如水、电、邮电通信等专营权、烟草专卖权等等；另一种指企业间依照签订的合同，有限期或无限期使用另一家企业的某些权利，如连锁店分店使用总店的名称等。特许权业务涉及特许权受让人和让与人两个方面。通常在特许权转让合同中规定了特许权转让的期限、转让人和受让人的权利和义务。转让人一般要向受让人提供商标、商号等使用权，传授专有技术，并负责培训营业人员，提供经营所必需的设备和特殊原料。受让人则需要向转让人支付取得特许权的费用，开业后则按营业收入的一定比例或其他计算方法支付享用特许权费用。此外，还要为转让人保守商业秘密。

（六）土地使用权

土地使用权，指国家准许某企业在一定期间内对国有土地享有开发、利用、经营的权利。根据我国土地管理法的规定，我国土地实行公有制，任何单位和个人不得侵占、买卖或者以其他形式非法转让。企业取得土地使用权的方式大致有行政划拨取得、外购取得（例如以缴纳土地出让金方式取得）及投资者投资取得几种。通常情况下，作为投资性房地产或者作为固定资产核算的土地，按照投资性房地产或者固定资产核算；以缴纳土地出让金等方式外购的土地使用权、投资者投入等方式取得的土地使用权，作为无形资产核算。

三、无形资产的确认条件

无形资产应当在符合定义的前提下，同时满足以下两个确认条件时，才能予以确认。

（一）与该资产有关的经济利益很可能流入企业

作为无形资产确认的项目，必须具备产生的经济利益很可能流入企业。通常情况下，无形资产产生的未来经济利益可能包括在销售商品、提供劳务的收入中，或者企业使用该项无形资产而减少或节约的成本中，或体现在获得的其他利益中。例如，生产加工企业在生产工序中使用了某种知识产权，使其降低了未来生产成本，而不是增加未来收入。实务中，要确定无形资产创造的经济利益是否很可能流入企业，需要实施职业判断。在实施这种判断时，需要对无形资产在预计使用寿命内可能存在的各种经济因素做出合理估计，并且应当有明确的证据支持，比如，企业是否有足够的人力资源、高素质的管理队伍、相关的硬件设备、相关的原材料等来配合无形资产为企业创造经济利益，同时，更为重要的是关注一些外界因素的影响，比如是否存在相关的新技术、新产品冲击与无形资产相关的技术或据其生产的产品的市场等。在实施判断时，企业的管理当局应对无形资产的预计使用寿命内存在的各种因素做出最稳健的估计。

（二）该无形资产的成本能够可靠地计量

成本能够可靠地计量是资产确认的一项基本条件。对于无形资产来说，这个条件相对更为重要。比如，企业内部产生的品牌、报刊名等，因其成本无法可靠计量，不作为无形资产确认。又比如，一些高新科技企业的科技人才，假定其与企业签订了服务合同，且合同规定其在一定期限内不能为其他企业提供服务。在这种情况下，虽然这些科技人才的知识在规定的期限内预期能够为企业创造经济利益，但由于这些技术人才的知识难以辨认，且形成这些知识所发生的支出难以计量，因而不能作为企业的无形资产加以确认。

四、无形资产的初始计量

无形资产通常是按实际成本计量，即以取得无形资产并使之达到预定用途而发生的全部支出，作为无形资产的成本。对于不同来源取得的无形资产，其初始成本构成也不尽相同。

（一）外购的无形资产成本

外购的无形资产，其成本包括购买价款、相关税费以及直接归属于使该项资产达到预定用途所发生的其他支出。其中，直接归属于使该项资产达到预定用途所发生的其他支出包括使无形资产达到预定用途所发生的专业服务费用、测试无形资产是否能够正常发挥作用的费用等。下列各项不包括在无形资产的初始成本中：

（1）为引入新产品进行宣传发生的广告费、管理费用及其他间接费用。

（2）无形资产已经达到预定用途以后发生的费用。例如，在形成预定经济规模之前发生的初始运作损失，以及在无形资产达到预定用途之前发生的其他经营活动的支出，如果该经营活动并非是无形资产达到预定用途必不可少的，则有关经营活动的损益应于发生时计入当期损益，而不构成无形资产的成本。

外购的无形资产，应按其取得成本进行初始计量；如果购入的无形资产超过正常信用条件延期支付价款,实质上具有融资性质的,应按所取得无形资产购买价款的现值计量其成本,现值与应付价款之间的差额作为未确认的融资费用,在付款期间内按照实际利率法确认为利息费用。

【例7-1】因甲公司某项生产活动需要乙公司已获得的专利技术,如果使用了该项专利技术,南风公司预计其生产能力比原先提高20%,销售利润率增长15%。为此,南风公司从乙公司购入一项专利权,按照协议约定以现金支付,实际支付的价款为300万元,并支付相关税费1万元和有关专业服务费用5万元,款项已通过银行转账支付。

分析:(1)南风公司购入的专利权符合无形资产的定义,即南风公司能够拥有或者控制该项专利技术,符合可辨认的条件,同时是不具有实物形态的非货币性资产。

(2)南风公司购入的专利权符合无形资产的确认条件。首先,南风公司的某项生产活动需要乙公司已获得的专利技术,南风公司使用了该项专利技术,预计南风公司的生产能力比原先提高20%,销售利润率增长15%,即经济利益很可能流入;其次,南风公司购买该项专利权的成本为300万元,另外支付相关税费和有关专业服务费用6万元,即成本能够可靠计量。由此,符合无形资产的确认条件。

无形资产初始计量的成本 = 300 + 1 + 5 = 306(万元)

南风公司的账务处理如下:

借:无形资产——专利权　　　　　　　　　　　　　　　　　　　3060000
　　贷:银行存款　　　　　　　　　　　　　　　　　　　　　　　3060000

【例7-2】2011年1月8日,南风公司从乙公司购买一项商标权,由于南风公司资金周转比较紧张,经与乙公司协议采用分期付款方式支付款项。合同规定,该项商标权总计1000万元,每年末付款200万元,5年付清。假定银行同期贷款利率为5%。为了简化核算,假定不考虑其他有关税费(已知5年期利率为5%,其年金现值系数为4.3295)。南风公司的账务处理如表7-1所示:

表7-1　未确认的融资费用

金额单位:万元

年份	融资余额	利率	本年利息 =融资余额×利率	付款	还本付款-利息	未确认融资费用 =上年余额-本年利息
0	865.90					134.10
1	709.20	0.05	43.30	200.00	156.70	90.80
2	544.66	0.05	35.46	200.00	164.54	55.34
3	371.89	0.05	27.23	200.00	172.77	28.11
4	190.48	0.05	18.59	200.00	181.41	9.52
5	0.00	0.05	9.52	200.00	190.48	0.00
合计			134.10	1000.00	865.90	

无形资产现值：1000×20%×4.3295=865.9（万元）
未确认的融资费用=1000-865.9=134.1（万元）

借：无形资产——商标权		8659000
未确认融资费用		1341000
贷：长期应付款		10000000

2011年年底付款时：

借：长期应付款		2000000
贷：银行存款		2000000
借：财务费用		433000
贷：未确认融资费		433000

2012年年底付款时：

借：长期应付款		2000000
贷：银行存款		2000000
借：财务费用		354600
贷：未确认融资费用		354600

2013年年底付款时：

借：长期应付款		2000000
贷：银行存款		2000000
借：财务费用		272300
贷：未确认融资费用		272300

2014年年底付款时：

借：长期应付款		2000000
贷：银行存款		2000000
借：财务费用		185900
贷：未确认融资费用		185900

2015年年底付款时：

借：长期应付款		2000000
贷：银行存款		2000000
借：财务费用		95200
贷：未确认融资费用		95200

（二）投资者投入的无形资产成本

投资者投入的无形资产的成本，应当按照投资合同或协议约定的价值确定无形资产的取得成本。如果投资合同或协议约定价值不公允，应按无形资产的公允价值作为无形资产初始成本入账。

【例7-3】因乙公司创立的商标已有较好的声誉，南风公司预计使用乙公司商标后可使其未来利润增长30%。为此，南风公司与乙公司协议商定，乙公司以其商标权投资于南风公司，双方协议价格（等于公允价值）为500万元，南风公司另支付印花税等相关税费2万元，款项已通过银行转账支付。

该商标权的初始计量,应当以取得时的成本为基础。取得时的成本为投资协议约定的价格500万元,加上支付的相关税费2万元。

南风公司接受乙公司作为投资的商标权的成本 = 500 + 2 = 502(万元)

南风公司的账务处理如下:

借:无形资产——商标权　　　　　　　　　　　　　5020000
　　贷:实收资本(或股本)　　　　　　　　　　　　　5000000
　　　　银行存款　　　　　　　　　　　　　　　　　　20000

（三）通过非货币性资产交换取得的无形资产成本

企业通过非货币性资产交换取得的无形资产,包括以投资、存货、固定资产或无形资产换入的无形资产等。非货币性资产交换具有商业实质且公允价值能够可靠计量的,在发生补价的情况下,支付补价方应当以换出资产的公允价值加上支付的补价(即换入无形资产的公允价值)和应支付的相关税费,作为换入无形资产的成本;收到补价方,应当以换入无形资产的公允价值(或换出资产的公允价值减去补价)和应支付的相关税费,作为换入无形资产的成本。

（四）通过债务重组取得的无形资产成本

通过债务重组取得的无形资产,是指企业作为债权人取得的债务人用于偿还债务的非现金资产,且企业作为无形资产管理的资产。通过债务重组取得的无形资产成本,应当以其公允价值入账。

（五）通过政府补助取得的无形资产成本

通过政府补助取得的无形资产成本,应当按照公允价值计量;公允价值不能可靠取得的,按照名义金额计量。

（六）土地使用权的处理

企业取得的土地使用权,通常应当按照取得时所支付的价款及相关税费确认为无形资产。土地使用权用于自行开发建造厂房等地上建筑物时,土地使用权的账面价值不与地上建筑物合并计算其成本,而仍作为无形资产进行核算,土地使用权与地上建筑物分别进行摊销和提取折旧。但下列情况除外:

（1）房地产开发企业取得的土地使用权用于建造对外出售的房屋建筑物,相关的土地使用权应当计入所建造的房屋建筑物成本。

（2）企业外购的房屋建筑物,实际支付的价款中包括土地以及建筑物的价值,则应当对支付的价款按照合理的方法(例如,公允价值比例)在土地和地上建筑物之间进行分配;如果确实无法在地上建筑物与土地使用权之间进行合理分配的,应当全部作为固定资产,按照固定资产确认和计量的规定进行处理。

企业改变土地使用权的用途,将其用于出租或增值目的时,应将其转为投资性房地产。

【例7-4】2014年1月1日,A股份有限公司购入一块土地的使用权,以银行存款转账支付8000万元,并在该土地上自行建造厂房等工程,发生材料支出12000万元,工资费用8000万元,其他相关费用10000万元等。该工程已经完工并达到预定可使用状态。假定土地使用权的使用年限为50年,该厂房的使用年限为25年,两者都没有净残值,都采用直线法进行摊销和计提折旧。为简化核算,不考虑其他相关税费。

分析:A公司购入土地使用权,使用年限为50年,表明它属于使用寿命有限的无形资产,在该土地上自行建造厂房,应将土地使用权和地上建筑物分别作为无形资产和固定资产进行核算,并分别摊销和计提折旧。

A公司的账务处理如下:

(1) 支付转让价款:

借:无形资产——土地使用 80000000
　　贷:银行存款 80000000

(2) 在土地上自行建造厂房:

借:在建工程 300000000
　　贷:工程物资 120000000
　　　　应付职工薪酬 80000000
　　　　银行存款 100000000

(3) 厂房达到预定可使用状态:

借:固定资产 300000000
　　贷:在建工程 300000000

(4) 每年分期摊销土地使用权和对厂房计提折旧:

借:管理费用 1600000
　　制造费用 12000000
　　贷:累计摊销 1600000
　　　　累计折旧 12000000

(七) 企业合并中取得的无形资产成本

企业合并中取得的无形资产,按照企业合并的分类,分别处理:

(1) 同一控制下吸收合并,按照被合并企业无形资产的账面价值确认为取得时的初始成本;同一控制下控股合并,合并方在合并日编制合并报表时,应当按照被合并方无形资产的账面价值作为合并基础。

(2) 非同一控制下的企业合并中,购买方取得的无形资产应以其在购买日的公允价值计量,包括:

1) 被购买企业原已确认的无形资产。

2) 被购买企业原未确认的无形资产,但其公允价值能够可靠计量,购买方就应在购买日将其独立于商誉确认为一项无形资产。例如,被购买方正在进行当中的一个研究开发项目,符合无形资产的定义且其公允价值能够可靠计量,则购买方应将其独立于商誉确认为一项无形资产。

公允价值的取得一般有以下途径:

(1) 活跃市场中的市场报价,该报价提供了无形资产公允价值的最可靠的估计。恰当的市场价格一般是现行出价。无法获得现行出价的情况下,如果类似交易的最近交易日和资产公允价值估计日之间的经济情况没有发生重大变化,则可以类似交易的最近价格为基础来估计公允价值。

（2）如果无形资产不存在活跃市场，则其公允价值应按照购买日；从购买方可获得的信息为基础，在熟悉情况并自愿的当事人之间进行的公平交易中，为取得该资产所支付的金额，如对无形资产预计产生的未来现金流量进行折现。

在企业合并中，如果取得的无形资产本身可以单独辨认，但其计量或处置必须与有形的或其他无形的资产一并作价，如天然矿泉水的商标可能与特定的泉眼有关，但不能独立于该泉眼出售，在这种情况下，如果该无形资产及与其相关资产各自的公允价值不能可靠计量，则应将该资产组（即将无形资产与其相关的有形资产一并）独立于商誉确认为单项资产。

第二节 内部研究开发费用的确认和计量

通常情况下，企业自创商誉以及企业内部产生的无形资产不确认为无形资产，如企业内部产生的品牌、报刊名等。但是，由于确定研究与开发费用是否符合无形资产的定义和相关特征（例如，可辨认性）、能否或者何时能够为企业产生预期未来经济利益，以及成本能否可靠地计量尚存在不确定因素，因此，研究与开发活动发生的费用，除了要遵循无形资产确认和初始计量的一般要求外，还需要满足其他特定的条件，才能够确定为一项无形资产。首先，为评价内部产生的无形资产是否满足确认标准，企业应当将资产的形成过程分为研究阶段与开发阶段两部分；其次，对于开发过程中发生的费用，在符合一定条件的情况下，才可确认为一项无形资产。在实务工作中，具体划分研究阶段与开发阶段，以及是否符合资本化的条件，应当根据企业的实际情况以及相关信息予以判断。

一、研究阶段和开发阶段的划分

对于企业自行进行的研究开发项目，应当区分研究阶段与开发阶段两个部分分别进行核算。

（一）研究阶段

研究阶段，是指为获取新的技术和知识等进行的有计划的调查，有关研究活动的例子包括：意于获取知识而进行的活动；研究成果或其他知识的应用研究、评价和最终选择；材料、设备、产品、工序、系统或服务替代品的研究；新的或经改进的材料、设备、产品、工序、系统或服务的可能替代品的配制、设计、评价和最终选择等。

研究阶段的特点在于：

（1）计划性。研究阶段是建立在有计划的调查基础上，即研发项目已经董事会或者相关管理层的批准，并着手收集相关资料、进行市场调查等。例如，某药品公司为研究开发某药品，经董事会或者相关管理层的批准，进行有计划的收集相关资料、进行市场调查、比较市场中相关药品的药性、效用等活动。

（2）探索性。研究阶段基本上是探索性的，为进一步地开发活动进行资料及相关方面的准备，在这一阶段不会形成阶段性成果。

从研究活动的特点看，其研究是否能在未来形成成果，即通过开发后是否会形成无形资产均具有很大的不确定性，企业也无法证明其能够带来未来经济利益的无形资产的存在，因此，研究阶段的有关支出在发生时，应当予以费用化计入当期损益。

（二）开发阶段

开发阶段是指在进行商业性生产或使用前，将研究成果或其他知识应用于某项计划或设计，以生产出新的或具有实质性改进的材料、装置、产品等。有关开发活动的例子包括：生产前或使用前的原型和模型的设计、建造和测试；含新技术的工具、夹具、模具和冲模的设计；不具有商业性生产经济规模的试生产设施的设计、建造和运营；新的或经改造的材料、设备、产品、工序、系统或服务所选定的替代品的设计、建造和测试等。

开发阶段的特点在于：

（1）具有针对性。开发阶段是建立在研究阶段的基础上，因而对项目的开发具有针对性。

（2）形成成果的可能性较大。进入开发阶段的研发项目往往形成成果的可能性较大。

由于开发阶段相对于研究阶段更进一步，相对于研究阶段来讲，进入开发阶段，则很大程度上形成一项新产品或新技术的基本条件已经具备，此时如果企业能够证明满足无形资产的定义及相关确认条件，所发生的开发支出可资本化，确认为无形资产的成本。

（三）研究阶段与开发阶段的不同点

（1）目标不同。研究阶段一般目标不具体、不具有针对性；而开发阶段多是针对具体目标、产品、工艺等。

（2）对象不同。研究阶段一般很难具体化到特定项目上，而开发阶段往往形成对象化的成果。

（3）风险不同。研究阶段的成功概率很难判断，一般成功率很低，风险比较大；而开发阶段的成功率较高、风险相对较小。

（4）结果不同。研究阶段的结果多是研究报告等基础性成果；而开发阶段的结果则多是具体的新技术、新产品等。

二、开发阶段有关支出资本化的条件

在开发阶段，判断可以将有关支出资本化计入无形资产成本的条件包括：

（1）完成该无形资产以使其能够使用或出售在技术上具有可行性。企业在判断是否满足该条件时，应以目前阶段的成果为基础，说明在此基础上进一步进行开发所需的技术条件等已经具备，基本上不存在技术上的障碍或其他不确定性，企业在判断时，应提供相关的证据和材料。

（2）具有完成该无形资产并使用或出售的意图。开发某项产品或专利技术产品等，是使用或出售通常根据管理当局决定该项研发活动的目的或者意图所决定，即研发项目形成成果以后，是为出售，还是为自己使用并从使用中获得经济利益，应当以管理当局意图而定。因此，企业的管理当局应能够说明其持有拟开发无形资产的目的，并具有完成该项无形资产开发并使其能够使用或出售的可能性。

（3）无形资产产生经济利益的方式，包括能够证明运用该无形资产生产的产品存在市场或无形资产自身存在市场，无形资产将在内部使用的，应当证明其有用性。作为无形资产确认，其基本条件是能够为企业带来未来经济利益。就其能够为企业带来未来经济利益的方式来讲，如果有关的无形资产在形成以后，主要是用于形成新产品或新工艺的，企业应对运用该无形资产生产的产品市场情况进行估计，应能够证明所生产的产品存在市场，并能够带来经济利益的流入；如果有关的无形资产开发以后主要是用于对外出售的，则企业应能够证明市场上存在对该类无形资产的需求，开发以后存在外在的市场可以出售并带来经济利益的流入；如果无形资产开发以后，不是用于生产产品，也不是用于对外出售，而是在企业内部使用的，则企业应能够证明在企业内部使用时对企业的有用性。

（4）有足够的技术、财力资源和其他资源支持，以完成该无形资产的开发，并有能力使用或出售该无形资产。这一条件主要包括：①为完成该项无形资产开发具有技术上的可靠性。开发的无形资产并使其形成成果在技术上的可靠性，是继续开发活动的关键。因此，必须有确凿证据证明企业继续开发该项无形资产有足够的技术支持和技术能力。②财力资源和其他资源支持。财务资源和其他资源支持是能够完成该项无形资产开发的经济基础，因此，企业必须能够证明为完成该项无形资产的开发所需的财务和其他资源，是否能够足以支持完成该项无形资产的开发。③能够证明企业在开发过程中所需的技术、财务和其他资源，以及企业获得这些资源的相关计划等。如在企业自有资金不足以提供支持的情况下，是否存在外部其他方面的资金支持，如银行等金融机构愿意为该无形资产的开发提供所需资金的声明等来证实，并有能力使用或出售该无形资产。

（5）归属于该无形资产开发阶段的支出能够可靠地计量。企业对于开发活动发生的支出应单独核算，如发生的开发人员的工资、材料费等，在企业同时从事多项开发活动的情况下，所发生的支出同时用于支持多项开发活动的，应按照一定的标准在各项开发活动之间进行分配，无法明确分配的，应予费用化计入当期损益，不计入开发活动的成本。

三、内部开发的无形资产的计量

内部研发活动形成的无形资产成本，由可直接归属于该资产的创造、生产并使该资产能够以管理层预定的方式运作的所有必要支出组成。可直接归属成本包括：开发该无形资产时耗费的材料、劳务成本、注册费、在开发该无形资产过程中使用的其他专利权和特许权的摊销，以及按照借款费用的处理原则可资本化的利息支出。在开发无形资产过程中发生的除上述可直接归属于无形资产开发活动的其他销售费用、管理费用等间接费用、无形资产达到预定用途前发生的可辨认的无效和初始运作损失、为运行该无形资产发生的培训支出等不构成无形资产的开发成本。

值得说明的是，内部开发无形资产的成本仅包括在满足资本化条件的时点至无形资产达到预定用途前发生的支出总和，对于同一项无形资产在开发过程中达到资本化条件之前已经费用化计入当期损益的支出不再进行调整。

四、内部研究开发费用的会计处理

（一）基本原则

企业内部研究和开发无形资产，其在研究阶段的支出全部费用化，计入当期损益（管理费用）；开发阶段的支出符合条件的资本化，不符合资本化条件的计入当期损益（管理费用）。如果确实无法区分研究阶段的支出和开发阶段的支出，应将其所发生的研发支出全部费用化，计入当期损益。

（二）具体账务处理方法

（1）企业自行开发无形资产发生的研发支出，不满足资本化条件的，借记"研发支出——费用化支出"科目，满足资本化条件的，借记"研发支出——资本化支出"科目，贷记"原材料""银行存款""应付职工薪酬"等科目。

（2）企业以其他方式取得的正在进行中的研究开发项目，应按确定的金额，借记"研发支出——资本化支出"科目，贷记"银行存款"等科目。以后发生的研发支出，应当比照上述第一条原则进行处理。

（3）研究开发项目达到预定用途形成无形资产的，应按"研发支出——资本化支出"科目的余额，借记"无形资产"科目，贷记"研发支出——资本化支出"科目。

【例7-5】2013年1月1日，南风公司经董事会批准研发某项新产品专利技术，该公司董事会认为，研发该项目具有可靠的技术和财务等资源的支持，并且一旦研发成功将降低该公司生产产品的生产成本。该公司在研究开发过程中发生材料费5000万元、人工工资1000万元，以及其他费用4000万元，总计10000万元。其中，符合资本化条件的支出为6000万元。2013年12月31日，该专利技术已经达到预定用途。

分析：首先，南风公司经董事会批准研发某项新产品专利技术，并认为完成该项新型技术无论从技术上，还是财务等方面能够得到可靠的资源支持，并且一旦研发成功将降低公司的生产成本，因此，符合条件的开发费用可以资本化。其次，南风公司在开发该项新型技术，累计发生10000万元的研究与开发支出，其中符合资本化条件的开发支出为6000万元，其符合"归属于该无形资产开发阶段的支出能够可靠地计量"的条件。

南风公司的账务处理如下：

（1）发生研发支出：

借：研发支出——费用化支出	40000000
——资本化支出	60000000
贷：原材料	50000000
应付职工薪酬	10000000
银行存款	40000000

（2）2013年12月31日，该专利技术已经达到预定用途：

借：管理费用	40000000
无形资产	60000000
贷：研发支出——费用化支出	40000000
——资本化支出	60000000

除了内部开发产生的无形资产外，其他内部产生的无形资产，比照上述原则进行处理。

第三节　无形资产的后续计量

一、无形资产后续计量的原则

无形资产初始确认和计量后，在其后使用该项无形资产期间内应以成本减去累计摊销额和累计减值损失后的余额计量。要确定无形资产在使用过程中的累计摊销额，基础是估计其使用寿命，而使用寿命有限的无形资产才需要在估计使用寿命内采用系统合理的方法进行摊销，对于使用寿命不确定的无形资产则不需要摊销。

（一）估计无形资产的使用寿命

企业应当于取得无形资产时分析判断其使用寿命。无形资产的使用寿命如为有限的，应当估计该使用寿命的年限或者构成使用寿命的产量等类似计量单位数量；无法预见无形资产为企业带来未来经济利益期限的，应当视为使用寿命不确定的无形资产。

估计无形资产使用寿命应考虑的主要因素包括：

（1）该资产通常的产品寿命周期，以及可获得的类似资产使用寿命的信息。

（2）技术、工艺等方面的现实情况及对未来发展的估计。

（3）以该资产在该行业运用的稳定性和生产的产品或服务的市场需求情况。

（4）现在或潜在的竞争者预期采取的行动。

（5）为维持该资产产生未来经济利益的能力所需要的维护支出，以及企业预计支付有关支出的能力。

（6）对该资产的控制期限，以及对该资产使用的法律或类似限制，如特许使用期间、租赁期间等。

（7）与企业持有的其他资产使用寿命的关联性等。

例如，企业以支付土地出让金方式取得一块土地 50 年的使用权，如果企业准备持续持有，在 50 年期间内没有计划出售，则该项土地使用权预期为企业带来未来经济利益的期间为 50 年。

（二）无形资产使用寿命的确定

某些无形资产的取得源自合同性权利或其他法定权利，其使用寿命不应超过合同性权利或其他法定权利的期限。但如果企业使用资产的预期的期限短于合同性权利或其他法定权利规定的期限的，则应当按照企业预期使用的期限确定其使用寿命。例如，企业取得一项专利技术，法律保护期间为 20 年，企业预计运用该专利生产的产品在未来 15 年内会为企业带来经济利益。就该项专利技术，第三方向企业承诺在 5 年内以其取得之日公允价值的 60% 购买该专利权，从企业管理层目前的持有计划来看，准备在 5 年内将其出售给第三方。为此，该项专利权的实际使用寿命为 5 年。

如果合同性权利或其他法定权利能够在到期时因续约等延续，则仅当有证据表明企业续约不需要付出重大成本时，续约期才能够包括在使用寿命的估计中。下列情况下，一般说明企业无须付出重大成本即可延续合同性权利或其他法定权利：有证据表明合同性权利或法定权利将被重新延续，如果在延续之前需要第三方同意，则还需有第三方将会同意的证据；有证据表明为获得重新延续所必需的所有条件将被满足，以及企业为延续持有无形资产付出的成本相对于预期从重新延续中流入企业的未来经济利益相比不具有重要性。如果企业为延续无形资产持有期间而付出的成本与预期从重新延续中流入企业的未来经济利益相比具有重要性，则从本质上来看是企业获得的一项新的无形资产。

没有明确的合同或法律规定无形资产的使用寿命的，企业应当综合各方面情况，例如企业经过努力，聘请相关专家进行论证、与同行业的情况进行比较以及参考企业的历史经验等，来确定无形资产为企业带来未来经济利益的期限。如果经过这些努力，仍确实无法合理确定无形资产为企业带来经济利益的期限的，才能将该无形资产作为使用寿命不确定的无形资产。例如，企业取得了一项在过去几年市场份额领先的畅销产品的商标。该商标按照法律规定还有 5 年的使用寿命，但是在保护期届满时，企业可每 10 年即以较低的手续费申请延期，同时有证据表明企业有能力申请延期。此外，有关的调查表明，根据产品生命周期、市场竞争等方面情况综合判断，该品牌将在不确定的期间内为企业产生现金流量。综合各方面情况，该商标可视为使用寿命不确定的无形资产。又如，企业通过公开拍卖取得一项出租车运营许可，按照所在地规定，以现有出租运营许可为限，不再授予新的运营许可，而且在旧的出租车报废以后，有关的运营许可可用于新的出租车。企业估计在有限的未来，将持续经营出租车行业。对于该运营许可，为企业带来未来经济利益的期限从目前情况看，无法可靠估计。因此，应视其为使用寿命不确定的无形资产。

（三）无形资产使用寿命的复核

企业至少应当于每年年度终了，对无形资产的使用寿命及摊销方法进行复核，如果有证据表明无形资产的使用寿命及摊销方法不同于以前的估计，如由于合同的续约或无形资产应用条件的改善，延长了无形资产的使用寿命。则对于使用寿命有限的无形资产，应改变其摊销年限及摊销方法，并按照会计估计变更进行处理。例如，企业使用的某项非专利技术，原预计使用寿命为5年，使用至第2年年末，该企业计划再使用2年即不再使用，为此，企业应当在第2年年末变更该项无形资产的使用寿命，并作为会计估计变更进行处理。又如，某项无形资产计提了减值准备，这可能表明企业原估计的摊销期限需要做出变更。

对于使用寿命不确定的无形资产，如果有证据表明其使用寿命是有限的，则应视为会计估计变更，应当估计其使用寿命并按照使用寿命有限的无形资产的处理原则进行处理。

二、使用寿命有限的无形资产

使用寿命有限的无形资产，应在其预计的使用寿命内采用系统合理的方法对应摊销金额进行摊销。应摊销金额，是指无形资产的成本扣除残值后的金额。已计提减值准备的无形资产，还应扣除已计提的无形资产减值准备累计金额。使用寿命有限的无形资产，其残值一般应当视为零。

（一）摊销期和摊销方法

无形资产的摊销期自其可供使用（即其达到预定用途）时起至终止确认时止，即无形资产摊销的起始和停止日期为：当月增加的无形资产，当月开始摊销；当月减少的无形资产，当月不再摊销。

在无形资产的使用寿命内系统地分摊其应摊销金额，存在多种方法。这些方法包括直线法、产量法等。企业选择的无形资产摊销方法，应当能够反映与该项无形资产有关的经济利益的预期实现方式，并一致地运用于不同会计期间。例如，受技术陈旧因素影响较大的专利权和专有技术等无形资产，可采用类似固定资产加速折旧的方法进行摊销；有特定产量限制的特许经营权或专利权，应采用产量法进行摊销。无法可靠确定其预期实现方式的，应当采用直线法进行摊销。

无形资产的摊销一般应计入当期损益，但如果某项无形资产是专门用于生产某种产品或者其他资产，其所包含的经济利益是通过转入到所生产的产品或其他资产中实现的，则无形资产的摊销费用应当计入相关资产的成本。例如，某项专门用于生产过程中的专利技术，其摊销费用应构成所生产产品成本的一部分，计入制造该产品的制造费用。

持有待售的无形资产不进行摊销，按照账面价值与公允价值减去处置费用后的净额孰低进行计量。

（二）残值的确定

除下列情况外，无形资产的残值一般为零：

（1）有第三方承诺在无形资产使用寿命结束时购买该项无形资产。

（2）可以根据活跃市场得到无形资产预计残值信息，并且该市场在该项无形资产使用寿命结束时可能存在。

无形资产的残值，意味着在其经济寿命结束之前企业预计将会处置该无形资产，并且从该处置中取得利益。估计无形资产的残值应以资产处置时的可收回金额为基础，此时的可收回金额是指在预计出售日，出售一项使用寿命已满且处于类似使用状况下，同类无形资产预计的处置价格（扣除相关税费）。残值确定以后，在持有无形资产期间，至少应于每年年末进行复核，预计其残值与原估计金额不同的，应按照会计估计变更进行处理。如果无形资产的残值重新估计以后高于其账面价值的，则无形资产不再摊销，直至残值降至低于账面价值时再恢复摊销。

例如，企业从外单位购入一项实用专利技术的成本为100万元，根据目前企业管理层的持有计划，预计5年后转让给第三方。根据目前活跃市场上得到的信息，该实用专利技术预计残值为10万元。企业采取生产总量法对该项无形资产进行摊销。到第3年期末，市场发生变化，经复核重新估计，该项实用专利技术预计残值为30万元，如果此时企业已摊销72万元，该项实用专利技术账面价值为28万元，低于重新估计的该项实用专利技术的残值，则不再对该项实用专利技术进行摊销，直至残值降至低于其账面价值时再恢复摊销。

（三）使用寿命有限的无形资产摊销的账务处理

使用寿命有限的无形资产应当在其使用寿命内，采用合理的摊销方法进行摊销。摊销时，应当考虑该项无形资产所服务的对象，并以此为基础将其摊销价值计入相关资产的成本或者当期损益。

【例7-6】2013年1月1日，A公司从外单位购得一项非专利技术，支付价款5000万元，款项已支付，估计该项非专利技术的使用寿命为10年，该项非专利技术用于产品生产；同时，购入一项商标权，支付价款3000万元，款项已支付，估计该商标权的使用寿命为15年。假定这两项无形资产的净残值均为零，并按直线法摊销。

本例中，A公司外购的非专利技术的估计使用寿命为10年，表明该项无形资产是使用寿命有限的无形资产，且该项无形资产用于产品生产，因此，应当将其摊销金额计入相关产品的制造成本。A公司外购的商标权的估计使用寿命为15年，表明该项无形资产同样也是使用寿命有限的无形资产，而商标权的摊销金额通常直接计入当期管理费用。

A公司的账务处理如下：

（1）取得无形资产时：

借：无形资产——非专利技术　　　　　　　　　　　　　　50000000
　　　　　　——商标权　　　　　　　　　　　　　　　　30000000
　　贷：银行存款　　　　　　　　　　　　　　　　　　　80000000

（2）按年摊销时：

借：制造费用——非专利技术　　　　　　　　　　　　　　5000000
　　管理费用——商标权　　　　　　　　　　　　　　　　2000000
　　贷：累计摊销　　　　　　　　　　　　　　　　　　　7000000

如果A公司2014年12月31日根据科学技术发展的趋势判断，2013年购入的该项非专利技术在4年后将被淘汰，不能再为企业带来经济利益，决定对其再使用4年后不再使用。为此，A 公司应当在 2007 年 12 月 31 日据此变更该项非专利技术的估计使用寿命，并按会计估计变更进行处理。

2013 年 12 月 31 日该项无形资产累计摊销金额为 500×2=1000（万元），2014 年该项无形资产的摊销金额为（5000－1000）/4＝1000（万元）。A 公司 2014 年对该项非专利技术按年摊销的账务处理如下：

借：制造费用——非专利技术　　　　　　　　　　　　　　10000000
　　贷：累计摊销　　　　　　　　　　　　　　　　　　　　　　10000000

三、使用寿命不确定的无形资产

根据可获得的相关信息判断，如果无法合理估计某项无形资产的使用寿命的，应作为使用寿命不确定的无形资产进行核算。对于使用寿命不确定的无形资产，在持有期间内不需要摊销，但应当在每个会计期间进行减值测试。其减值测试的方法按照资产减值的原则进行处理，如经减值测试表明已发生减值，则需要计提相应的减值准备，其相关的账务处理为：借记"资产减值损失"科目，贷记"无形资产减值准备"科目。

【例 7－7】2013 年 1 月 1 日，A 公司购入一项市场领先的畅销产品的商标的成本为 6000 万元，该商标按照法律规定还有 5 年的使用寿命，但是在保护期届满时，A 公司可每 10 年以较低的手续费申请延期，同时，A 公司有充分的证据表明其有能力申请延期。此外，有关的调查表明，根据产品生命周期、市场竞争等方面情况综合判断，该商标将在不确定的期间内为企业带来现金流量。

根据上述情况，该商标可视为使用寿命不确定的无形资产，在持有期间内不需要进行摊销。

2014 年年底，A 公司对该商标按照资产减值的原则进行减值测试，经测试表明该商标已发生减值。2014 年年底，该商标的公允价值为 4000 万元。

则 A 公司的账务处理如下：

（1）2013 年购入商标时：

借：无形资产——商标权　　　　　　　　　　　　　　　　60000000
　　贷：银行存款　　　　　　　　　　　　　　　　　　　　　　60000000

（2）2014 年发生减值时：

借：资产减值损失　　　　　　　　　　　　　　　　　　　20000000
　　贷：无形资产减值准备——商标权　　　　　　　　　　　　　20000000

第四节　无形资产的处置

无形资产的处置，主要是指无形资产出售、对外出租、对外捐赠，或者是无法为企业带来未来经济利益时，应予终止确认并转销。

一、无形资产的出售

企业出售某项无形资产,表明企业放弃无形资产的所有权,应将所取得的价款与该无形资产账面价值的差额作为资产处置利得或损失(营业外收入或营业外支出),与固定资产处置性质相同,计入当期损益。但是,值得注意的是,企业出售无形资产确认其利得的时点,应按照收入确认中的有关原则进行确定。

出售无形资产时,应按实际收到的金额,借记"银行存款"等科目,按已计提的累计摊销,借记"累计摊销"科目,原已计提减值准备的,借记"无形资产减值准备"科目。按应支付的相关税费,贷记"应交税费"等科目;按其账面余额,贷记"无形资产"科目;按其差额,贷记"营业外收入——处置非流动资产利得"科目或借记"营业外支出——处置非流动资产损失"科目。

【例7-8】2017年1月1日,B公司拥有某项专利技术的成本为1000万元。已摊销金额为500万元,已计提的减值准备为20万元。该公司于2013年将该项专利技术出售给C公司,取得出售收入600万元,应交纳的增值税为36万元。

B公司的账务处理为:

借:银行存款　　　　　　　　　　　　　　　　6000000
　　累计摊销　　　　　　　　　　　　　　　　5000000
　　无形资产减值准备　　　　　　　　　　　　 200000
　贷:无形资产　　　　　　　　　　　　　　　10000000
　　　应交税费——应交增值税　　　　　　　　 360000
　　　营业外收入——处置非流动资产利得　　　 840000

如果该公司转让该项专利技术取得的收入为4000000元,应交纳的增值税为240000元。则B公司的账务处理为:

借:银行存款　　　　　　　　　　　　　　　　4000000
　　累计摊销　　　　　　　　　　　　　　　　5000000
　　无形资产减值准备　　　　　　　　　　　　 200000
　　营业外支出——处置非流动资产损失　　　　1040000
　贷:无形资产　　　　　　　　　　　　　　　10000000
　　　应交税费——应交增值税　　　　　　　　 240000

二、无形资产的出租

企业将所拥有的无形资产的使用权让渡给他人,并收取租金,属于与企业日常活动相关的其他经营活动取得的收入,在满足收入确认条件的情况下,应确认相关的收入及成本,并通过其他业务收支科目进行核算。让渡无形资产使用权而取得的租金收入,借记"银行存款"等科目,贷记"其他业务收入"等科目;摊销出租无形资产的成本并发生与转让有关的各种费用支出时,借记"其他业务成本"科目,贷记"累计摊销"科目。

【例7-9】2017年1月1日，A企业将一项专利技术出租给B企业使用，该专利技术账面余额为500万元，摊销期限为10年，出租合同规定，承租方每销售一件用该专利生产的产品，必须付给出租方10元专利技术使用费。假定承租方当年销售该产品10万件。增值税税率6%。

A企业的账务处理如下：
（1）取得该项专利技术使用费时：
借：银行存款　　　　　　　　　　　　　　　　　　　1000000
　　贷：其他业务收入　　　　　　　　　　　　　　　　　943396.23
　　　　应交税费——应交增值税　　　　　　　　　　　　56603.77
（2）按年对该项专利技术进行摊销并计算应交的营业税：
借：其他业务成本　　　　　　　　　　　　　　　　　　500000
　　贷：累计摊销　　　　　　　　　　　　　　　　　　　500000

三、无形资产的报废

如果无形资产预期不能为企业带来未来经济利益，例如，该无形资产已被其他新技术所替代或超过法律保护期，不能再为企业带来经济利益的，则不再符合无形资产的定义，应将其报废并予以转销，其账面价值转作当期损益。转销时，应按已计提的累计摊销，借记"累计摊销"科目；按其账面余额，贷记"无形资产"科目；按其差额，借记"营业外支出"科目。已计提减值准备的，还应同时结转减值准备。

【例7-10】D企业拥有某项专利技术，根据市场调查，因其生产的产品已没有市场，决定应予转销。转销时，该项专利技术的账面余额为600万元，摊销期限为10年，采用直线法进行摊销，已累计摊销300万元，假定该项专利权的残值为零，已累计计提的减值准备为160万元，假定不考虑其他相关因素。

则D公司的账务处理如下：
借：累计摊销　　　　　　　　　　　　　　　　　　　　3000000
　　无形资产减值准备　　　　　　　　　　　　　　　　　1600000
　　营业外支出——处置非流动资产损失　　　　　　　　　1400000
　　贷：无形资产——专利权　　　　　　　　　　　　　　6000000

第八章 投资性房地产

第一节 投资性房地产的特征与范围

一、投资性房地产的定义及特征

房地产是土地和房屋及其权属的总称。在我国,土地归国家或集体所有,企业只能取得土地使用权。因此,房地产中的土地是指土地使用权。房屋是指土地上的房屋等建筑物及构筑物。随着我国社会主义市场经济的发展和完善,房地产市场日益活跃,企业持有的房地产,除了用作自身管理、生产经营活动场所和对外销售之外,出现了将房地产用于赚取租金或增值收益的活动,甚至作为个别企业的主营业务。就某些企业而言,投资性房地产属于日常经常性活动,形成的租金收入或转让增值收益确认为企业的主营业务收入,但对于大部分企业而言,是与经营性活动相关的其他经营活动,形成的租金收入或转让增值收益构成企业的其他业务收入。投资性房地产的确认、计量和披露适用《企业会计准则第3号——投资性房地产》(以下简称"投资性房地产准则")的规定,房地产租金收入的确认、计量和披露适用《企业会计准则第21号——租赁》的规定。

投资性房地产,是指为赚取租金或资本增值,或者两者兼有而持有的房地产。投资性房地产主要有以下特征:

(一)投资性房地产是一种经营性活动

投资性房地产的主要形式是出租建筑物、出租土地使用权,这实质上属于一种让渡资产使用权行为。房地产租金就是让渡资产使用权取得的使用费收入,是企业为完成其经营目标所从事的经营性活动以及与之相关的其他活动形成的经济利益总流入。投资性房地产的另一种形式是持有并准备增值后转让的土地使用权,尽管其增值收益通常与市场供求、经济发展等因素相关,但目的是为了增值后转让以赚取增值收益,也是企业为完成其经营目标所从事的经营性活动以及与之相关的其他活动形成的经济利益总流入。根据税法的规定,企业房地产出租、国有土地使用权增值后转让均属于一种经营活动,其取得的房地产租金收入或国有土地使用权转让收益应当缴纳营业税等。按照国家有关规定认定的闲置土地,不属于持有并准备增值后转让的土地使用权。在我国实务中,持有并准备增值后转让的土地使用权这种情况较少。

第八章　投资性房地产

（二）投资性房地产在用途、状态、目的等方面区别于作为生产经营场所的房地产和用于销售的房地产

企业持有的房地产除了用作生产经营活动场所和对外销售之外，出现了将房地产用于赚取租金或增值收益的活动，甚至是个别企业的主营业务。这就需要将投资性房地产单独作为一项资产核算和反映，与自用的厂房、办公楼等房地产和作为存货（已建完工商品房）的房地产加以区别，从而更加清晰地反映企业所持有房地产的构成情况和盈利能力。企业在首次执行投资性房地产准则时，应当根据投资性房地产的定义对企业资产进行重新分类，凡是符合投资性房地产定义和确认条件的建筑物和土地使用权，应当归为投资性房地产。

（三）投资性房地产有两种后续计量模式

企业通常应当采用成本模式对投资性房地产进行后续计量，只有在满足特定条件的情况下，即有确凿证据表明其所有投资性房地产的公允价值能够持续可靠取得，才可以采用公允价值模式进行后续计量。也就是说，投资性房地产准则适当引入公允价值模式，在满足特定条件的情况下，可以对投资性房地产采用公允价值模式进行后续计量。但是，同一企业只能采用一种模式对所有投资性房地产进行后续计量，不得同时采用两种计量模式进行后续计量。

二、投资性房地产的范围

投资性房地产的范围包括：已出租的土地使用权、持有并准备增值后转让的土地使用权、已出租的建筑物。

（一）已出租的土地使用权

已出租的土地使用权，是指企业通过出让或转让方式取得的、以经营租赁方式出租的土地使用权。企业取得的土地使用权通常包括在一级市场上以交纳土地出让金的方式取得土地使用权，也包括在二级市场上接受其他单位转让的土地使用权。例如，南风公司与乙公司签署了土地使用权租赁协议，南风公司以年租金720万元租赁使用乙公司拥有的40万平方米土地使用权。那么，自租赁协议约定的租赁期开始日起，这项土地使用权属于乙公司的投资性房地产。

对于以经营租赁方式租入土地使用权再转租给其他单位的，不能确认为投资性房地产。

（二）持有并准备增值后转让的土地使用权

持有并准备增值后转让的土地使用权，是指企业取得的、准备增值后转让的土地使用权。这类土地使用权很可能给企业带来资本增值收益，符合投资性房地产的定义。例如，企业发生转产或厂址搬迁，部分土地使用权停止自用，企业管理当局（董事会或类似机构）做出书面决议明确继续持有这部分土地使用权，待其增值后转让以赚取增值收益。

企业依法取得土地使用权后，应当按照国有土地有偿使用合同或建设用地批准书规定的期限动工开发建设。根据 1999 年 4 月 26 日国土资源部发布的《闲置土地处理办法》的规定，土地使用者依法取得土地使用权后，未经原批准用地的人民政府同意，超过规定期限未动工开发建设的建设用地属于闲置土地。具有下列情形之一的，也可以认定为闲置土地：①国有土地有偿使用合同或者建设用地批准书未规定动工开发建设日期，自国有土地有偿使用合同生效或者土地行政主管部门建设用地批准书颁发之日起满 1 年未动工开发建设的；②已动工开发建设但开发建设的面积占应动工开发建设总面积不足 1/3 或者已投资额占总投资额不足 25% 且未经批准中止开发建设连续满一年的；③法律、行政法规规定的其他情形。《闲置土地处理办法》还规定，经法定程序批准，对闲置土地可以选择延长开发建设时间（不超过 1 年）、改变土地用途，办理有关手续后继续开发建设等处置方案。

按照国家有关规定认定的闲置土地，不属于持有并准备增值后转让的土地使用权，也就不属于投资性房地产。

（三）已出租的建筑物

已出租的建筑物是指企业拥有产权的、以经营租赁方式出租的建筑物，包括自行建造或开发活动完成后用于出租的建筑物。比如，南风公司将其拥有的某栋厂房整体出租给乙公司，租赁期 2 年。对于南风公司而言，一般自租赁期开始日期起，这栋厂房属于其投资性房地产。企业在判断和确认已出租的建筑物时，应当把握以下要点：

1. 用于出租的建筑物是指企业拥有产权的建筑物

企业以经营租赁方式租入再转租的建筑物不属于投资性房地产。例如，甲企业与乙企业签订了一项经营租赁合同，乙企业将其持有产权的一栋办公楼出租给甲企业，为期 5 年。甲企业一开始将该办公楼改装后用于自行经营餐馆。2 年后，由于连续亏损，甲企业将餐馆转租给丙公司，以赚取租金差价。这种情况下，对于甲企业而言，该栋楼不属于其投资性房地产；对于乙企业而言，则该栋楼属于其投资性房地产。

2. 已出租的建筑物是企业已经与其他方签订了租赁协议，约定以经营租赁方式出租的建筑物

一般应自租赁协议规定的租赁期开始日起，经营租出的建筑物才属于已出租的建筑物。通常情况下，对企业持有以备经营出租的空置建筑物，如董事会或类似机构做出书面决议，明确表明将其用于经营出租且持有意图短期内不再发生变化的，即使尚未签订租赁协议，也应视为投资性房地产。这里的空置建筑物，是指企业新购入、自行建造或开发完工但尚未使用的建筑物，以及不再用于日常生产经营活动且经整理后达到可经营出租状态的建筑物。例如，甲企业在当地房地产交易中心通过竞拍取得一块土地的使用权。甲企业按照合同规定对这块土地进行了开发，并在这块土地上建造了一栋商场，拟用于整体出租，但尚未开发完工。本例中，该尚未开发完工的商场不属于"空置建筑物"，不属于投资性房地产。

3. 企业将建筑物出租，按租赁协议向承租人提供的相关辅助服务在整个协议中不重大的，应当将该建筑物确认为投资性房地产

例如，企业将其办公楼出租，同时向承租人提供维护、保安等日常辅助服务，企业应当将其确认为投资性房地产。再如，甲企业购买了一栋写字楼，共十二层。其中一层

经营出租给某家大型超市，2—5 层经营出租给乙公司，6—12 层经营出租给丙公司。甲企业同时为该写字楼提供保安、维修等日常辅助服务。本例中，甲企业将写字楼出租，同时提供的辅助服务不重大。对于甲企业而言，这栋写字楼属于甲企业的投资性房地产。

此外，下列项目不属于投资性房地产：

1. 自用房地产

自用房地产是指为生产商品、提供劳务或者经营管理而持有的房地产。如企业生产经营用的厂房和办公楼属于固定资产；企业生产经营用的土地使用权属于无形资产。自用房地产的特征在于服务于企业自身的生产经营活动，其价值将随着房地产的使用而逐渐转移到企业的产品或服务中去，通过销售商品或提供服务为企业带来经济利益，在产生现金流量的过程中与企业持有的其他资产密切相关。例如，企业出租给本企业职工居住的宿舍，虽然也收取租金，但间接为企业自身的生产经营服务，因此具有自用房地产的性质。又如，企业拥有并自行经营的旅馆饭店。旅馆饭店的经营者在向顾客提供住宿服务的同时，还提供餐饮、娱乐等其他服务，其经营目的主要是通过向客户提供服务取得服务收入，因此，企业自行经营的旅馆饭店是企业的经营场所，应当属于自用房地产。

2. 作为存货的房地产

作为存货的房地产通常是指房地产开发企业在正常经营过程中销售的或为销售而正在开发的商品房和土地。这部分房地产属于房地产开发企业的存货，其生产、销售构成企业的主营业务活动，产生的现金流量也与企业的其他资产密切相关。因此，具有存货性质的房地产不属于投资性房地产。

从事房地产经营开发的企业依法取得的、用于开发后出售的土地使用权，属于房地产开发企业的存货，即使房地产开发企业决定待增值后再转让其开发的土地，也不得将其确认为投资性房地产。

在实务中，存在某项房地产部分自用或作为存货出售、部分用于赚取租金或资本增值的情形。如某项投资性房地产不同用途的部分能够单独计量和出售的，应当分别确认为固定资产、无形资产、存货和投资性房地产。例如，甲房地产开发商建造了一栋商住两用楼盘，一层出租给一家大型超市，已签订经营租赁合同；其余楼层均为普通住宅，正在公开销售中。这种情况下，如果一层商铺能够单独计量和出售，应当确认为甲企业的投资性房地产，其余楼层为甲企业的存货，即开发产品。

第二节 投资性房地产的确认和初始计量

一、投资性房地产的确认和初始计量

投资性房地产只有在符合定义的前提下,同时满足下列条件的,才能予以确认:①与该投资性房地产有关的经济利益很可能流入企业;②该投资性房地产的成本能够可靠地计量。对已出租的土地使用权、已出租的建筑物,其作为投资性房地产的确认时点一般为租赁期开始日,即土地使用权、建筑物进入出租状态、开始赚取租金的日期。但对企业持有以备经营出租的空置建筑物,董事会或类似机构做出书面决议,明确表明将其用于经营出租且持有意图。短期内不再发生变化的,即使尚未签订租赁协议,也应视为投资性房地产。这里的"空置建筑物"是指企业新购入、自行建造或开发完工但尚未使用的建筑物,以及不再用于日常生产经营活动且经整理后达到可经营出租状态的建筑物。对持有并准备增值后转让的土地使用权,其作为投资性房地产的确认时点为企业将自用土地使用权停止自用、准备增值后转让的日期。

投资性房地产应当按照成本进行初始计量。

(一) 外购投资性房地产的确认和初始计量

在采用成本模式计量下,外购的土地使用权和建筑物,按照取得时的实际成本进行初始计量,借记"投资性房地产"科目,贷记"银行存款"等科目。取得时的实际成本包括购买价款、相关税费和可直接归属于该资产的其他支出。企业购入的房地产,部分用于出租(或资本增值)、部分自用,用于出租(或资本增值)的部分应当予以单独确认的,应按照不同部分的公允价值占公允价值总额的比例将成本在不同部分之间进行分配。

在采用公允价值模式计量下,外购的投资性房地产应当按照取得时的实际成本进行初始计量,其实际成本的确定与采用成本模式计量的投资性房地产一致。企业应当在"投资性房地产"科目下设置"成本"和"公允价值变动"两个明细科目,按照外购的土地使用权和建筑物发生的实际成本,记入"投资性房地产——成本"科目。

采用公允价值模式计量的条件,将在第三节"投资性房地产的后续计量"中介绍。

【例8-1】2014年3月,甲企业计划购入一栋写字楼用于对外出租。3月15日,甲企业与乙企业签订了经营租赁合同,约定自写字楼购买日起将这栋写字楼出租给乙企业,为期5年。4月5日,甲企业实际购入写字楼,支付价款共计1200万元(假设不考虑其他因素,甲企业采用成本模式进行后续计量)。

甲企业的账务处理如下:

借:投资性房地产——写字楼　　　　　　　　　　　　12000000
　　贷:银行存款　　　　　　　　　　　　　　　　　　　　　12000000

【例8-2】沿用【例8-1】，假设甲企业拥有的投资性房地产符合采用公允价值计量模式的条件，采用公允价值模式进行后续计量。

甲企业的账务处理如下：

借：投资性房地产——成本（写字楼） 12000000
　　贷：银行存款 12000000

（二）自行建造投资性房地产的确认和初始计量

自行建造投资性房地产，其成本由建造该项资产达到预定可使用状态前发生的必要支出构成，包括土地开发费、建筑成本、安装成本、应予以资本化的借款费用、支付的其他费用和分摊的间接费用等。建造过程中发生的非正常性损失，直接计入当期损益，不计入建造成本。采用成本模式计量的，应按照确定的成本，借记"投资性房地产"科目，贷记"在建工程"或"开发成本"科目。采用公允价值模式计量的，应按照确定的成本，借记"投资性房地产——成本"科目，贷记"在建工程"或"开发成本"科目。

【例8-3】2014年1月，甲企业从其他单位购入一块土地的使用权，并在这块土地上开始自行建造三栋厂房。2014年10月，甲企业预计厂房即将完工，与乙公司签订了经营租赁合同，将其中的一栋厂房租赁给乙公司使用。租赁合同约定，该厂房于完工（达到预定可使用状态）时开始起租。2014年11月1日，三栋厂房同时完工（达到预定可使用状态）。该块土地使用权的成本为600万元；三栋厂房的实际造价均为1000万元，能够单独出售。假设甲企业采用成本计量模式。

甲企业的账务处理如下：

土地使用权中的对应部分同时转换为投资性房地产 = [600 × (1000 ÷ 3000)] = 200（万元）

借：投资性房地产——厂房 10000000
　　贷：在建工程 10000000
借：投资性房地产——土地使用权 2000000
　　贷：无形资产——土地使用权 2000000

（三）非投资性房地产转换为投资性房地产的确认和初始计量

非投资性房地产转换为投资性房地产，实质上是因房地产用途发生改变而对房地产进行的重新分类。转换日通常为租赁期开始日。房地产转换的计量将在本章第四节"投资性房地产的转换和处置"中进行介绍。

二、与投资性房地产有关的后续支出

（一）资本化的后续支出

与投资性房地产有关的后续支出，满足投资性房地产确认条件的，应当计入投资性房地产成本。例如，企业为了提高投资性房地产的使用效能，往往需要对投资性房地产进行改建、扩建而使其更加坚固耐用，或者通过装修而改善其室内装潢，改扩建或装修支出满足确认条件的，应当将其资本化。企业对某项投资性房地产进行改扩建等再开发且将来仍作为投资性房地产的，在再开发期间应继续将其作为投资性房地产，再开发期间不计提折旧或摊销。

【例8-4】2014年3月，甲企业与乙企业的一项厂房经营租赁合同即将到期。该厂房按照成本模式进行后续计量，原价为2000万元，已计提折旧600万元。为了提高厂房的租金收入，甲企业决定在租赁期满后对厂房进行改扩建，并与丙企业签订了经营租赁合同，约定自改扩建完工时将厂房出租给丙企业。3月15日，与乙企业的租赁合同到期，厂房随即进入改扩建工程。12月10日，厂房改扩建工程完工，共发生支出150万元，即日按照租赁合同出租给丙企业。假设甲企业采用成本计量模式。

本例中，改扩建支出属于资本化的后续支出，应当计入投资性房地产的成本。

甲企业的账务处理如下：

(1) 2014年3月15日，投资性房地产转入改扩建工程：

借：投资性房地产——厂房（在建）　　　　　　14000000
　　投资性房地产累计折旧　　　　　　　　　　6000000
　　贷：投资性房地产——厂房　　　　　　　　　　　20000000

(2) 2014年3月15日至12月10日：

借：投资性房地产——厂房（在建）　　　　　　1500000
　　贷：银行存款等　　　　　　　　　　　　　　　　1500000

(3) 2014年12月10日，改扩建工程完工：

借：投资性房地产——厂房　　　　　　　　　　15500000
　　贷：投资性房地产——厂房（在建）　　　　　　　15500000

【例8-5】2014年3月，甲企业与乙企业的一项厂房经营租赁合进行改扩建，并与丙企业签订了经营租赁合同，约定自改扩建完工时将厂房出租给丙企业。3月15日，与乙企业的租赁合同到期，厂房随即进入改扩建工程。11月10日，厂房改扩建工程完工，共发生支出150万元，即日起按照租赁合同出租给丙企业。3月15日，厂房账面余额为1200万元，其中成本1000万元，累计公允价值变动200万元。假设甲企业采用公允价值计量模式。

甲企业的账务处理如下：

(1) 2014年3月15日，投资性房地产转入改扩建工程：

借：投资性房地产——厂房（在建）　　　　　　12000000
　　贷：投资性房地产——成本　　　　　　　　　　　10000000
　　　　　　　　　　——公允价值变动　　　　　　　2000000

(2) 2014年3月15日至11月10日：

借：投资性房地产—厂房（在建）　　　　　　　1500000
　　贷：银行存款　　　　　　　　　　　　　　　　　1500000

(3) 2014年11月10日，改扩建工程完工：

借：投资性房地产——成本　　　　　　　　　　13500000
　　贷：投资性房地产——厂房（在建）　　　　　　　13500000

（二）费用化的后续支出

与投资性房地产有关的后续支出，不满足投资性房地产确认条件的，应当在发生时计入当期损益。例如，企业对投资性房地产进行日常维护发生一些支出。企业在发生投资性房地产费用化的后续支出时，借记"其他业务成本"等科目，贷记"银行存款"等科目。

【例8-6】甲企业对其某项投资性房地产进行日常维修，发生维修支出1.5万元。本例中，日常维修支出属于费用化的后续支出，应当计入当期损益。

甲企业的账务处理如下：

借：其他业务成本　　　　　　　　　　　　　　　　　15000
　　贷：银行存款等　　　　　　　　　　　　　　　　　　15000

第三节　投资性房地产的后续计量

投资性房地产后续计量，通常应当采用成本模式，只有满足特定条件的情况下才可以采用公允价值模式。但是，同一企业只能采用一种模式对所有投资性房地产进行后续计量，不得同时采用两种计量模式。

一、采用成本模式进行后续计量的投资性房地产

采用成本模式进行后续计量的投资性房地产，应当按照《企业会计准则第4号——固定资产》或《企业会计准则第6号——无形资产》的有关规定，按期（月）计提折旧或摊销，借记"其他业务成本"等科目，贷记"投资性房地产累计折旧（摊销）"科目。取得的租金收入，借记"银行存款"等科目，贷记"其他业务收入"等科目。

投资性房地产存在减值迹象的，还应当适用资产减值的有关规定。经减值测试后确定发生减值的，应当计提减值准备，借记"资产减值损失"科目，贷记"投资性房地产减值准备"科目。如果已经计提减值准备的投资性房地产的价值又得以恢复，不得转回。

【例8-7】甲企业的一栋办公楼出租给乙企业使用，已确认为投资性房地产，采用成本模式进行后续计量。假设这栋办公楼的成本为1800万元，按照直线法计提折旧，使用寿命为20年，预计净残值为零。按照经营租赁合同约定，乙企业每月支付甲企业租金8万元。当年12月，这栋办公楼发生减值迹象，经减值测试，其可收回金额为1200万元，此时办公楼的账面价值为1500万元，以前未计提减值准备。

甲企业的账务处理如下：

(1) 计提折旧：

每月计提的折旧 = 1800 ÷ 20 ÷ 12 = 7.5（万元）

```
借：其他业务成本                                    75000
    贷：投资性房地产累计折旧                              75000
```
(2) 确认租金：
```
借：银行存款（或其他应收款）                         80000
    贷：其他业务收入                                    80000
```
(3) 计提减值准备：
```
借：资产减值损失                                  3000000
    贷：投资性房地产减值准备                          3000000
```

二、采用公允价值模式进行后续计量的投资性房地产

　　企业存在确凿证据表明其投资性房地产的公允价值能够持续可靠取得的，可以对投资性房地产采用公允价值模式进行后续计量。企业选择公允价值模式，就应当对其所有投资性房地产采用公允价值模式进行后续计量，不得对一部分投资性房地产采用成本模式进行后续计量，对另一部分投资性房地产采用公允价值模式进行后续计量。在极少数情况下，采用公允价值对投资性房地产进行后续计量的企业，有证据表明，当企业首次取得某项投资性房地产（或某项现有房地产在完成建造或开发活动或改变用途后首次成为投资性房地产）时，该投资性房地产公允价值不能持续可靠取得的，应当对该投资性房地产采用成本模式计量直至处置，并假设无残值。但是，采用成本模式对投资性房地产进行后续计量的企业，即使有证据表明，企业首次取得某项投资性房地产时，该投资性房地产公允价值能够持续可靠取得，该企业仍应对该项投资性房地产采用成本模式进行后续计量。

　　采用公允价值模式计量的投资性房地产，应当同时满足下列条件：①投资性房地产所在地有活跃的房地产交易市场。所在地，通常指投资性房地产所在的城市。对于大中型城市，应当为投资性房地产所在的城区。②企业能够从活跃的房地产交易市场上取得同类或类似房地产的市场价格及其他相关信息，从而对投资性房地产的公允价值做出合理的估计。

　　投资性房地产的公允价值是指在公平交易中，熟悉情况的当事人之间自愿进行房地产交换的价格。确定投资性房地产的公允价值时，应当参照活跃市场上同类或类似房地产的现行市场价格（市场公开报价）；无法取得同类或类似房地产现行市场价格的，应当参照活跃市场上同类或类似房地产的最近交易价格，并考虑交易情况、交易日期、所在区域等因素，从而对投资性房地产的公允价值做出合理的估计；也可以基于预计未来获得的租金收益和相关现金流量的现值计量。"同类或类似"的房地产，对建筑物而言，是指所处地理位置和地理环境相同、性质相同、结构类型相同或相近、新旧程度相同或相近、可使用状况相同或相近的建筑物；对土地使用权而言，是指同一位置区域、所处地理环境相同或相近、可使用状况相同或相近的土地。

　　投资性房地产采用公允价值模式进行后续计量的，不计提折旧或摊销，应当以资产负债表日的公允价值计量。资产负债表日，投资性房地产的公允价值高于其账面余额的

差额，借记"投资性房地产——公允价值变动"科目，贷记"公允价值变动损益"科目；公允价值低于其账面余额的差额作相反的会计分录。

【例8-8】南风公司为从事房地产经营开发的企业。2014年8月，南风公司与乙公司签订租赁协议，约定将南风公司开发的一栋精装修的写字楼于开发完成的同时开始租赁给乙公司使用，租赁期为10年。当年10月1日，该写字楼开发完成并开始起租，写字楼的造价为9000万元。2014年12月31日，该写字楼的公允价值为9200万元。假设南风公司采用公允价值计量模式。

甲企业的账务处理如下：

(1) 2014年10月1日，南风公司开发完成写字楼并出租：

借：投资性房地产——成本　　　　　　　　　　　　　　　90000000
　　贷：开发成本　　　　　　　　　　　　　　　　　　　　90000000

(2) 2014年12月31日，按照公允价值为基础调整其账面价值；公允价值与原账面价值之间的差额计入当期损益：

借：投资性房地产——公允价值变动　　　　　　　　　　　2000000
　　贷：公允价值变动损益　　　　　　　　　　　　　　　　2000000

三、投资性房地产后续计量模式的变更

为保证会计信息的可比性，企业对投资性房地产的计量模式一经确定，不得随意变更。只有在房地产市场比较成熟、能够满足采用公允价值模式条件的情况下，才允许企业对投资性房地产从成本模式计量变更为公允价值模式计量。

成本模式转为公允价值模式的，应当作为会计政策变更处理，并按计量模式变更时公允价值与账面价值的差额调整期初留存收益。已采用公允价值模式计量的投资性房地产，不得从公允价值模式转为成本模式。

【例8-9】2013年，甲企业将一栋写字楼对外出租，采用成本模式进行后续计量。2015年2月1日，假设甲企业持有的投资性房地产满足采用公允价值模式条件，甲企业决定采用公允价值模式计量对该写字楼进行后续计量。2015年2月1日，该写字楼的原价为9000万元，已计提折旧270万元，账面价值为8730万元，公允价值为9500万元。甲企业按净利润的10%计提盈余公积。假定除上述对外出租的写字楼外，甲企业无其他的投资性房地产。

甲企业的账务处理如下：

借：投资性房地产——成本　　　　　　　　　　　　　　　95000000
　　投资性房地产累计折旧　　　　　　　　　　　　　　　　2700000
　　贷：投资性房地产　　　　　　　　　　　　　　　　　　90000000
　　　　利润分配——未分配利润　　　　　　　　　　　　　　6930000
　　　　盈余公积　　　　　　　　　　　　　　　　　　　　　770000

第四节　投资性房地产的转换和处置

一、投资性房地产的转换

(一) 投资性房地产转换形式和转换日

1. 房地产转换形式

房地产的转换，是因房地产用途发生改变而对房地产进行的重新分类。这里所说的房地产转换是针对房地产用途发生改变而言，而不是后续计量模式的转变。企业必须有确凿证据表明房地产用途发生改变，才能将投资性房地产转换为非投资性房地产或者将非投资性房地产转换为投资性房地产，例如自用的办公楼改为出租等。这里的确凿证据包括两个方面，一是企业董事会或类似机构应当就改变房地产用途形成正式的书面决议；二是房地产因用途改变而发生实际状态上的改变，如从自用状态改为出租状态。房地产转换形式主要包括：

(1) 投资性房地产开始自用，相应地由投资性房地产转换为固定资产或无形资产。投资性房地产开始自用是指企业将原来用于赚取租金或资本增值的房地产改为用于生产商品、提供劳务或者经营管理，例如，企业将出租的厂房收回，并用于生产本企业的产品。又如，从事房地产开发的企业将出租的开发产品收回，作为企业的固定资产使用。

(2) 作为存货的房地产，改为出租，通常指房地产开发企业将其持有的开发产品以经营租赁的方式出租，相应地由存货转换为投资性房地产。

(3) 自用土地使用权停止自用，用于赚取租金或资本增值，相应地由无形资产转换为投资性房地产。

(4) 自用建筑物停止自用，改为出租，相应地由固定资产转换为投资性房地产。

(5) 房地产企业将用于经营出租的房地产重新开发用于对外销售，从投资性房地产转为存货。

2. 投资性房地产转换日的确定

转换日的确定关系到资产的确认时点和入账价值，因此非常重要。转换日是指房地产的用途发生改变、状态相应发生改变的日期。转换日的确定标准主要包括：

(1) 投资性房地产开始自用，转换日是指房地产达到自用状态，企业开始将房地产用于生产商品、提供劳务或者经营管理的日期。

(2) 投资性房地产转换为存货，转换日为租赁期届满、企业董事会或类似机构做出书面决议明确表明将其重新开发用于对外销售的日期。

(3) 作为存货的房地产改为出租，或者自用建筑物或土地使用权停止自用改为出租，转换日通常为租赁期开始日。租赁期开始日是指承租人有权行使其使用租赁资产权利的日期。

(二) 投资性房地产转换为非投资性房地产

1. 采用成本模式进行后续计量的投资性房地产转换为自用房地产

企业将原本用于赚取租金或资本增值的房地产改用于生产商品、提供劳务或者经营管理，投资性房地产相应地转换为固定资产或无形资产。例如，企业将出租的厂房收回，并用于生产本企业的产品。在此种情况下，转换日为房地产达到自用状态，企业开始将房地产用于生产商品、提供劳务或者经营管理的日期。

企业将投资性房地产转换为自用房地产，应当按该项投资性房地产在转换日的账面余额、累计折旧或摊销、减值准备等，分别转入"固定资产""累计折旧""固定资产减值准备"等科目；按投资性房地产的账面余额，借记"固定资产"或"无形资产"科目，贷记"投资性房地产"科目；按已计提的折旧或摊销，借记"投资性房地产累计折旧（摊销）"科目，贷记"累计折旧"或"累计摊销"科目；原已计提减值准备的，借记"投资性房地产减值准备"科目，贷记"固定资产减值准备"或"无形资产减值准备"科目。

【例8-10】2014年8月1日，甲企业将出租在外的厂房收回，开始用于本企业生产商品。该项房地产账面价值为3765万元，其中，原价5000万元，累计已提折旧1235万元。假设甲企业采用成本计量模式。

甲企业的账务处理如下：

借：固定资产　　　　　　　　　　　　　　　　　　　50000000
　　投资性房地产累计折旧　　　　　　　　　　　　　　12350000
　　贷：投资性房地产　　　　　　　　　　　　　　　　50000000
　　　　累计折旧　　　　　　　　　　　　　　　　　　12350000

2. 采用公允价值模式进行后续计量的投资性房地产转为自用房地产

企业将采用公允价值模式计量的投资性房地产转换为自用房地产时，应当以其转换当日的公允价值作为自用房地产的账面价值，公允价值与原账面价值的差额计入当期损益。

转换日，按该项投资性房地产的公允价值，借记"固定资产"或"无形资产"科目，按该项投资性房地产的成本，贷记"投资性房地产——成本"科目，按该项投资性房地产的累计公允价值变动，贷记或借记"投资性房地产——公允价值变动"科目，按其差额，贷记或借记"公允价值变动损益"科目。

【例8-11】2014年10月15日，甲企业因租赁期满，将出租的写字楼收回，开始作为办公楼用于本企业的行政管理。2014年10月15日，该写字楼的公允价值为4800万元。该项房地产在转换前采用公允价值模式计量，原账面价值为4750万元，其中，成本为4500万元，公允价值变动为增值250万元。

甲企业的账务处理如下：

借：固定资产　　　　　　　　　　　　　　　　　　　48000000
　　贷：投资性房地产——成本　　　　　　　　　　　　45000000
　　　　　　　　　　——公允价值变动　　　　　　　　 2500000
　　　　公允价值变动损益　　　　　　　　　　　　　　　500000

3. 采用成本模式进行后续计量的投资性房地产转换为存货

房地产开发企业将用于经营出租的房地产重新开发用于对外销售的,从投资性房地产转换为存货。这种情况下,转换日为租赁期届满、企业董事会或类似机构做出书面决议明确表明将其重新开发用于对外销售的日期。

企业将投资性房地产转换为存货时,应当按照该项房地产在转换日的账面价值,借记"开发产品"科目,按照已计提的折旧或摊销,借记"投资性房地产累计折旧(摊销)"科目,原已计提减值准备的,借记"投资性房地产减值准备"科目,按其账面余额,贷记"投资性房地产"科目。

4. 采用公允价值模式进行后续计量的投资性房地产转换为存货

企业将采用公允价值模式计量的投资性房地产转换为存货时,应当以其转换当日的公允价值作为存货的账面价值,公允价值与原账面价值的差额计入当期损益。

转换日,按该项投资性房地产的公允价值,借记"开发产品"等科目,按该项投资性房地产的成本,贷记"投资性房地产——成本"科目;按该项投资性房地产的累计公允价值变动,贷记或借记"投资性房地产——公允价值变动"科目;按其差额,贷记或借记"公允价值变动损益"科目。

【例8-12】甲房地产开发企业将其开发的部分写字楼用于对外经营租赁。2008年10月15日,因租赁期满,甲企业将出租的写字楼收回,并做出书面决议,将该写字楼重新开发用于对外销售,即由投资性房地产转换为存货,当日的公允价值为5800万元。该项房地产在转换前采用公允价值模式计量,原账面价值为5600万元,其中,成本为5000万元,公允价值增值为600万元。

甲企业的账务处理如下:

借:开发产品　　　　　　　　　　　　　　　　　　　58000000
　　贷:投资性房地产——成本　　　　　　　　　　　　50000000
　　　　　　　　　　——公允价值变动　　　　　　　　 6000000
　　　　公允价值变动损益　　　　　　　　　　　　　　 2000000

(三) 非投资性房地产转换为投资性房地产

1. 非投资性房地产转换为采用成本模式进行后续计量的投资性房地产

(1) 作为存货的房地产转换为投资性房地产。作为存货的房地产转换为投资性房地产,通常指房地产开发企业将其持有的开发产品以经营租赁的方式出租,存货相应地转换为投资性房地产。这种情况下,转换日通常为房地产的租赁期开始日。租赁期开始日是指承租人有权行使其使用租赁资产权利的日期。一般而言,对于企业自行建造或开发完成但尚未使用的建筑物,如果企业董事会或类似机构正式做出书面决议,明确表明其自行建造或开发产品用于经营出租、持有意图短期内不再发生变化的,应视为存货转换为投资性房地产,转换日为企业董事会或类似机构做出书面决议的日期。

企业将作为存货的房地产转换为采用成本模式计量的投资性房地产,应当按该项存货在转换日的账面价值,借记"投资性房地产"科目,原已计提跌价准备的,借记"存货跌价准备"科目,按其账面余额,贷记"开发产品"等科目。

【例8-13】甲企业是从事房地产开发业务的企业,2014年3月10日,甲企业与乙企业签订了租赁协议，将其开发的一栋写字楼出租给乙企业使用，租赁期开始日为2014年4月15日。2014年4月15日，该写字楼的账面余额45000万元，未计提存货跌价准备。假设甲企业采用成本模式对其投资性房地产进行后续计量。

甲企业的账务处理如下：

借：投资性房地产——写字楼　　　　　　　　　　450000000
　　贷：开发产品　　　　　　　　　　　　　　　　　　450000000

（2）自用房地产转换为投资性房地产。企业将原本用于日常生产商品、提供劳务或者经营管理的房地产改用于出租，通常应于租赁期开始日，按照固定资产或无形资产的账面价值，将固定资产或无形资产相应地转换为投资性房地产。对不再用于日常生产经营活动且经整理后达到可经营出租状况的房地产，如果企业董事会或类似机构正式做出书面决议，明确表明其自用房地产用于经营出租且持有意图短期内不再发生变化的，应视为自用房地产转换为投资性房地产，转换日为企业董事会或类似机构正式做出书面决议的日期。

企业将自用土地使用权或建筑物转换为以成本模式计量的投资性房地产时，应当按该项建筑物或土地使用权在转换日的原价、累计折旧、减值准备等，分别转入"投资性房地产""投资性房地产累计折旧（摊销）""投资性房地产减值准备"科目，按其账面余额，借记"投资性房地产"科目，贷记"固定资产"或"无形资产"科目，按已计提的折旧或摊销，借记"累计摊销"或"累计折旧"科目，贷记"投资性房地产累计折旧（摊销）"科目，原已计提减值准备的，借记"固定资产减值准备"或"无形资产减值准备"科目，贷记"投资性房地产减值准备"科目。

【例8-14】甲企业拥有一栋办公楼，用于本企业总部办公。2014年3月10日，甲企业与乙企业签订了经营租赁协议，将该栋办公楼整体出租给乙企业使用，租赁期开始日为2014年4月15日，为期5年。2014年4月15日，该栋办公楼的账面余额为45000万元，已计提折旧300万元。假设甲企业采用成本计量模式。

甲企业的账务处理如下：

借：投资性房地产——写字楼　　　　　　　　　　450000000
　　累计折旧　　　　　　　　　　　　　　　　　　　3000000
　　贷：固定资产　　　　　　　　　　　　　　　　　450000000
　　　　投资性房地产累计折旧　　　　　　　　　　　　3000000

2. 非投资性房地产转换为采用公允价值进行后续计量的投资性房地产

（1）作为存货的房地产转换为投资性房地产。企业将作为存货的房地产转换为采用公允价值模式计量的投资性房地产，应当按该项房地产在转换日的公允价值入账，借记"投资性房地产——成本"科目，原已计提跌价准备的，借记"存货跌价准备"科目；按其账面余额，贷记"开发产品"等科目。同时，转换日的公允价值小于账面价值的，按其差额，借记"公允价值变动损益"科目；转换日的公允价值大于账面价值的，按其差额，贷记"其他综合收益"科目。当该项投资性房地产处置时，因转换计入其他综合收益的部分应转入当期损益。

【例8-15】2014年3月10日，甲房地产开发公司与乙企业签订了租赁协议，将其开发的一栋写字楼出租给乙企业。租赁期开始日为 2014 年 4 月 15 日。2014 年 4 月 15 日，该写字楼的账面余额为 45000 万元，公允价值为 47000 万元。2014 年 12 月 31 日，该项投资性房地产的公允价值为 48000 万元。

甲企业的账务处理如下：

1) 2008 年 4 月 15 日：

借：投资性房地产——成本　　　　　　　　　　　　　　470000000
　　贷：开发产品　　　　　　　　　　　　　　　　　　　450000000
　　　　其他综合收益　　　　　　　　　　　　　　　　　 20000000

2) 2008 年 12 月 31 日：

借：投资性房地产——公允价值变动　　　　　　　　　　 10000000
　　贷：公允价值变动损益　　　　　　　　　　　　　　　 10000000

（2）自用房地产转换为投资性房地产。企业将自用房地产转换为采用公允价值模式计量的投资性房地产，应当按该项土地使用权或建筑物在转换日的公允价值，借记"投资性房地产——成本"科目，按已计提的累计摊销或累计折旧，借记"累计摊销"或"累计折旧"科目；原已计提减值准备的，借记"无形资产减值准备""固定资产减值准备"科目；按其账面余额，贷记"固定资产"或"无形资产"科目。同时，转换日的公允价值小于账面价值的，按其差额，借记"公允价值变动损益"科目；转换日的公允价值大于账面价值的，按其差额，贷记"资本公积——其他资本公积"科目。当该项投资性房地产处置时，因转换计入资本公积的部分应转入当期损益。

【例 8-16】2014 年 6 月，甲企业打算搬迁至新建办公楼，由于原办公楼处于商业繁华地段，甲企业准备将其出租，以赚取租金收入。2014 年 10 月 30 日，甲企业完成了搬迁工作，原办公楼停止自用，并与乙企业签订了租赁协议，将其原办公楼租赁给乙企业使用，租赁期开始日为 2014 年 10 月 30 日，租赁期限为 3 年。2014 年 10 月 30 日，该办公楼原价为 5 亿元，已提折旧 14250 万元，公允价值为 35000 万元。假设甲企业对投资性房地产采用公允价值模式计量。

甲企业的账务处理如下：

借：投资性房地产——成本　　　　　　　　　　　　　　350000000
　　公允价值变动损益　　　　　　　　　　　　　　　　　 7500000
　　累计折旧　　　　　　　　　　　　　　　　　　　　　142500000
　　贷：固定资产　　　　　　　　　　　　　　　　　　　500000000

二、投资性房地产的处置

当投资性房地产被处置，或者永久退出使用且预计不能从其处置中取得经济利益时，应当终止确认该项投资性房地产。

企业可以通过对外出售或转让的方式处置投资性房地产取得收益。对于那些由于使用而不断磨损直到最终报废，或者由于遭受自然灾害等非正常原因发生毁损的投资性房地产应当及时进行清理。此外，企业因其他原因，如非货币性交易等而减少投资性房地产也属于投资性房地产的处置。企业出售、转让、报废投资性房地产或者发生投资性房地产毁损，应当将处置收入扣除其账面价值和相关税费后的金额计入当期损益。

（一）采用成本模式计量的投资性房地产的处置

处置采用成本模式进行后续计量的投资性房地产时，应当按实际收到的金额，借记"银行存款"等科目，贷记"其他业务收入"科目；按该项投资性房地产的账面价值，借记"其他业务成本"科目，按其账面余额，贷记"投资性房地产"科目，按照已计提的折旧或摊销，借记"投资性房地产累计折旧（摊销）"科目，原已计提减值准备的，借记"投资性房地产减值准备"科目。

【例 8-17】南风公司将其出租的一栋写字楼确认为投资性房地产，采用成本模式计量。租赁期届满后，南风公司将该栋写字楼出售给乙公司，合同价款为 30000 万元，乙公司已用银行存款付清。出售时，该栋写字楼的成本为 28000 万元，已计提折旧 3000 万元。假设不考虑相关税费。

甲企业的账务处理如下：

借：银行存款　　　　　　　　　　　　　　　　　　　　300000000
　　　贷：其他业务收入　　　　　　　　　　　　　　　　　300000000
借：其他业务成本　　　　　　　　　　　　　　　　　　250000000
　　投资性房地产累计折旧　　　　　　　　　　　　　　30000000
　　　贷：投资性房地产——写字楼　　　　　　　　　　　280000000

（二）采用公允价值模式计量的投资性房地产的处置

处置采用公允价值模式计量的投资性房地产，应当按实际收到的金额，借记"银行存款"等科目，贷记"其他业务收入"科目；按该项投资性房地产的账面余额，借记"其他业务成本"科目，按其成本，贷记"投资性房地产——成本"科目，按其累计公允价值变动，贷记或借记"投资性房地产——公允价值变动"科目。同时结转投资性房地产累计公允价值变动。若存在原转换日计入资本公积的金额，也一并结转。

【例 8-18】甲为一家房地产开发企业，2016 年 3 月 10 日，甲企业与乙企业签订了租赁协议，将其开发的一栋写字楼出租给乙企业使用，租赁期开始日为 2016 年 4 月 15 日。2016 年 4 月 15 日，该写字楼的账面余额为 45000 万元，公允价值为 47000 万元。2016 年 12 月 31 日，该项投资性房地产的公允价值为 48000 万元。2017 年 6 月租赁期届满，企业收回该项投资性房地产，并以 55500 万元出售，出售款项已收讫。甲企业采用公允价值模式计量，增值税税率 11%。

甲企业的账务处理如下：

（1）2016 年 4 月 15 日，存货转换为投资性房地产。

借：投资性房地产——成本　　　　　　　　　　　　　　470000000
　　　贷：开发产品　　　　　　　　　　　　　　　　　　450000000
　　　　　其他综合收益　　　　　　　　　　　　　　　　20000000

（2）2016 年 12 月 31 日，公允价值变动。

借：投资性房地产——公允价值变动　　　　　　　　　　10000000

贷：公允价值变动损益　　　　　　　　　　　　　　　　10000000

（3）2017 年 6 月，出售投资性房地产。

反映收入：

借：银行存款　　　　　　　　　　　　　　　　　　　555000000
　　贷：其他业务收入　　　　　　　　　　　　　　　　500000000
　　　　应交税费——应交增值税　　　　　　　　　　　55000000

结转账面价值：

借：公允价值变动损益　　　　　　　　　　　　　　　　10000000
　　其他综合收益　　　　　　　　　　　　　　　　　　20000000
　　其他业务成本　　　　　　　　　　　　　　　　　　450000000
　　贷：投资性房地产——成本　　　　　　　　　　　　470000000
　　　　　　　　　　　——公允价值变动　　　　　　　10000000

或简化核算，合并为：

借：银行存款　　　　　　　　　　　　　　　　　　　555000000
　　公允价值变动损益　　　　　　　　　　　　　　　　10000000
　　其他综合收益　　　　　　　　　　　　　　　　　　20000000
　　其他业务成本　　　　　　　　　　　　　　　　　　450000000
　　贷：投资性房地产——成本　　　　　　　　　　　　470000000
　　　　　　　　　　　——公允价值变动　　　　　　　10000000
　　　　其他业务收入　　　　　　　　　　　　　　　　500000000
　　　　应交税费——应交增值税　　　　　　　　　　　55000000

第九章 负　　债

第一节　流动负债

一、短期借款

短期借款是指企业向银行或其他金融机构等借入的期限在1年以下（含1年）的各种借款。企业借入的短期借款构成了一项负债。对于企业发生的短期借款，应设置"短期借款"科目核算；每个资产负债表日，企业应计算确定短期借款的应计利息，按照应计的金额，借记"财务费用""利息支出（金融企业）"等科目，贷记"应付利息"等科目。

二、以公允价值计量且其变动计入当期损益的金融负债

金融负债是负债的组成部分，主要包括短期借款、应付票据、应付债券、长期借款等。金融负债应按照企业会计准则中关于金融工具确认和计量的规定进行会计处理。

企业应当结合自身业务特点和风险管理要求，将承担的金融负债在初始确认时分为以下两类：①以公允价值计量且其变动计入当期损益的金融负债；②其他金融负债。其他金融负债是指没有划分为以公允价值计量且其变动计入当期损益的金融负债。通常情况下，包括企业购买商品或服务形成的应付账款、长期借款、商业银行吸收的客户存款等。

企业应在金融负债初始确认时将其进行分类后，不能随意变更。确认时划分为以公允价值计量且其变动计入当期损益的金融负债，不能重新分类为其他金融负债；其他负债也不能重新分类为以公允价值计量且其变动计入当期损益的金融负债。

企业应当在成为金融工具合同的一方时确认金融资产或金融负债；在金融负债的现时义务全部或部分已经解除时，终止确认该金融负债或其一部分。

金融负债应当以公允价值进行初始计量，以公允价值计量且变动计入当期损益的金融负债，应按照公允价值进行后续计量。不属于指定为以公允价值计量且其变动计入当期损益的金融负债的财务担保合同和低于市场利率贷款的贷款承诺，应按照下列两项金

额中的较高者进行后续计量：

（1）按照《或有事项》准则确定的金额。

（2）初始确认金额扣除按照《收入》准则原则确定的累计转销额后的余额。其他金融负债应按照公允价值和相关交易费用作为初始确认金额，应按照实际利率法计算确定的摊余成本进行后续计量。

本节主要阐述以公允价值计量且其变动计入当期损益的金融负债的会计处理，其他金融负债的会计处理方法在本章第二节"非流动负债"等部分中阐述。

（一）以公允价值计量且其变动计入当期损益的金融负债概述

以公允价值计量且其变动计入当期损益的金融负债，包括交易性金融负债和直接指定为以公允价值计量且其变动计入当期损益的金融负债。

1. 交易性金融负债

满足以下条件之一的金融负债，应当划分为交易性金融负债：

（1）承担该金融负债的目的，主要是为了近期内出售或回购。

（2）属于进行集中管理的可辨认金融工具组合的一部分，且有客观证据表明企业近期采用短期获利方式对该组合进行管理。在这种情况下，即使组合中有某个组成项目持有的期限稍长也不受影响。

（3）属于衍生工具。但是，被指定为有效套期工具的衍生工具、属于财务担保合同的衍生工具、与在活跃市场中没有报价且其公允价值不能可靠计量的权益工具投资挂钩并须通过交付该权益工具结算的衍生工具除外。其中，财务担保合同是指保证人和债权人约定，当债务人不履行债务时，保证人按照约定履行债务或者承担责任的合同。

2. 直接指定为以公允价值计量且其变动计入当期损益的金融负债

对于包括一项或多项嵌入衍生工具的混合工具，企业可以将整个混合工具直接指定为以公允价值计量且其变动计入当期损益的金融负债，但以下两种情况除外：

（1）嵌入衍生工具对混合工具的现金流量没有重大改变。

（2）类似混合工具所嵌入的衍生工具明显不应从混合工具中分拆。

对于混合工具以外的金融负债，只有能够产生更相关的会计信息时才能将该项金融负债直接指定为以公允价值计量且其变动计入当期损益的金融负债。

符合以下条件之一，说明直接指定能够产生更相关的会计信息：

（1）该指定可以消除或明显减少由于该金融负债的计量基础不同而导致的相关利得或损失在确认和计量方面不一致的情况。

设立这项条件，目的在于通过直接指定为以公允价值计量，并将其变动计入当期损益，以消除会计上可能存在的不配比现象。例如，有些金融资产可以被划分为交易性金融资产，从而其公允价值变动计入当期损益；但与之直接相关的金融负债却以摊余成本进行后续计量，从而导致"会计不配比"。但是，如果将以上金融资产和金融负债均直接指定为以公允价值计量且其变动计入当期损益类，那么这种会计上的不配比就能够消除。

（2）企业的风险管理或投资策略的正式书面文件已载明，该金融负债组合或该金融资产和金融负债组合，以公允价值为基础进行管理、评价并向关键管理人员报告。

（二）以公允价值计量且其变动计入当期损益的金融负债的会计处理

1. 确认和终止确认

企业成为金融工具合同的一方并承担相应义务时确认金融负债。根据此确认条件，对于由衍生工具合同形成的义务，企业应当将其确认为金融负债。但是如果衍生工具涉及金融资产转移且导致金融资产转移不符合终止确认条件的则不再确认该项义务为金融负债，以避免企业重复确认负债。企业应当在金融负债的现时义务全部或部分已经解除时，终止确认该金融负债或其一部分。

【例9-1】 某企业因购买商品于2017年3月1日确认了一项应付账款2000万元。按合同约定，该企业于2017年4月1日支付银行存款2000万元解除了相关现时义务，为此，该企业应将应付账款2000万元从账上转销。如果按合同约定，货款应于2017年4月1日、4月30日分两次等额清偿。那么，该企业应在4月1日支付银行存款1000万元时，终止确认应付账款1000万元（终止确认该金融负债50%）；在4月30日支付剩余的货款1000万元时，终止确认应付账款1000万元。

金融负债现时义务的解除可能还会涉及其他复杂情形，企业应当注重分析交易的法律形式和经济实质来决定是否应全部或部分终止确认金融负债。

（1）企业将用于偿付金融负债的资产转入某个机构或设立信托，偿付债务的义务仍存在的，不应当终止确认该金融负债，也不能终止确认转出的资产。虽然企业已为金融负债设立了"偿债基金"，但金融负债对应的债权人拥有全额追索的权利时，不能认为企业的相关现时义务已解除，从而不能终止确认金融负债。

（2）企业（债务人）与债权人之间签订协议，以承担新金融负债方式替换现存金融负债，且新金融负债与现存金融负债的合同条款实质上不同的，应当终止确认现存金融负债，并同时确认新金融负债。其中，"实质上不同"是指按照新的合同条款，金融负债未来现金流量现值与原金融负债的剩余期间现金流量现值之间的差异至少相差10%。有关现值的计算均采用原金融负债的实际利率。

（3）企业回购金融负债一部分的，应当在回购日按照继续确认部分和终止确认部分的公允价值的相对比例，将该金融负债整体的账面价值进行分配。分配给终止确认部分的账面价值与支付的对价（包括转出的非现金资产或承担的新金融负债）之间的差额，计入当期损益。

2. 初始计量和后续计量

对于以公允价值计量且其变动计入当期损益的金融负债，应按照其公允价值进行初始计量和后续计量，相关交易费用应当在发生时直接计入当期损益。其中，金融负债的公允价值，一般应当以市场交易价格为基础确定。

金融负债初始计量时的公允价值通常以实际交易价格，即所收到或支付对价的公允价值为基础确定。但是，如果对价的一部分并非直接针对该金融工具，该金融工具的公允价值则应运用估值技术确定，而非直接以实际交易价格作为公允价值。

交易费用，是指可直接归属于购买、发行或处置金融工具新增的外部费用。新增的外部费用，是指企业不购买、发行或处置金融工具就不会发生的费用，包括支付给代理机构、咨询公司、券商等的手续费和佣金及其他必要支出，不包括债券溢价、折价、融资费用、内部管理成本及其他与交易不直接相关的费用。交易费用构成实际利息的组成部分。

对于以公允价值计量且其变动计入当期损益的金融负债，其公允价值变动形成利得或损失，除与套期保值有关外，应当计入当期损益。

企业对于以公允价值计量且其变动计入当期损益的金融负债，应当设置"交易性金融负债"科目核算其公允价值。

三、应付票据

应付票据是由出票人出票，委托付款人在指定日期无条件支付特定的金额给收款人或者持票人的票据。企业应设置"应付票据"科目进行核算。应付票据按是否带息分为带息应付票据和不带息应付票据两种。

（一）带息应付票据的处理

由于我国商业汇票期限较短，在期末，通常对尚未支付的应付票据计提利息：计入当期财务费用；票据到期支付票款时，尚未计提的利息部分直接计入当期财务费用。

（二）不带息应付票据的处理

不带息应付票据，其面值就是票据到期时的应付金额。

【例9-2】某企业为增值税一般纳税人，采购原材料采用商业汇票方式结算货款，根据有关发票账单，购入材料的实际成本为15万元，增值税专用发票上注明的增值税为2.55万元。材料已经验收入库。企业开出3个月承兑的不带息商业汇票，并用银行存款支付运杂费。该企业采用实际成本进行材料的日常核算，根据上述资料，企业应作如下会计分录：

借：原材料　　　　　　　　　　　　　　　　　　　　　150000
　　应交税费——应交增值税（进项税税额）　　　　　　25500
　　贷：应付票据　　　　　　　　　　　　　　　　　　175500

开出并承兑的商业承兑汇票如果不能如期支付的，应在票据到期时，将"应付票据"账面价值转入"应付账款"科目，待协商后再行处理。如果重新签发新的票据以清偿原应付票据的，再从"应付账款"科目转入"应付票据"科目。银行承兑汇票如果票据到期，企业无力支付到期票款时，承兑银行除凭票向持票人无条件付款外，对出票人尚未支付的汇票金额转作逾期贷款处理。企业无力支付到期银行承兑汇票，在接到银行转来的"××号汇票无款支付转入逾期贷款户"等有关凭证时，借记"应付票据"科目，贷记"短期借款"科目。对计收的利息，按短期借款利息的处理办法处理。

四、应付及预收款项

（一）应付账款

应付账款指因购买材料、商品或接受劳务供应等而发生的债务。这是买卖双方由于取得物资或服务与支付货款在时间上不一致而产生的负债。

应付账款入账时间的确定，一般应以与所购买物资所有权有关的风险和报酬已经转移或劳务已经接受为标志。但在实际工作中，一般是区别下列情况处理：在物资和发票账单同时到达的情况下，应付账款一般待物资验收入库后，才按发票账单登记入账，这主要是为了确认所购入的物资是否在质量、数量和品种上都与合同上订明的条件相符，以免因先入账而在验收入库时发现购入物资错、漏、破损等问题再行调账，在会计期末仍未完成验收的，则应先按合理估计金额将物资和应付债务入账，事后发现问题再行更正；在物资和发票账单未同时到达的情况下，由于应付账款需根据发票账单登记入账，有时货物已到，发票账单要间隔较长时间才能到达，由于这笔负债已经成立，应作为一项负债反映。为在资产负债表上客观反映企业所拥有的资产和承担的债务，在实际工作中采用在月份终了将所购物资和应付债务估计入账，待下月初再用红字予以冲回的办法。因购买商品等而产生的应付账款，应设置"应付账款"科目进行核算，用以反映这部分负债的价值。

应付账款一般按应付金额入账，而不按到期应付金额的现值入账。如果购入的资产在形成一笔应付账款时是带有现金折扣的，应付账款入账金额的确定按发票上记载的应付金额的总值（即不扣除折扣）记账。在这种方法下，应按发票上记载的全部应付金额，借记有关科目，贷记"应付账款"科目；获得的现金折扣冲减财务费用。

（二）预收账款

预收账款是买卖双方协议商定，由购货方预先支付一部分货款给供应方而发生的一项负债。预收账款的核算应视企业的具体情况而定。如果预收账款比较多的，可以设置"预收账款"科目；预收账款不多的，也可以不设置"预收账款"科目，直接记入"应收账款"科目的贷方。单独设置"预收账款"科目核算的，其"预收账款"科目的贷方，反映预收的货款和补付的货款；借方反映应收的货款和退回多收的货款；期末贷方余额，反映尚未结清的预收款项，借方余额反映应收的款项。

五、职工薪酬

（一）职工薪酬的内容

职工薪酬是指企业为获得职工提供的服务而给予各种形式的报酬以及其他相关支出。这里所称"职工"比较宽泛，包括三类人员：一是与企业订立劳动合同的所有人员，含全职、兼职和临时职工；二是未与企业订立劳动合同，但由企业正式任命的企业治理层和管理层人员，如董事会成员、监事会成员等，尽管有些董事会、监事会成员不是本企业员工，未与企业订立劳动合同，但对其发放的津贴、补贴等仍属于职工薪酬；三是在企业的计划和控制下，虽未与企业订立劳动合同或未由其正式任命，但为其提供与职工类似服务的人员，如通过中介机构签订用工合同，为企业提供与本企业职工类似服务的人员。

职工薪酬核算企业因职工提供服务而支付的或放弃的对价，企业需要全面综合考虑职工薪酬的内容，以确保其准确性。职工薪酬主要包括以下内容：

1. 职工工资、奖金、津贴和补贴

职工工资、奖金、津贴和补贴是指构成工资总额的计时工资、计件工资、支付给职工的超额劳动报酬和增收节支的劳动报酬，为了补偿职工特殊或额外的劳动消耗和因其他特殊原因支付给职工的津贴，以及为了保证职工工资水平不受物价影响支付给职工的物价补贴等。

2. 职工福利费

职工福利费主要是尚未实行医疗统筹企业职工的医疗费用、职工因公负伤赴外地就医路费、职工生活困难补助，以及按照国家规定开支的其他职工福利支出。

3. 医疗保险费、养老保险费、失业保险费、工伤保险费和生育保险费等社会保险费

医疗保险费、养老保险费、失业保险费、工伤保险费和生育保险费等社会保险费是指企业按照国务院、各地方政府规定的基准和比例计算，向社会保险经办机构缴纳的医疗保险费、养老保险费、失业保险费、工伤保险费和生育保险费。企业按照年金计划规定的基准和比例计算，向企业年金管理人缴纳的补充养老保险，以及企业以购买商业保险形式提供给职工的各种保险待遇属于企业提供的职工薪酬，应当按照职工薪酬的原则进行确认、计量和披露。

我国养老保险分为三个层次：第一层次是社会统筹与职工个人账户相结合的基本养老保险；第二层次是企业补充养老保险；第三层次是个人储蓄性养老保险，属于职工个人的行为，与企业无关，不属于职工薪酬核算的范畴。

（1）基本养老保险制度。根据我国养老保险制度相关文件的规定，职工养老保险待遇即受益水平与企业在职工提供服务各期的缴费水平不直接挂钩，企业承担的义务仅限于按照规定标准提存的金额，属于国际财务报告准则中所称的设定提存计划。设定提存计划是指企业向一个独立主体（通常是基金）支付固定提存金，如果该基金不能拥有足够资产以支付与当期和以前期间职工服务相关的所有职工福利，企业不再负有进一步支付提存金的法定义务和推定义务。因此，在设定提存计划下，企业在每一期间的义务取决于企业在该期间提存的金额，由于提存额一般都是在职工提供服务期末 12 个月以内到期支付，计量该类义务一般不需要折现。

我国企业为职工建立的其他社会保险如医疗保险、失业保险、工伤保险和生育保险，也是根据国务院条例的规定，由社会保险经办机构负责收缴、发放和保值增值，企业承担的义务亦仅限于按照国务院规定由企业所在地政府规定的标准，与基本养老保险一样，同样属于设定提存计划。

（2）补充养老保险制度。为更好地保障企业职工退休后的生活，依法参加基本养老保险并履行缴费义务、具有相应的经济负担能力并已建立集体协商机制的企业，经有关部门批准，可申请建立企业年金，企业年金是企业及其职工在依法参加基本养老保险的基础上，自愿建立的补充养老保险制度。我国以年金形式建立的补充养老保险制度属于企业"缴费确定型"计划，即以缴费的情况确定企业年金待遇的养老金模式，企业缴费亦是根据参加计划职工的工资、级别、工龄等因素，在计划中明确规定，以后期间不再调整。从企业承担义务的角度来看，我国企业的补充养老保险缴费也属于设定提存计划。

由此可见，在我国，无论是基本养老保险还是补充养老保险制度，企业对职工的义务仅限于按照省、自治区、直辖市或地（市）政府或企业年金计划规定缴费的部分，没有进一步的支付义务，均应当按照与国际财务报告准则中设定提存计划相同的原则处理。因此，无论是支付的基本养老保险费，还是补充养老保险费，企业都应当在职工提供服务的会计期间根据规定标准计提，按照受益对象进行分配，计入相关资产成本或当期损益。

4. 住房公积金

住房公积金是指企业按照国家规定的基准和比例计算，向住房公积金管理机构缴存的住房公积金。

5. 工会经费和职工教育经费

工会经费和职工教育经费是指企业为了改善职工文化生活、为职工学习先进技术和提高文化水平和业务素质，用于开展工会活动和职工教育及职业技能培训等相关支出。

6. 非货币性福利

非货币性福利是指企业以自己的产品或外购商品发放给职工作为福利，企业提供给职工无偿使用自己拥有的资产或租赁资产供职工无偿使用，比如提供给企业高级管理人员使用的住房等，免费为职工提供诸如医疗保健服务或向职工提供企业支付了一定补贴的商品或服务等，比如以低于成本的价格向职工出售住房等。

7. 因解除与职工的劳动关系给予的补偿

即指由于分离办社会职能、实施主辅分离辅业改制分流安置富余人员、实施重组、改组计划、职工不能胜任等原因，企业在职工劳动合同尚未到期之前解除与职工的劳动关系，或者为鼓励职工自愿接受裁减而提出补偿建议的计划中给予职工的经济补偿，即国际财务报告准则中所指的辞退福利。

8. 其他与获得职工提供的服务相关的支出

其他与获得职工提供的服务相关的支出是指除上述7种薪酬以外的其他为获得职工提供的服务而给予的薪酬，比如企业提供给职工以权益形式结算的认股权、以现金形式结算但以权益工具公允价值为基础确定的现金股票增值权等。

总之，从薪酬的涵盖时间和支付形式来看，职工薪酬包括企业在职工在职期间和离职后给予的所有货币性薪酬和非货币性福利；从薪酬的支付对象来看，职工薪酬包括提供给职工本人及其配偶、子女或其他被赡养人的福利，比如支付给因公伤亡职工的配偶、子女或其他被赡养人的抚恤金。

（二）职工薪酬的确认和计量

企业应当在职工为其提供服务的会计期间，将应付的职工薪酬确认为负债，除因解除与职工的劳动关系给予的补偿外，应当根据职工提供服务的受益对象，分别按下列情况处理：

（1）应由生产产品、提供劳务负担的职工薪酬，计入产品成本或劳务成本。生产产品、提供劳务中的直接生产人员和直接提供劳务人员发生的职工薪酬，计入存货成本，但非正常消耗的直接生产人员和直接提供劳务人员的职工薪酬，应当在发生时确认为当期损益。

(2) 应由在建工程、无形资产负担的职工薪酬，计入建造固定资产或无形资产成本。自行建造固定资产和自行研究开发无形资产过程中发生的职工薪酬，能否计入固定资产或无形资产成本，取决于相关资产的成本确定原则。比如企业在研究阶段发生的职工薪酬不能计入自行开发无形资产的成本，在开发阶段发生的职工薪酬，符合无形资产资本化条件的，应当计入自行开发无形资产的成本。

(3) 上述两项之外的其他职工薪酬，计入当期损益。除直接生产人员、直接提供劳务人员、符合准则规定条件的建造固定资产人员、开发无形资产人员以外的职工，包括公司总部管理人员、董事会成员、监事会成员等人员相关的职工薪酬，因难以确定直接对应的受益对象，均应当在发生时计入当期损益。

1. 货币性职工薪酬的计量

对于货币性薪酬，企业一般应当根据职工提供服务情况和职工货币薪酬的标准，计算应计入职工薪酬的金额，按照受益对象计入相关成本或当期费用，借记"生产成本""管理费用"等科目，贷记"应付职工薪酬"科目；发放时，借记"应付职工薪酬"科目，贷记"银行存款"等科目。在确定应付职工薪酬和应当计入成本费用的职工薪酬金额时，企业还有两种特殊情况：

(1) 对于国务院有关部门、省、自治区、直辖市人民政府或经批准的企业年金计划规定了计提基础和计提比例的职工薪酬项目，企业应当按照规定的计提标准，计量企业承担的职工薪酬、义务和计入成本费用的职工薪酬。其中：①"五险一金"。对于医疗保险费、养老保险费、失业保险费、工伤保险费、生育保险费和住房公积金，企业应当按照国务院、所在地政府或企业年金计划规定的标准计量应付职工薪酬义务和应相应计入成本费用的薪酬金额。②工会经费和职工教育经费。企业应当按照国家相关规定，分别按照职工工资总额的 2% 和 1.5% 计量应付职工薪酬（工会经费、职工教育经费）义务金额和应相应计入成本费用的薪酬金额；从业人员技术要求高、培训任务重、经济效益好的企业，可根据国家相关规定，按照职工工资总额的 2.5% 计量应计入成本费用的职工教育经费。按照明确标准计算确定应承担的职工薪酬义务后，再根据受益对象计入相关资产的成本或当期费用。

(2) 对于国家（包括省、市、自治区政府）相关法律法规没有明确规定计提基础和计提比例的职工福利费，企业应当根据历史经验数据和自身实际情况，预计应付职工薪酬金额和应计入成本费用的薪酬金额；每个资产负债表日，企业应当对实际发生的福利费金额和预计金额进行调整。

【例 9-3】2014 年 6 月，安吉公司当月应发工资 2000 万元，其中：生产部门直接生产人员工资 1000 万元；生产部门管理人员工资 200 万元；公司管理部门人员工资 360 万元；公司专设产品销售机构人员工资 100 万元；建造厂房人员工资 220 万元；内部开发存货管理系统人员工资 120 万元。

根据所在地政府规定，公司分别按照职工工资总额的 10%、12%、2% 和 10.5% 计提医疗保险费、养老保险费、失业保险费和住房公积金，缴纳给当地社会保险经办机构和住房公积金管理机构。公司内设医务室，根据 20×7 年实际发生的职工福利费情况，公司预计 2014 年应承担的职工福利费义务金额为职工资总额的 2%，职工福利的受益对象为上述所有人员。公司分别按照职工工资总额的2%和1.5%计提工会经费和职工教育经费。假定公司存货管理系统已处于开发阶段,并符合《企业会计准则第6号——无形资产》资本化为无形资产的条件。

应计入生产成本的职工薪酬金额

1000＋1000×（10%＋12%＋2%＋10.5%＋2%＋2%＋1.5%）＝1400（万元）

应计入制造费用的职工薪酬金额

＝200＋200×（10%＋12%＋2%＋10.5%＋2%＋2%＋1.5%）＝280（万元）

应计入管理费用的职工薪酬金额

＝360＋360×（10%＋12%＋2%＋10.5%＋2%＋2%＋1.5%）＝504（万元）

应计入销售费用的职工薪酬金额

＝100＋100×（10%＋12%＋2%＋10.5%＋2%＋2%＋1.5%）＝140（万元）

应计入在建工程成本的职工薪酬金额

＝220＋220×（10%＋12%＋2%＋10.5%＋2%＋2%＋1.5%）＝308（万元）

应计入无形资产成本的职工薪酬金额

＝120＋120×（10%＋12%＋2%＋1.5%＋2%＋2%＋1.5%）＝168（万元）

公司在分配工资、职工福利费、各种社会保险费、住房公积金、工会经费和职工教育经费等职工薪酬时,应作如下账务处理:

借：生产成本　　　　　　　　　　　　　　　　　　14000000
　　制造费用　　　　　　　　　　　　　　　　　　 2800000
　　管理费用　　　　　　　　　　　　　　　　　　 5040000
　　销售费用　　　　　　　　　　　　　　　　　　 1400000
　　在建工程　　　　　　　　　　　　　　　　　　 3080000
　　研发支出——资本化支出　　　　　　　　　　　 1680000
　　贷：应付职工薪酬——工资　　　　　　　　　　20000000
　　　　　　　　　　——职工福利　　　　　　　　　 400000
　　　　　　　　　　——社会保险费　　　　　　　 4800000
　　　　　　　　　　——住房公积金　　　　　　　 2100000
　　　　　　　　　　——工会经费　　　　　　　　　 400000
　　　　　　　　　　——职工教育经费　　　　　　　 300000

2. 非货币性职工薪酬的计量

企业向职工提供的非货币性职工薪酬,应当分情况处理:

（1）以自产产品或外购商品发放给职工作为福利。企业以其生产的产品作为非货币性福利提供给职工的,应当按照该产品的公允价值和相关税费,计量应计入成本费用的职工薪酬金额。相关收入及其成本的确认计量和相关税费的处理,与正常商品销售相同。以外购商品作为非货币性福利提供给职工的,应当按照该商品的公允价值和相关税费,计量应计入成本费用的职工薪酬金额。

需要注意的是,在以自产产品或外购商品发放给职工作为福利的情况下,企业在进行账务处理时,应当先通过"应付职工薪酬"科目归集当期应计入成本费用的非货币性薪酬金额，以确定完整准确的企业人工成本金额。

【例9-4】某公司为一家生产彩电的企业，共有职工100名，2015年2月，公司以其生产的成本为5000元的液晶彩电和外购的每台不含税价格为500元的电暖气作为春节福利发放给公司职工。该型号液晶彩电的售价为每台7000元，某公司适用的增值税税率为17%；某公司购买电暖气开具了增值税专用发票，增值税税率为17%。假定100名职工中85名为直接参加生产的职工，15名为总部管理人员。

分析：企业以自己生产的产品作为福利发放给职工，应计入成本费用的职工薪酬金额以公允价值计量，计入主营业务收入，产品按照成本结转，但要根据相关税收规定，视同销售计算增值税销项税税额。

彩电的售价总额 = 7000×85 + 7000×15 = 595000 + 105000 = 700000（元）

彩电的增值税销项税税额 = 7000×85×17% + 7000×15×17% = 101150 + 17850 = 119000（元）

公司决定发放非货币性福利时，应作如下账务处理：

借：生产成本　　　　　　　　　　　　　　　　　　696150
　　管理费用　　　　　　　　　　　　　　　　　　122850
　　　贷：应付职工薪酬——非货币性福利　　　　　819000

实际发放非货币性福利时，应作如下账务处理：

借：应付职工薪酬——非货币性福利　　　　　　　　819000
　　　贷：主营业务收入　　　　　　　　　　　　　700000
　　　　　应交税费——应交增值税（销项税税额）　119000
借：主营业务成本　　　　　　　　　　　　　　　　500000
　　　贷：库存商品　　　　　　　　　　　　　　　500000

电暖气的售价金额 = 500×85 + 500×15 = 42500 + 7500 = 50000（元）

电暖气的进项税税额 = 500×85×17% + 500×15×17% = 7225 + 1275 = 8500（元）

公司决定发放非货币性福利时，应作如下账务处理：

借：生产成本　　　　　　　　　　　　　　　　　　49725
　　管理费用　　　　　　　　　　　　　　　　　　8775
　　　贷：应付职工薪酬——非货币性福利　　　　　58500

购买电暖气时，公司应作如下账务处理：

借：应付职工薪酬——非货币性福利　　　　　　　　58500
　　　贷：银行存款　　　　　　　　　　　　　　　58500

（2）将拥有的房屋等资产无偿提供给职工使用，或租赁住房等资产供职工无偿使用。企业将拥有的房屋等资产无偿提供给职工使用的，应当根据受益对象，将住房每期应计提的折旧计入相关资产成本或费用，同时确认应付职工薪酬。租赁住房等资产供职工无偿使用的，应当根据受益对象，将每期应付的租金计入相关资产成本或费用，并确认应付职工薪酬。难以认定受益对象的，直接计入当期损益，并确认应付职工薪酬。

【例9-5】某公司为总部部门经理级别以上职工提供汽车免费使用，同时为副总裁以上高级管理人员每人租赁一套住房。该公司总部共有部门经理以上职工25名，每人提供一辆桑塔纳汽车免费使用,假定每辆桑塔纳汽车每月计提折旧 500 元;该公司共有副总裁以上高级管理人员 5 名,公司为其每人租赁一套面积为 100 平方米带有家具和电器的公寓,月租金为每套 4000 元。

该公司每月应作如下账务处理:

借:管理费用　　　　　　　　　　　　　　　　　　　　　　32500
　　贷:应付职工薪酬——非货币性福利　　　　　　　　　　　　32500
借:应付职工薪酬——非货币性福利　　　　　　　　　　　　　32500
　　贷:累计折旧　　　　　　　　　　　　　　　　　　　　　12500
　　　　其他应付款　　　　　　　　　　　　　　　　　　　　20000

3. 向职工提供企业支付补贴的商品或服务

企业有时以低于其取得成本的价格向职工提供商品或服务,如以低于成本的价格向职工出售住房或提供医疗保健服务,其实质是企业向职工提供补贴。对此,企业应根据出售商品或服务合同条款的规定分情况处理:

(1) 如果合同规定职工在取得住房等商品或服务后至少应提供服务的年限,企业应将出售商品或服务的价格与其成本间的差额,作为长期待摊费用处理,在合同规定的服务年限内平均摊销,根据受益对象分别计入相关资产成本或当期损益。

(2) 如果合同没有规定职工在取得住房等商品或服务后至少应提供服务的年限,企业应将出售商品或服务的价格与其成本间的差额,作为对职工过去提供服务的一种补偿,直接计入向职工出售商品或服务当期的损益。

【例 9-6】2014 年 1 月,某公司为留住人才,将以每套 100 万元的价格购买并按照固定资产入账的 50 套公寓,以每套 60 万元的价格出售给公司管理层和生产一线的优秀职工。其中,出售给公司管理层 20 套,出售给一线生产工人 30 套。出售合同规定,职工在取得住房后必须在公司服务 10 年,不考虑相关税费。

公司出售住房时,应作如下账务处理:

借:银行存款　　　　　　　　　　　　　　　　　　　　　3000000
　　长期待摊费用　　　　　　　　　　　　　　　　　　　2000000
　　贷:固定资产　　　　　　　　　　　　　　　　　　　5000000

出售住房后的 10 年内,公司应按照直线法摊销该项长期待摊费用,并作如下账务处理:

借:生产成本　　　　　　　　　　　　　　　　　　　　　120000
　　管理费用　　　　　　　　　　　　　　　　　　　　　 80000
　　贷:应付职工薪酬——非货币性福利　　　　　　　　　　200000
借:应付职工薪酬——非货币性福利　　　　　　　　　　　　200000
　　贷:长期待摊费用　　　　　　　　　　　　　　　　　　200000

(三) 辞退福利（解除劳动关系补偿）的确认和计量

1. 辞退福利的含义

辞退福利包括两方面的内容：一是在职工劳动合同尚未到期前，不论职工本人是否愿意，企业决定解除与职工的劳动关系而给予的补偿。二是在职工劳动合同尚未到期前，为鼓励职工自愿接受裁减而给予的补偿，职工有权利选择继续在职或接受补偿离职。辞退福利还包括当公司控制权发生变动时对辞退的管理层人员进行补偿的情况。辞退福利通常采取解除劳动关系时一次性支付补偿的方式，也有通过提高退休后养老金或其他离职后福利的标准，或者在职工不再为企业带来经济利益后，将职工工资部分支付到辞退后未来某一期间。

在确定企业提供的经济补偿是否为辞退福利时，应当注意以下两个问题：

（1）辞退福利与正常退休养老金应当区分开来。辞退福利是在职工与企业签订的劳动合同到期前，企业根据法律、与职工本人或职工代表（工会）签订的协议，或者基于商业惯例，承诺当其提前终止对职工的雇佣关系时支付的补偿，引发补偿的事项是辞退。因此，企业应当在辞退时进行确认和计量。

职工在正常退休时获得的养老金，是其与企业签订的劳动合同到期时，或者职工达到了国家规定的退休年龄时获得的退休后生活补偿金额，此种情况下给予补偿的事项是职工在职时提供的服务而不是退休本身。因此，企业应当是在职工提供服务的会计期间确认和计量。

职工虽然没有与企业解除劳动合同，但未来不再为企业提供服务，为此，企业承诺提供实质上具有辞退福利性质的经济补偿，比照辞退福利处理。

（2）无论职工因何种原因离开都要支付的福利属于离职后福利，不是辞退福利。有些企业对职工本人提出的自愿辞退比企业提出的要求职工非自愿辞退情况下支付较少的补偿，在这种情况下，非自愿辞退提供的补偿与职工本人要求辞退提供的补偿之间的差额，才属于辞退福利。

2. 辞退福利的确认

企业在职工劳动合同到期之前解除与职工的劳动关系，或者为鼓励职工自愿接受裁减而提出给予补偿的建议，同时满足下列条件的，应当确认因解除与职工的劳动关系给予补偿而产生的预计负债，同时计入当期管理费用：

（1）企业已经制定正式的解除劳动关系计划或提出自愿裁减建议，并即将实施。该计划或建议应当包括拟解除劳动关系或裁减的职工所在部门、职位及数量；根据有关规定按工作类别或职位确定的解除劳动关系或裁减补偿金额，拟解除劳动关系或裁减的时间。这里所称解除劳动关系计划和自愿裁减建议应当经过董事会或类似权力机构的批准；即将实施是指辞退工作一般应当在一年内实施完毕，但因付款程序等原因使部分付款推迟到一年后支付的，视为符合辞退福利预计负债确认条件。

（2）企业不能单方面撤回解除劳动关系计划或裁减建议。如果企业能够单方面撤回解除劳动关系计划或裁减建议，则表明未来经济利益流出不是很可能，因而不符合负债确认条件。

由于被辞退的职工不再为企业带来未来经济利益，因此，对于满足负债确认条件的所有辞退福利，均应当于辞退计划满足预计负债确认条件的当期计入费用，不计入资产成本。在确认辞退福利时，需要注意的是，对于分期或分阶段实施的解除劳动关系计划或自愿裁减建议，企业应当将整个计划看作由一个个单项解除劳动关系计划或自愿裁减建议组成，在每期或每阶段计划符合预计负债确认条件时，将该期或该阶段计划中由提供辞退福利产生的预计负债予以确认，计入该部分计划满足预计负债确认条件的当期管理费用，不能等全部计划都符合确认条件时再予以确认。

对于企业实施的职工内部退休计划，由于这部分职工不再为企业带来经济利益，企业应当比照辞退福利处理。在内退计划符合职工薪酬准则规定的确认条件时，按照内退规定，将自职工停止服务日至正常退休日期间，企业拟支付的内退人员工资和缴纳的社会保险费等确认为预计负债，一次计入当期管理费用。

3. 辞退福利的计量

企业应当根据职工薪酬和或有事项准则规定，严格按照辞退计划条款的规定，合理预计并确认辞退福利产生的负债。辞退福利的计量因辞退计划中职工有无选择权而有所不同：

（1）对于职工没有选择权的辞退计划，应当根据计划条款规定拟解除劳动关系的职工数量、每一职位的辞退补偿等计提应付职工薪酬（预计负债）。

（2）对于自愿接受裁减建议，因接受裁减的职工数量不确定，企业应当参照或有事项的规定，预计将会接受裁减建议的职工数量，根据预计的职工数量和每一职位的辞退补偿等计提应付职工薪酬（预计负债）。

（3）实质性辞退工作在一年内实施完毕，但补偿款项超过一年支付的辞退计划，企业应当选择恰当的折现率，以折现后的金额计量应计入当期管理费用的辞退福利金额，该项金额与实际应支付的辞退福利之间的差额，作为未确认融资费用，在以后各期实际支付辞退福利款项时，计入财务费用。账务处理上。确认因辞退福利产生的预计负债时，借记"管理费用""未确认融资费用"科目，贷记"应付职工薪酬——辞退福利"科目；各期支付辞退福利款项时，借记"应付职工薪酬——辞退福利"科目，贷记"银行存款"科目；同时，借记"财务费用"科目，贷记"未确认融资费用"科目。应付辞退福利款金额与其折现后金额相差不大的，也可不折现。

【例9-7】某公司为一家家用电器制造企业，2013年9月，为了能够在下一年度顺利实施转产，该公司管理层制订了一项辞退计划。计划规定，从2014年1月1日起，企业将以职工自愿方式，辞退其平面直角系列彩电生产车间的职工。辞退计划的详细内容，包括拟辞退的职工所在部门、数量、各级别职工能够获得的补偿以及计划大体实施的时间等均已与职工沟通，并达成一致意见，辞退计划已于当年12月10日经董事会正式批准，辞退计划将予下一个年度内实施完毕。该项辞退计划的详细内容如表9-1所示。

表 9-1 某公司 2014 年辞退计划一览表

金额单位：万元

所属部门	职位	辞退数量	工龄/年	补偿金额
彩电车间	车间主任 车间主任 副主任 副主任	10	1～10	10
			10～20	20
			20～30	30
	高级技工	50	1～10	8
			10～20	18
			20～30	28
	一般技工	100	1～10	5
			10～20	15
			20～30	25
小计		160		

2013 年 12 月 31 日，公司预计各级别职工拟接受辞退职工数量的最佳估计数（最可能发生数）及其应支付的补偿如表 9-2 所示。

表 9-2 某公司 2014 年接受辞退职工估计

金额单位：万元

所属部门	职位	辞退数量	工龄/年	接受数量	每人补偿额	补偿金额
彩电车间	车间主任 车间主任 副主任 副主任	10	1～10	5	10	50
			10～20	2	20	40
			20～30	1	30	30
	高级技工	50	1～10	20	8	160
			10～20	10	18	180
			20～30	5	28	140
	一般技工	100	1～10	50	5	250
			10～20	20	15	300
			20～30	10	25	250
小计		160		123		1400

按照或有事项有关计算最佳估计数的方法，预计接受辞退的职工数量可以根据最可能发生的数量确定，也可以采用按照各种发生数量及其发生概率计算确定。根据表 9-

2，愿意接受辞退职工的最可能数量为 123 名，预计补偿总额为 1400 万元，则公司在 2013 年（辞退计划 2013 年 12 月 10 日由董事会批准），应作如下账务处理：

  借：管理费用   14000000
    贷：应付职工薪酬——辞退福利   14000000

以本例中彩电车间主任和副主任级别、工龄在 1—10 年的职工为例，假定接受辞退的职工各种数量及发生概率如表 9-3 所示。

表 9-3 接受辞退职工概率表

接受辞退的职工数量	发 生 概 率	最佳估计数
0	0	0
1	3%	0.03
2	5%	0.1
3	5%	0.15
4	20%	0.8
5	15%	0.75
6	25%	1.5
7	8%	0.56
9	12%	1.08
10	7%	0.7
合　　计		5.67

由上述计算结果可知，彩电车间主任和副主任级别、工龄在 1—10 年的职工接受辞退计划的最佳估计数为 5.67 名，则应确认该职级的辞退福利金额应为 5.67×10＝56.7（万元），由于所有的辞退福利预计负债均应计入当期费用，因此，2013 年（辞退计划 2013 年 12 月 10 日由董事会批准）公司应作如下账务处理：

  借：管理费用   567000
    贷：应付职工薪酬——辞退福利   567000

六、应交税费

企业在一定时期内取得的营业收入和实现的利润或发生特定经营行为，要按照规定向国家交纳各种税金，这些应缴的税金，应按照权责发生制的原则确认。这些应缴的税金在尚未交纳之前，形成企业的一项负债。

（一）增值税

增值税是就货物或应税劳务的增值部分征收的一种税。按照增值税暂行条例规定，企业购入货物或接受应税劳务支付的增值税（即进项税税额），可以从销售货物或提供劳务按规定收取的增值税（即销项税税额）中抵扣。按照规定，企业购入货物或接受劳务必须具备以下凭证，其进项税税额才能予以扣除。值得注意的是，按照修订后的《中华人民共和国增值税暂行条例》，企业购入的机器设备等生产经营用固定资产所支付的增值税在符合税收法规规定的情况下，也应从销项税税额中扣除，不再计入固定资产成本。按照税收法规规定，购入的用于集体福利或个人消费等目的的固定资产而支付的增值税，不能从销项税税额中扣除，仍应计入固定资产成本。

增值税专用发票。实行增值税以后，一般纳税企业销售货物或者提供应税劳务均应开具增值税专用发票，增值税专用发票记载了销售货物的售价、税率以及税额等，购货方以增值税专用发票上记载的购入货物已支付的税额，作为扣税和记账的依据。

完税凭证。企业进口货物必须交纳增值税，其交纳的增值税在完税凭证上注明，进口货物交纳的增值税根据从海关取得的完税凭证上注明的增值税税额，作为扣税和记账依据。

购进免税农产品，按照经税务机关批准的收购凭证上注明的价款或收购金额的一定比率计算进项税税额，并以此作为扣税和记账的依据。

企业购入货物或者接受应税劳务，没有按照规定取得并保存增值税扣税凭证，或者增值税扣税凭证上未按照规定注明增值税税额及其他有关事项的，其进项税税额不能从销项税税额中抵扣。会计核算中，如果企业不能取得有关的扣税证明，则购进货物或接受应税劳务支付的增值税税额不能作为进项税税额扣税，其已支付的增值税只能计入购入货物或接受劳务的成本。

1. 科目设置

企业应交的增值税，在"应交税费"科目下设置"应交增值税"明细科目进行核算。"应交增值税"明细科目的借方发生额，反映企业购进货物或接受应税劳务支付的进项税税额、实际已交纳的增值税等；贷方发生额，反映销售货物或提供应税劳务应交纳的增值税税额，出口货物退税、转出已支付或应分担的增值税等；期末借方余额，反映企业尚未抵扣的增值税。"应交税费——应交增值税"科目分别设置"进项税税额""已交税金""销项税税额""出口退税""进项税税额转出""转出未交增值税""转出多交增值税""减免税款""出口抵减内销产品应纳税额"等专栏。

2. 一般纳税企业一般购销业务的会计处理

实行增值税的一般纳税企业从税务角度看，一是可以使用增值税专用发票，企业销售货物或提供劳务可以开具增值税专用发票（或完税凭证、购进免税农产品凭证、外购物资支付的运输费用的结算单据，下同）；二是购入货物取得的增值税专用发票上注明的增值税税额可以用销项税税额抵扣；三是如果企业销售货物或者提供劳务采用销售额和销项税税额合并定价方法的，按公式"销售额＝含税销售额÷（1＋增值税税率）"还原为不含税销售额，并按不含税销售额计算销项税税额。

根据上述特点，一般纳税企业在账务处理上的主要特点：一是在购进阶段，会计处理时实行价与税的分离，价与税分离的依据为增值税专用发票上注明的价款和增值税，属于价款部分，计入购入货物的成本；属于增值税税额部分，计入进项税税额。二是在销售阶段，销售价格中不再含税，如果定价时含税，应还原为不含税价格作为销售收入，向购买方收取的增值税作为销项税税额。

【例9-8】某企业为增值税一般纳税人，本期购入一批原材料，增值税专用发票上注明的原材料价款为600万元，增值税税额为102万元。货款已经支付，材料已经到达并验收入库。该企业当期销售产品收入为1200万元（不含应向购买者收取的增值税），符合收入确认条件，货款尚未收到。假如该产品的增值税税率为17%，不交纳消费税。根据上述经济业务，企业应作如下账务处理（该企业采用计划成本进行日常材料核算，原材料入库分录略）：

(1) 借：材料采购　　　　　　　　　　　　　　　　　6000000
　　　　应交税费——应交增值税（进项税税额）　　　1020000
　　　贷：银行存款　　　　　　　　　　　　　　　　7020000

(2) 销项税税额=1200×17%=204（万元）
　　借：应收账款　　　　　　　　　　　　　　　　　14040000
　　　贷：主营业务收入　　　　　　　　　　　　　　12000000
　　　　　应交税费——应交增值税（销项税税额）　　2040000

3. 一般纳税企业购入免税产品的会计处理

按照增值税暂行条例规定，对农业生产者销售的自产农业产品、古旧图书等部分项目免征增值税。企业销售免征增值税项目的货物，不能开具增值税专用发票，只能开具普通发票。企业购进免税产品，一般情况下不能扣税，但按税法规定，对于购入的免税农业产品、收购废旧物资等可以按买价（或收购金额）的一定比率计算进项税税额，并准予从销项税税额中抵扣；这里购入免税农业产品的买价是指企业购进免税农业产品支付给农业生产者的价款。在会计核算时，一是按购进免税农业产品有关凭证上确定的金额（买价）或者按收购金额，扣除一定比例的进项税税额，作为购进农业产品（或收购废旧物资）的成本；二是扣除的部分作为进项税税额，待以后用销项税税额抵扣。

【例9-9】某企业为增值税一般纳税人，本期收购农业产品，实际支付的价款为200万元，收购的农业产品已验收入库，款项已经支付。企业应作如下账务处理（该企业采用计划成本进行日常材料核算。原材料入库分录略）：

进项税税额=200×13%=26（万元）
借：材料采购　　　　　　　　　　　　　　　　　　1740000
　　应交税费——应交增值税（进项税税额）　　　　260000
　贷：银行存款　　　　　　　　　　　　　　　　　2000000

4. 小规模纳税企业的会计处理

小规模纳税企业的特点有：一是小规模纳税企业销售货物或者提供应税劳务，一般情况下，只能开具普通发票，不能开具增值税专用发票；二是小规模纳税企业销售货物或提供应税劳务，实行简易办法计算应纳税额，按照销售额的一定比例计算；三是小规模纳税企业的销售额不包括其应纳税额。采用销售额和应纳税额合并定价方法的，按照公式"销售额=含税销售额÷（1+征收率）"还原为不含税销售额计算。

从会计核算角度看,首先,小规模纳税企业购入货物无论是否具有增值税专用发票,其支付的增值税税额均不计入进项税税额,不得由销项税税额抵扣,应计入购入货物的成本。相应地,其他企业从小规模纳税企业购入货物或接受劳务支付的增值税税额,如果不能取得增值税专用发票,也不能作为进项税税额抵扣,而应计入购入货物或应税劳务的成本;其次,小规模纳税企业的销售收入按不含税价格计算;另外,小规模纳税企业"应交税费——应交增值税"科目,应采用三栏式账户。

【例9-10】某工业生产企业核定为小规模纳税人,本期购入原材料,按照增值税专用发票上记载的原材料价款为100万元,支付的增值税税额为17万元,企业开出承兑的商业汇票,材料已到达并验收入库(材料按实际成本核算)。该企业本期销售产品,销售价格总额为90万元(含税),假定符合收入确认条件,货款尚未收到。根据上述经济业务,企业应作如下账务处理:

购进货物时:

借:原材料　　　　　　　　　　　　　　　　　　　　　1170000
　　贷:应付票据　　　　　　　　　　　　　　　　　　　　1170000

销售货物时:

不含税价格 = 90 ÷ (1 + 3%) = 87.3786(万元)

应交增值税:873786 × 3% = 2.6214(万元)

借:应收账款　　　　　　　　　　　　　　　　　　　　　900000
　　贷:主营业务收入　　　　　　　　　　　　　　　　　　873786
　　　　应交税费——应交增值税　　　　　　　　　　　　　26214

5. 视同销售的会计处理

按照增值税暂行条例实施细则的规定,对于企业将自产、委托加工或购买的货物分配给股东或投资者;将自产、委托加工的货物用于集体福利或个人消费等行为,视同销售货物,需计算交纳增值税。对于税法上某些视同销售的行为,如以自产产品对外投资,从会计角度看属于非货币性资产交换。因此,会计核算遵照非货币性资产交换准则进行会计处理。但是,无论会计上如何处理,只要税法规定需要交纳增值税的,应当计算交纳增值税销项税税额,并记入"应交税费——应交增值税"科目中的"销项税税额"专栏。

【例9-11】来来公司为增值税一般纳税人,本期以自产产品对乙公司投资,双方协议按产品的售价作价。该批产品的成本为200万元,假设售价和计税价格均为220万元。该产品的增值税税率为17%。假如该笔交易符合非货币性资产交换准则规定的按公允价值计量的条件,乙公司收到投入的产品作为原材料使用。根据上述经济业务,甲、乙(假如乙公司原材料采用实际成本进行核算)公司应分别作如下账务处理:

来来公司:

对外投资转出计算的销项税税额 = 220 × 17% = 37.4(万元)

借:长期股权投资　　　　　　　　　　　　　　　　　　　2574000
　　贷:主营业务收入　　　　　　　　　　　　　　　　　　2200000
　　　　应交税费——应交增值税(销项税税额)　　　　　　　374000

```
借：主营业务成本                                    2000000
    贷：库存商品                                    2000000
```
乙公司：

收到投资时，视同购进处理：

```
借：原材料                                          2200000
    应交税费——应交增值税（进项税税额）              374000
    贷：实收资本                                    2574000
```

6. 不予抵扣项目的会计处理

按照增值税暂行条例及其实施细则的规定，企业购进用于集体福利或个人消费的货物、用于非应税项目的购进货物或者应税劳务等按规定不予抵扣增值税进项税税额。属于购入货物时即能认定其进项税税额不能抵扣的，如购进用于集体福利或个人消费的货物、购入的货物直接用于免税项目、直接用于非应税项目，或者直接用于集体福利和个人消费的，进行会计处理时，其增值税专用发票上注明的增值税税额，计入购入货物及接受劳务的成本。属于购入货物时不能直接认定其进项税税额能否抵扣的，增值税专用发票上注明的增值税税额，按照增值税会计处理方法记入"应交税费——应交增值税（进项税税额）"科目；如果这部分购入货物以后用于按规定不得抵扣进项税税额项目的，应将原已计入进项税税额并已支付的增值税转入有关的承担者予以承担，通过"应交税费——应交增值税（进项税税额转出）"科目转入有关的"在建工程""应付职工薪酬——职工福利""待处理财产损溢"等科目。

【例9-12】某企业为增值税一般纳税人，本期购入一批材料，增值税专用发票上注明的增值税税额为 20.4 万元，材料价款为 120 万元。材料已入库，货款已经支付（假如该企业材料采用实际成本进行核算）。材料入库后，该企业将该批材料全部用于办公楼工程建设项目。根据该项经济业务，企业可作如下账务处理：

（1）材料入库时：

```
借：原材料                                          1200000
    应交税费——应交增值税（进项税税额）              204000
    贷：银行存款                                    1404000
```

（2）工程领用材料时：

```
借：在建工程                                        1404000
    贷：应交税费——应交增值税                         204000
        原材料                                      1200000
```

7. 转出多交增值税和未交增值税的会计处理

为了分别反映增值税一般纳税人欠交增值税款和待抵扣增值税的情况，确保企业及时足额上交增值税，避免出现企业用以前月份欠交增值税抵扣以后月份未抵扣的增值税的情况，企业应在"应交税费"科目下设置"未交增值税"明细科目，核算企业月份终了从"应交税费——应交增值税"科目转入的当月未交或多交的增值税；同时，在"应交税费——应交增值税"科目下设置"转出未交增值税"和"转出多交增值税"专栏。月份终了，企业计算出当月应交未交的增值税，借记"应交税费——应交增值税（转出来交增值税）"科目，贷记"应交税费——未交增值税"科目；当月多交的增值税，借记"应交税费——未交增值税"科目，贷记"应交税费——应交增值税（转出多交增值税）"科目，经过结转后，月份终了，"应交税费——应交增值税"科目的余额，反映企业尚未抵扣的增值税。

值得注意的是，企业当月交纳当月的增值税，仍然通过"应交税费——应交增值税（已交税金）"科目核算；当月交纳以前各期未交的增值税，通过"应交税费——未交增值税"科目，不通过"应交税费——应交增值税（已交税金）"科目核算。

（二）消费税

为了正确引导消费方向，国家在普遍征收增值税的基础上，选择部分消费品，再征收一道消费税。消费税的征收方法采取从价定率和从量定额两种方法。实行从价定率办法计征的应纳税额的税基为销售额，如果企业应税消费品的销售额中未扣除增值税税款，或者因不能开具增值税专用发票而发生价款和增值税税款合并收取的，在计算消费税时，按公式"应税消费品的销售额 = 含增值税的销售额 ÷（1 + 增值税税率或征收率）"换算为不含增值税税款的销售额。实行从量定额办法计征的应纳税额的销售数量是指应税消费品的数量；属于销售应税消费品的，为应税消费品的销售数量；属于自产自用应税消费品的，为应税消费品的移送使用数量；属于委托加工应税消费品的，为纳税人收回的应税消费品数量；进口的应税消费品，为海关核定的应税消费品进口征税数量。

1. 科目设置

企业按规定应交的消费税，在"应交税费"科目下设置"应交消费税"明细科目核算。"应交消费税"明细科目的借方发生额，反映实际交纳的消费税和待扣的消费税；贷方发生额，反映按规定应交纳的消费税；期末贷方余额，反映尚未交纳的消费税；期末借方余额，反映多交或待扣的消费税。

2. 产品销售的会计处理

企业销售产品时应交纳的消费税，应分情况进行处理：

企业将生产的产品直接对外销售的，对外销售产品应交纳的消费税，通过"营业税金及附加"科目核算；企业按规定计算出应交的消费税，借记"营业税金及附加"科目，贷记"应交税费——应交消费税"科目。

【例9-13】某企业为增值税一般纳税人（采用计划成本核算原材料），本期销售其生产的应纳消费税产品，应纳消费税产品的售价为24万元（不含应向购买者收取的增值税税额），产品成本为15万元。该产品的增值税税率为17%，消费税税率为10%。产品已经发出，符合收入确认条件；款项尚未收到。根据这项经济业务，企业可作如下账务处理：

应向购买者收取的增值税税额 = 240000 × 17% = 40800（元）

应交的消费税 = 240000 × 10% = 24000（元）

借：应收账款　　　　　　　　　　　　　　　　　　　　　280800

　　贷：主营业务收入　　　　　　　　　　　　　　　　　　240000

　　　　应交税费——应交增值税（销项税税额）　　　　　　40800

借：营业税金及附加	24000	
贷：应交税费——应交消费税		24000
借：主营业务成本	150000	
贷：库存商品		150000

企业用应税消费品用于在建工程、非生产机构等其他方面，按规定应交纳的消费税，应计入有关的成本。例如，企业以应税消费品用于在建工程项目，应交的消费税计入在建工程成本。

3. 委托加工应税消费品的会计处理

按照税法规定，企业委托加工的应税消费品，由受托方在向委托方交货时代扣代缴税款（除受托加工或翻新改制金银首饰按规定由受托方交纳消费税外）。委托加工的应税消费品，委托方用于连续生产应税消费品的，所纳税款准予按规定抵扣。这里的委托加工应税消费品，是指由委托方提供原料和主要材料，受托方只收取加工费和代垫部分辅助材料加工的应税消费品，对于由受托方提供原材料生产的应税消费品，或者受托方先将原材料卖给委托方，然后再接受加工的应税消费品，以及由受托方以委托方名义购进原材料生产的应税消费品，都不作为委托加工应税消费品，而应当按照销售自制应税消费品交纳消费税。委托加工的应税消费品直接出售的，不再征收消费税。

在会计处理时，需要交纳消费税的委托加工应税消费品，于委托方提货时，由受托方代收代缴税款。受托方按应扣税款金额，借记"应收账款""银行存款"等科目，贷记"应交税费——应交消费税"科目。委托加工应税消费品收回后：直接用于销售的，委托方应将代收代缴的消费税计入委托加工的应税消费品成本，借记"委托加工物资""生产成本"等科目，贷记"应付账款""银行存款"等科目，待委托加工应税消费品销售时，不需要再交纳消费税；委托加工的应税消费品收回后用于连续生产应税消费品，按规定准予抵扣的，委托方应按代收代缴的消费税款，借记"应交税费——应交消费税"科目，贷记"应付账款""银行存款"等科目，待用委托加工的应税消费品生产出应纳消费税的产品销售时，再交纳消费税。

【例9-14】某企业委托外单位加工材料（非金银首饰），原材料价款为20万元，加工费用为5万元，由受托方代收代缴的消费税为0.5万元（不考虑增值税），材料已经加工完毕验收入库，加工费用尚未支付。假定该企业材料采用实际成本核算。

根据该项经济业务，委托方应作如下账务处理：

（1）如果委托方收回加工后的材料用于继续生产应税消费品，委托方的账务处理如下：

借：委托加工物资	200000	
贷：原材料		200000
借：委托加工物资	50000	
应交税费——应交消费税	5000	
贷：应付账款		55000
借：原材料	250000	
贷：委托加工物资		250000

(2) 如果委托方收回加工后的材料直接用于销售，委托方的账务处理如下：

借：委托加工物资　　　　　　　　　　　　　　　　200000
　　贷：原材料　　　　　　　　　　　　　　　　　　　　200000
借：委托加工物资　　　　　　　　　　　　　　　　 55000
　　贷：应付账款　　　　　　　　　　　　　　　　　　　 55000
借：原材料　　　　　　　　　　　　　　　　　　　255000
　　贷：委托加工物资　　　　　　　　　　　　　　　　　255000

4. 进出口产品的会计处理

需要交纳消费税的进口消费品，其交纳的消费税应计入该进口消费品的成本，借记"固定资产""材料采购"等科目，贷记"银行存款"等科目。

免征消费税的出口应税消费品分别不同情况进行账务处理：属于生产企业直接出口应税消费品或通过外贸企业出口应税消费品，按规定直接予以免税的，可以不计算应交消费税；属于委托外贸企业代理出口应税消费品的生产企业，应在计算消费税时，按应交消费税税额，借记"应收账款"科目，贷记"应交税费——应交消费税"科目。应税消费品出口收到外贸企业退回的税金时，借记"银行存款"科目，贷记"应收账款"科目。发生退款、退货而补交已退的消费税，作相反的会计分录。

（三）其他应交税费

1. 资源税

资源税是国家对在我国境内开采矿产品或者生产盐的单位和个人征收的种税。资源税按照应税产品的课税数量和规定的单位税额计算，公式为："应纳税额 = 课税数量 × 单位税额"。这里的课税数量为：开采或者生产应税产品销售的，以销售数量为课税数量；开采或者生产应税产品自用的，以自用数量为课税数量。

（1）科目设置：企业按规定应交的资源税，在"应交税费"科目下设置"应交资源税"明细科目核算。"应交资源税"明细科目的借方发生额，反映企业已交的或按规定允许抵扣的资源税；贷方发生额，反映应交的资源税；期末借方余额，反映多交或尚未抵扣的资源税；期末贷方余额，反映尚未交纳的资源税。

（2）销售产品或自产自用产品相关的资源税的会计处理：在会计核算时，企业按规定计算出销售应税产品应交纳的资源税，借记"营业税金及附加"科目，贷记"应交税费——应交资源税"科目；企业计算出自产自用的应税产品应交纳的资源税，借记"生产成本""制造费用"等科目，贷记"应交税费——应交资源税"科目。

【例 9-15】某企业将自产的煤炭 1000 吨用于产品生产，每吨应交资源税 5 元。根据该项经济业务，企业应作账务处理如下：

自产自用煤炭应交的资源税 = 1000 × 5 = 5000（元）

借：生产成本　　　　　　　　　　　　　　　　　　5000
　　贷：应交税费——应交资源税　　　　　　　　　　　　5000

（3）收购未税矿产品相关资源税的会计处理：按照资源税暂行条例的规定收购未税矿产品的单位为资源税的扣缴义务人。企业应按收购未税矿产品实际支付的收购款以及代扣代缴的资源税，作为收购矿产品的成本，将代扣代缴的资源税，记入"应交税费——应交资源税"科目。

（4）外购液体盐加工固体盐相关资源税的会计处理：按规定企业外购液体盐加工固体盐的，所购入液体盐交纳的资源税可以抵扣。在会计核算时，购入液体盐时，按所允许抵扣的资源税，借记"应交税费——应交资源税"科目，按外购价款扣除允许抵扣资源税后的数额，借记"材料采购"等科目，按应支付的全部价款，贷记"银行存款""应付账款"等科目；企业加工成固体盐后，在销售时，按计算出的销售固体盐应交的资源税，借记"营业税金及附加"科目，贷记"应交税费——应交资源税"科目；将销售固体盐应纳资源税抵扣液体盐已纳资源税后的差额上交时，借记"应交税费——应交资源税"科目，贷记"银行存款"科目。

2. 土地增值税

国家从1994年起开征了土地增值税，转让国有土地使用权、地上建筑物及其附着物并取得收入的单位和个人，均应交纳土地增值税。土地增值税按照转让房地产所取得的增值额和规定的税率计算征收。这里的增值额是指转让房地产所取得的收入减去规定扣除项目金额后的余额。企业转让房地产所取得的收入包括货币收入、实物收入和其他收入。计算土地增值额的主要扣除项目有：①取得土地使用权所支付的金额；②开发土地的成本、费用；③新建房屋及配套设施的成本、费用，或者旧房及建筑物的评估价格；④与转让房地产有关的税金。

在会计处理时，企业交纳的土地增值税通过"应交税费——应交土地增值税"科目核算。兼营房地产业务的企业，应由当期收入负担的土地增值税，借记"营业税金及附加"科目，贷记"应交税费——应交土地增值税"科目。转让的国有土地使用权与其地上建筑物及其附着物一并在"固定资产"或"在建工程"科目核算的，转让时应交纳的土地增值税，借记"固定资产清理""在建工程"科目，贷记"应交税费——应交土地增值税"科目。企业在项目全部竣工结算前转让房地产取得的收入，按税法规定预交的土地增值税，借记"应交税费——应交土地增值税"科目，贷记"银行存款"等科目；待该项房地产销售收入实现时，再按上述销售业务的会计处理方法进行处理。该项目全部竣工、办理结算后进行清算，收到退回多交的土地增值税，借记"银行存款"等科目，贷记"应交税费——应交土地增值税"科目，补交的土地增值税作相反的会计分录。

3. 房产税、土地使用税、车船税和印花税

房产税是国家对在城市、县城、建制镇和工矿区征收的由产权所有人交纳的一种税。房产税依照房产原值一次减去10%～30%后的余额计算交纳。没有房产原值作为依据的，由房产所在地税务机关参考同类房产核定；房产出租的，以房产租金收入为房产税的计税依据。土地使用税是国家为了合理利用城镇土地÷调节土地级差收入，提高土地使用效益，加强土地管理而开征的一种税，以纳税人实际占用的土地面积为计税依据，依照规定税额计算征收。车船税由拥有并且使用车船的单位和个人交纳。车船税按照适用税额计算交纳、企业按规定计算应交的房产税。交纳土地使用税、车船税时，借记"管理费用"科目，贷记"应交税费——应交房产税（或土地使用税、车船税）"科目；上交时，借记"应交税费——应交房产税（或土地使用税、车船税）"科目，贷

记"银行存款"科目。

印花税是对书立、领受购销合同等凭证行为征收的税款,实行由纳税人根据规定自行计算应纳税额,购买并一次贴足印花税票的交纳方法。应纳税凭证包括:购销、加工承揽、建设工程承包、财产租赁、货物运输、仓储保管、借款、财产保险、技术合同或者具有合同性质的凭证,产权转移书据,营业账簿,权利、许可证照等。纳税人根据应纳税凭证的性质,分别按比例税率或者按件定额计算应纳税额。

由于企业交纳的印花税,是由纳税人根据规定自行计算应纳税额以购买并一次贴足印花税票的方法交纳的税款。即一般情况下,企业需要预先购买印花税票,待发生应税行为时,再根据凭证的性质和规定的比例税率或者按件计算应纳税额,将已购买的印花税票粘贴在应纳税凭证上,并在每枚税票的骑缝处盖戳注销或者划销,办理完税手续。企业交纳的印花税,不会发生应付未付税款的情况,不需要预计应纳税金额,同时也不存在与税务机关结算或清算的问题。因此,企业交纳的印花税不需要通过"应交税费"科目核算,购买印花税票时,直接借记"管理费用"科目,贷记"银行存款"科目。

4. 城市维护建设税

为了加强城市的维护建设,扩大和稳定城市维护建设资金的来源,国家开征了城市维护建设税。在会计核算时,企业按规定计算出的城市维护建设税,借记"营业税金及附加"等科目,贷记"应交税费——应缴城市维护建设税"科目;实际上交时,借记"应交税费——应缴城市维护建设税"科目,贷记"银行存款"科目。

5. 所得税

企业的生产、经营所得和其他所得,依照有关所得税暂行条例及其细则的规定需要缴纳所得税。企业应交纳的所得税,在"应交税费"科目下设置"应交所得税"明细科目核算;当期应计入损益的所得税,作为一项费用,在净收益前扣除。企业按照一定方法计算,计入损益的所得税,借记"所得税费用"等科目,贷记"应交税费——应交所得税"科目。

6. 耕地占用税

耕地占用税是国家为了利用土地资源,加强土地管理,保护家用耕地而征收的一种税。耕地占用税以实际占用的耕地面积计税,按照规定税额一次征收。企业交纳的耕地占用税,不需要通过"应交税费"科目核算。企业按规定计算交纳耕地占用税时,借记"在建工程"科目,贷记"银行存款"科目。

七、应付利息

应付利息,是指企业按照合同约定应支付的利息,包括吸收存款、分期付息到期还本的长期借款、企业债券等应支付的利息。

在资产负债表日,应按摊余成本和实际利率计算确定的利息费用,借记"利息支出""在建工程""财务费用""研发支出"等科目,按合同利率计算确定的应付未付利息,贷记"应付利息",按借贷双方之间的差额,借记或贷记"长期借款——利息调整"等科目。

合同利率与实际利率差异较小的，也可以采用合同利率计算确定利息费用。实际支付利息时，借记"应付利息"，贷记"银行存款"等科目。

本科目期末贷方余额，反映企业应付未付的利息。

八、应付股利

应付股利，是指企业经股东大会或类似机构审议批准分配的现金股利或利润。企业股东大会或类似机构审议批准的利润分配方案、宣告分派的现金股利或利润，在实际支付前，形成企业的负债。企业董事会或类似机构通过的利润分配方案中拟分配的现金股利或利润，不应确认负债，但应在附注中披露。

企业经股东大会或类似机构审议批准的利润分配方案，按应支付的现金股利或利润时，借记"利润分配"科目，贷记"应付股利"；实际支付现金股利或利润时，借记"应付股利"，贷记"银行存款"等科目。

九、其他应付款

其他应付款，是指企业除应付票据、应付账款、预收账款、应付职工薪酬、应付利息、应付股利、应交税费、长期应付款等以外的其他各项应付、暂收的款项。

企业采用售后回购方式融入资金的，应按实际收到的金额，借记"银行存款"科目，贷记"其他应付款""应交税费"等科目。回购价格与原销售价格之间的差额，应在售后回购期间内按期计提利息费用，借记"财务费用"科目，贷记"其他应付款"。按照合同约定购回该项商品时，应按实际支付的金额，借记"其他应付款"科目和"应交税费"科目，贷记"银行存款"科目。

企业发生的其他各种应付、暂收款项，借记"管理费用"等科目，贷记"其他应付款"；支付的其他各种应付、暂收款项，借记"其他应付款"，贷记"银行存款"等科目。

第二节 非流动负债

一、长期借款

长期借款，是指企业从银行或其他金融机构借入的期限在1年以上（不含1年）的借款。

企业借入各种长期借款时，按实际收到的款项，借记"银行存款"科目，贷记"长期借款——本金"；按借贷双方之间的差额，借记"长期借款——利息调整"。

在资产负债表日,企业应按长期借款的摊余成本和实际利率计算确定的长期借款的利息费用,借记"在建工程""财务费用""制造费用"等科目;按借款本金和合同利率计算确定的应付未付利息,贷记"应付利息"科目;按其差额,贷记"长期借款——利息调整"科目。

企业归还长期借款,按归还的长期借款本金,借记"长期借款——本金"科目;按转销的利息调整金额,贷记"长期借款——利息调整"科目,按实际归还的款项,贷记"银行存款"科目;按借贷双方之间的差额,借记"在建工程""财务费用""制造费用"等科目。

【例9-16】某企业为建造一幢厂房,2013年1月1日借入期限为两年的长期专门借款,1000000元,款项已存入银行。借款利率按市场利率确定为9%,每年付息一次,期满后一次还清本金。2013年年初,以银行存款支付工程价款共计600000元,2014年年初又以银行存款支付工程费用400000元。该厂房2008年8月底完工,达到预定可使用状态。假定不考虑闲置专门借款资金存款的利息收入或者投资收益。根据上述业务,企业应作如下账务处理:

(1) 2013年1月1日,取得借款时:

借:银行存款　　　　　　　　　　　　　　　　　　　1000000
　　贷:长期借款　　　　　　　　　　　　　　　　　　　1000000

(2) 2013年年初,支付工程款时:

借:在建工程　　　　　　　　　　　　　　　　　　　　600000
　　贷:银行存款　　　　　　　　　　　　　　　　　　　600000

(3) 2013年12月31日,计算2013年应计入工程成本的利息时:

借款利息=1000000×9%=90000(元)

借:在建工程　　　　　　　　　　　　　　　　　　　　90000
　　贷:应付利息　　　　　　　　　　　　　　　　　　　90000

(4) 2013年12月31日支付借款利息时:

借:应付利息　　　　　　　　　　　　　　　　　　　　90000
　　贷:银行存款　　　　　　　　　　　　　　　　　　　90000

(5) 2014年年初支付工程款时:

借:在建工程　　　　　　　　　　　　　　　　　　　　400000
　　贷:银行存款　　　　　　　　　　　　　　　　　　　400000

(6) 2014年8月底,达到预定可使用状态,该期应计入工程成本的利息=(1000000×9%÷12)×8=60000(元)。

借:在建工程　　　　　　　　　　　　　　　　　　　　60000
　　贷:应付利息　　　　　　　　　　　　　　　　　　　60000

同时:

借:固定资产　　　　　　　　　　　　　　　　　　　　1150000
　　贷:在建工程　　　　　　　　　　　　　　　　　　　1150000

(7) 2014年12月31日,计算2014年9—12月应计入财务费用的利息=

（1000000×9%÷12）×4=30000（元）。

  借：财务费用   30000
    贷：应付利息   30000

（8）2014年12月31日支付利息时：

  借：应付利息   90000
    贷：银行存款   90000

（9）2015年1月1日到期还本时：

  借：长期借款   1000000
    贷：银行存款   1000000

二、应付债券

（一）一般公司债券

1. 公司债券的发行

  企业发行的超过1年期以上的债券，构成了企业的长期负债。公司债券的发行方式有三种，即面值发行、溢价发行和折价发行。假设其他条件不变，债券的票面利率高于同期银行存款利率时，可按超过债券票面价值的价格发行，称为溢价发行。溢价是企业以后各期多付利息而事先得到的补偿；如果债券的票面利率低于同期银行存款利率，可按低于债券面值的价格发行，称为折价发行。折价是企业以后各期少付利息而预先给投资者的补偿。如果债券的票面利率与同期银行存款利率相同，可按票面价格发行，称为面值发行。溢价或折价是发行债券企业在债券存续期内对利息费用的一种调整。

  无论是按面值发行，还是溢价发行或折价发行，均按债券面值记入"应付债券"科目的"面值"明细科目，实际收到的款项与面值的差额，记入"利息调整"明细科目。企业发行债券时，按实际收到的款项，借记"银行存款""库存现金"等科目，按债券票面价值，贷记"应付债券——面值"科目，按实际收到的款项与票面价值之间的差额，贷记或借记"应付债券——利息调整"科目。

2. 利息调整的摊销

  利息调整应在债券存续期间内采用实际利率法进行摊销。实际利率法是指按照应付债券的实际利率计算其摊余成本及各期利息费用的方法；实际利率是指将应付债券在债券存续期间的未来现金流量，折现为该债券当前账面价值所使用的利率。

  资产负债表日，对于分期付息、一次还本的债券，企业应按应付债券的摊余成本和实际利率计算确定的债券利息费用，借记"在建工程""制造费用""财务费用"等科目；按票面利率计算确定的应付未付利息，贷记"应付利息"科目；按其差额，借记或贷记"应付债券——利息调整"科目。

  【例9-17】2012年12月31日，来来公司经批准发行5年期一次还本、分期付息的公司债券10000000元，债券利息在每年12月31日支付，票面利率为年利率6%。假定债券发行时的市场利率为5%。

  来来公司该批债券实际发行价格为：

10000000×0.7835+10000000×6%×4.3295=10432700（元）

来来公司根据上述资料，采用实际利率法和摊余成本计算确定的利息费用，如表9-4所示。

表9-4 利息费用一览表

单位：元

付息日期	支付利息	利息费用	摊销的利息调整	应付债券摊余成本
2012年12月31日				10432700
2013年12月31日	600000	521635	78365	10354335
2014年12月31日	600000	517716.75	82283.25	10272051.75
2015年12月31日	600000	513602.59	86397.41	10185654.34
2016年12月31日	600000	509282.72	90717.28	10094937.06
2017年12月31日	600000	505062.94*	94937.06	10000000

*尾数调整。

根据表9-4的资料，来来公司的账务处理如下：

（1）2012年12月31日发行债券时：

借：银行存款　　　　　　　　　　　　　　　　　　　10432700
　　贷：应付债券——面值　　　　　　　　　　　　　10000000
　　　　　　　　——利息调整　　　　　　　　　　　　432700

（2）2013年12月31日计算利息费用时：

借：财务费用等　　　　　　　　　　　　　　　　　　521635
　　应付债券——利息调整　　　　　　　　　　　　　　78365
　　贷：应付利息　　　　　　　　　　　　　　　　　600000

2014年、2015年、2016年确认利息费用的会计处理同2013年。

（3）2017年12月31日归还债券本金及最后一期利息费用时：

借：财务费用等　　　　　　　　　　　　　　　　　　505062.94
　　应付债券——面值　　　　　　　　　　　　　　　10000000
　　　　　　——利息调整　　　　　　　　　　　　　　94937.06
　　贷：银行存款　　　　　　　　　　　　　　　　　10600000

对于一次还本付息的债券，应于资产负债表日按摊余成本和实际利率计算确定的债券利息费用，借记"在建工程""制造费用""财务费用"等科目，按票面利率计算确定的应付未付利息，贷记"应付债券——应计利息"科目，按其差额，借记或贷记"应付债券——利息调整"科目。

3. 债券的偿还

企业发行的债券通常分为到期一次还本付息或一次还本、分期付息两种。采用一次还本付息方式的，企业应予债券到期支付债券本息时，借记"应付债券——面值、应计利息"科目,贷记"银行存款"科目。采用一次还本、分期付息方式的,在每期支付利息时,借记"应付利息"科目,贷记"银行存款"科目;债券到期偿还本金并支付最后一期利息时,借记"应付债券——面值""在建工程""财务费用""制造费用"等科目,贷记"银行存款"科目,按借贷双方之间的差额,借记或贷记"应付债券——利息调整"。

(二) 可转换公司债券

我国发行可转换公司债券采取记名式无纸化发行方式。企业发行的可转换公司债券在"应付债券"科目下设置"可转换公司债券"明细科目核算。

企业发行的可转换公司债券,应当在初始确认时将其包含的负债成分和权益成分进行分拆,将负债成分确认为应付债券,将权益成分确认为资本公积。在进行分拆时,应当先对负债成分的未来现金流量进行折现确定负债成分的初始确认金额,再按发行价格总额扣除负债成分初始确认金额后的金额确定权益成分的初始确认金额。发行可转换公司债券发生的交易费用,应当在负债成分和权益成分之间按照各自的相对公允价值进行分摊。企业应按实际收到的款项,借记"银行存款"等科目;按可转换公司债券包含的负债成分面值,贷记"应付债券——可转换公司债券(面值)"科目;按权益成分的公允价值,贷记"资本公积——其他资本公积"科目;按借贷双方之间的差额,借记或贷记"应付债券——可转换公司债券(利息调整)"科目。

【例9-18】来来公司经批准于2012年1月1日按面值发行5年期一次还本、按年付息的可转换公司债券200000000元,款项已收存银行,债券票面年利率为6%。债券发行1年后可转换为普通股股票,初始转股价为每股10元,股票面值为每股1元。债券持有人若在当期付息前转换股票的,应按债券面值和应计利息之和除以转股价,计算转换的股份数。假定2013年1月1日债券持有人将持有的可转换公司债券全部转换为普通股股票,来来公司发行可转换公司债券时二级市场上与之类似的没有附带转换权的债券市场利率为9%。

来来公司的账务处理如下:

(1) 2012年1月1日发行可转换公司债券时:

借:银行存款   200000000
    应付债券——可转换公司债券(利息调整)   23343600
  贷:应付债券——可转换公司债券(面值)   200000000
      资本公积——其他资本公积   23343600

可转换公司债券负债成分的公允价值为:
200000000 × 0.6499 + 200000000 × 6% × 3.8897 = 176656400(元)

可转换公司债券权益成分的公允价值为:
200000000 - 176656400 = 23343600(元)

(2) 2012年12月31日确认利息费用时:

借:财务费用等   15899076
  贷:应付利息——可转换公司债券利息   12000000
      应付债券——可转换公司债券(利息调整)   3899076

(3) 2013年1月1日债券持有人行使转换权时（假定利息尚未支付）：

转换的股份数为：（200000000 - 12000000）÷10 = 21200000（股）

借：应付债券——可转换公司债券（面值）	200000000
应付利息——可转换公司债券利息	12000000
资本公积——其他资本公积	23343600
贷：股本	21200000
应付债券——可转换公司债券（利息调整）	19444524
资本公积——股本溢价	194699076

企业发行附有赎回选择权的可转换公司债券，其在赎回日可能支付的利息补偿金，即债券约定赎回期届满日应当支付的利息减去应付债券票面利息的差额，应当在债券发行日至债券约定赎回届满日期间计提应付利息，计提的应付利息，分别计入相关资产成本或财务费用。

三、长期应付款

长期应付款，是指企业除长期借款和应付债券以外的其他各种长期应付款项，包括应付融资租入固定资产的租赁费、以分期付款方式购入固定资产发生的应付款项等。

（一）应付融资租入固定资产的租赁费

企业采用融资租赁方式租入的固定资产，应在租赁期开始日，将租赁开始日租赁资产公允价值与最低租赁付款额现值两者中较低者，加上初始直接费用，一起作为租入资产的入账价值，借记"固定资产"等科目，按最低租赁付款额，贷记"长期应付款"科目，按发生的初始直接费用，贷记"银行存款"等科目，按其差额，借记"未确认融资费用"科目。

企业在计算最低租赁付款额的现值时，能够取得出租人租赁内含利率的，应当采用租赁内含利率作为折现率；否则，应当采用租赁合同规定的利率作为折现率。企业无法取得出租人的租赁内含利率且租赁合同没有规定利率的，应当采用同期银行贷款利率作为折现率。租赁内含利率，是指在租赁开始日，使最低租赁收款额的现值与未担保余值的现值之和等于租赁资产公允价值与出租人的初始直接费用之和的折现率。

未确认融资费用应当在租赁期内各个期间进行分摊。企业应当采用实际利率法计算确认当期的融资费用。

（二）具有融资性质的延期付款购买资产

企业购买资产有可能延期支付有关价款。如果延期支付的购买价款超过正常信用条件，实质上具有融资性质的，所购资产的成本应当以延期支付购买价款的现值为基础确定。实际支付的价款与购买价款的现值之间的差额，应当在信用期间内采用实际利率法进行摊销，计入相关资产成本或当期损益。具体来说，企业购入资产超过正常信用条件延期付款实质上具有融资性质时，应按购买价款的现值，借记"固定资产""在建工程"等科目；按应支付的价款总额，贷记"长期应付款"科目；按其差额，借记"未确认融资费用"科目。

第十章 所有者权益

所有者权益是指企业资产扣除负债后由所有者享有的剩余权益。

所有者权益根据其核算的内容和要求，可分为实收资本（股本）、资本公积、盈余公积和未分配利润等部分。其中，盈余公积和未分配利润统称为留存收益。

第一节 实收资本

按照我国有关法律规定，投资者设立企业首先必须投入资本。实收资本是投资者投入资本形成法定资本的价值，所有者向企业投入的资本，在一般情况下无须偿还，可以长期周转使用。实收资本的构成比例，即投资者的出资比例或股东的股份比例，通常是确定所有者在企业所有者权益中所占的份额和参与企业财务经营决策的基础，也是企业进行利润分配或股利分配的依据，同时还是企业清算时确定所有者对净资产的要求权的依据。

一、实收资本确认和计量的基本要求

企业应当设置"实收资本"科目，核算企业接受投资者投入的实收资本，股份有限公司应将该科目改为"股本"。投资者可以用现金投资，也可以用现金以外的其他有形资产投资，符合国家规定比例的，还可以用无形资产投资。企业收到投资时，一般应作如下会计处理：收到投资人投入的现金，应在实际收到或者存入企业开户银行时，按实际收到的金额，借记"银行存款"科目，以实物资产投资的，应在办理实物产权转移手续时，借记有关资产科目，以无形资产投资的，应按照合同、协议或公司章程规定移交有关凭证时，借记"无形资产"科目；按投入资本在注册资本或股本中所占份额，贷记"实收资本"或"股本"科目；按其差额，贷记"资本公积——资本溢价"或"资本公积——股本溢价"等科目。

【例10-1】甲、乙、丙共同出资设立有限责任公司A，公司注册资本为10000000元，甲、乙、丙持股比例分别为50%、30%和20%。2017年1月5日，A公司如期收到各投资者一次性缴足的款项。根据上述资料，A公司应作以下账务处理：

借：银行存款 10000000
    贷：实收资本——甲 5000000

——乙	3000000
——丙	2000000

【例10-2】B股份有限公司发行普通股20000000股,每股面值为1元,发行价格为6元。股款120000000元已经全部收到,发行过程中发生相关税费60000元。

根据上述资料,B股份有限公司应作以下账务处理:

计入股本的金额 = 20000000 × 1 = 20000000(元)

计入资本公积的金额 = (6 − 1) × 20000000 − 60000 = 99940000(元)

借:银行存款	119940000
贷:股本	20000000
资本公积——股本溢价	99940000

按照《中华人民共和国公司法》的规定,有限责任公司的股东可以用货币出资,也可以用实物、知识产权、土地使用权等可以用货币估价并可以依法转让的非货币财产作价出资;但是,法律、行政法规规定不得作为出资的财产除外。对作为出资的非货币财产应当评估作价,核实财产,不得高估或者低估作价。法律、行政法规对评估作价有规定的,从其规定。全体股东的货币出资金额不得低于有限责任公司注册资本的30%。

初建有限责任公司时,各投资者按照合同、协议或公司章程投入企业的资本,应全部记入"实收资本"科目,注册资本为在公司登记机关登记的全体股东认缴的出资额。在企业增资时,如有新投资者介入,新介入的投资者缴纳的出资额大于其按约定比例计算的其在注册资本中所占的份额部分,不记入"实收资本"科目,而作为资本公积,记入"资本公积"科目。

股份有限公司是指全部资本由等额股份构成并通过发行股票筹集资本、股东以其认购的股份为限对公司承担责任、公司以其全部财产对公司债务承担责任的企业法人。股份有限公司设立有两种方式,即发起式和募集式。发起式设立的特点是公司的股份全部由发起人认购,不向发起人之外的任何人募集股份;募集式设立的特点是公司股份除发起人认购外,还可以采用向其他法人或自然人发行股票的方式进行募集。公司设立方式不同,筹集资本的风险也不同。发起式设立公司,其所需资本由发起人一次认足,一般不会发生设立公司失败的情况。因此,其筹资风险小。社会募集股份,其筹资对象广泛,在资本市场不景气或股票的发行价格不恰当的情况下,有发行失败(即股票未被全部认购)的可能。因此,其筹资风险大。按照有关规定,发行失败损失由发起人负担,包括承担筹建费用、公司筹建过程中的债务和对认股人已缴纳的股款支付银行同期存款利息等责任。

股份有限公司与其他企业相比较,最显著的特点就是将企业的全部资本划分为等额股份,并通过发行股票的方式来筹集资本。股东以其所认购股份对公司承担有限责任。股份是很重要的指标。股票的面值与股份总数的乘积为股本,股本应等于企业的注册资本,所以,股本也是很重要的指标。为了直观地反映这一指标,在会计处理上,股份有限公司应设置"股本"科目。

"股本"科目核算股东投入股份有限公司的股本,企业应将核定的股本总额、股份总数、每股面值在股本账户中做备查记录。为提供企业股份的构成情况,企业可在

"股本"科目下按股东单位或姓名设置明细账。企业的股本应在核定的股本总额范围内,发行股票取得。但值得注意的是,企业发行股票取得的收入与股本总额往往不一致,公司发行股票取得的收入大于股本总额的,称为溢价发行;小于股本总额的,称为折价发行;等于股本总额的,称为面值发行。我国不允许企业折价发行股票。在采用溢价发行股票的情况下,企业应将相当于股票面值的部分记入"股本"科目,其余部分在扣除发行手续费、佣金等发行费用后记入"资本公积——股本溢价"科目。

二、实收资本增减变动的会计处理

《中华人民共和国公司登记管理条例》规定,公司增加注册资本的,有限责任公司股东认缴新增资本的出资和股份有限公司的股东认购新股,应当分别依照《公司法》设立有限责任公司缴纳出资和设立股份有限公司缴纳股款的有关规定执行。公司法定公积金转增为注册资本的,验资证明应当载明留存的该项公积金不少于转增前公司注册资本的25%。公司减少注册资本的,应当自公告之日起45日后申请变更登记,并应当提交公司在报纸上登载公司减少注册资本公告的有关证明和公司债务清偿或者债务担保情况的说明。公司减资后的注册资本不得低于法定的最低限额。公司变更实收资本的,应当提交依法设立的验资机构出具的验资证明,并应当按照公司章程载明的出资时间、出资方式缴纳出资。公司应当自足额缴纳出资或者股款之日起30日内申请变更登记。

(一)实收资本增加的会计处理

1. 企业增加资本的一般途径

企业增加资本的途径一般有三条:一是将资本公积转为实收资本或者股本。会计上应借记"资本公积——资本溢价"或"资本公积——股本溢价"科目,贷记"实收资本"或"股本"科目。二是将盈余公积转为实收资本。会计上应借记"盈余公积"科目,贷记"实收资本"或"股本"科目。这里要注意的是,资本公积和盈余公积均属所有者权益,转为实收资本或者股本时,企业如为独资企业的,核算比较简单,直接结转即可;如为股份有限公司或有限责任公司的,应按原投资者所持股份同比例增加各股东的股权。三是所有者(包括原企业所有者和新投资者)投入。企业接受投资者投入的资本,借记"银行存款""固定资产""无形资产""长期股权投资"等科目,贷记"实收资本"或"股本"等科目。

【例10-3】A有限责任公司由甲、乙两人共同投资设立,原注册资本为20000000元,甲、乙出资分别为15000000元和5000000元,为了扩大经营规模,经批准,A公司按照原出资比例将资本公积5000000元转增资本。

根据上述资料,A公司应作以下账务处理:

借:资本公积 5000000
　　贷:实收资本——甲 3750000
　　　　　　　　——乙 1250000

2. 股份有限公司发放股票股利

股份有限公司采用发放股票股利实现增资的,在发放股票股利时,按照股东原来持有的股数分配，如股东所持股份按比例分配的股利不足一股时，应采用恰当的方法处理。例如，股东会决议按股票面额的10%发放股票股利时（假定新股发行价格及面额与原股相同），对于所持股票不足10股的股东，将会发生不能领取一股的情况。在这种情况下，有两种方法可供选择，一是将不足一股的股票股利改为现金股利，用现金支付；二是由股东相互转让，凑为整股。股东大会批准的利润分配方案中分配的股票股利，应在办理增资手续后，借记"利润分配"科目，贷记"股本"科目。

3. 可转换公司债券持有人行使转换权利

可转换公司债券持有人行使转换权利，将其持有的债券转换为股票，按可转换公司债券的余额，借记"应付债券——可转换公司债券（面值、利息调整）"科目；按其权益成分的金额，借记"资本公积——其他资本公积"科目；按股票面值和转换的股数计算的股票面值总额，贷记"股本"科目；按其差额，贷记"资本公积——股本溢价"科目。

4. 企业将重组债务转为资本

企业将重组债务转为资本的，应按重组债务的账面余额，借记"应付账款"等科目；按债权人因放弃债权而享有本企业股份的面值总额，贷记"实收资本"或"股本"科目；按股份的公允价值总额与相应的实收资本或股本之间的差额，贷记或借记"资本公积——资本溢价"或"资本公积——股本溢价"科目；按其差额，贷记"营业外收入——债务重组利得"科目。

5. 以权益结算的股份支付的行权

以权益结算的股份支付换取职工或其他方提供服务的，应在行权日，根据实际行权情况确定的金额，借记"资本公积——其他资本公积"科目；按应计入实收资本或股本的金额，贷记"实收资本"或"股本"科目。

（二）实收资本减少的会计处理

企业实收资本减少的原因大体有两种，一是资本过剩；二是企业发生重大亏损而需要减少实收资本。企业因资本过剩而减资，一般要发还股款。有限责任公司和一般企业发还投资的会计处理比较简单，按法定程序报经批准减少注册资本的，借记"实收资本"科目，贷记"库存现金""银行存款"等科目。

股份有限公司由于采用发行股票的方式筹集股本，发还股款时，则要回购发行的股票，发行股票的价格与股票面值可能不同，回购股票的价格也可能与发行价格不同，会计处理较为复杂。股份有限公司因减少注册资本而回购本公司股份的，应按实际支付金额，借记"库存股"科目，贷记"银行存款"等科目。注销库存股时，应按股票面值和注销股数计算的股票面值总额，借记"股本"科目；按注销库存股的账面余额，贷记"库存股"科目；按其差额，冲减股票发行时原记入资本公积的溢价部分，借记"资本公积——股本溢价"科目，回购价格超过上述冲减"股本"及"资本公积——股本溢价"科目的部分，应依次借记"盈余公积""利润分配——未分配利润"等科目。如回购价格低于回购股份所对应股本，所注销库存股的账面余额与所冲减股本的差额作为增加股本溢价处理，按回购股份所对应的股本面值，借记"股本"科目；按注销库存股的账面余额，贷记"库存股"科目；按其差额，贷记"资本公积——股本溢价"科目。

【例10-4】 B股份有限公司截至2014年12月31日共发行股票30000000股,股票面值为1元,资本公积(股本溢价)6000000元,盈余公积4000000元。经股东大会批准,B公司以现金回购本公司股票3000000股并注销。假定B公司按照每股4元回购股票,不考虑其他因素,B公司的账务处理如下:

库存股的成本 = 3000000 × 4 = 12000000(元)

借:库存股　　　　　　　　　　　　　　　　　　　12000000
　　贷:银行存款　　　　　　　　　　　　　　　　　　12000000
借:股本　　　　　　　　　　　　　　　　　　　　　3000000
　　资本公积——股本溢价　　　　　　　　　　　　　6000000
　　盈余公积　　　　　　　　　　　　　　　　　　　3000000
　　贷:库存股　　　　　　　　　　　　　　　　　　　12000000

【例10-5】 沿用【例10-4】假定B公司以每股0.90元回购股票,其他条件不变。B公司的账务处理如下:

库存股的成本 = 3000000 × 0.90 = 2700000(元)

借:库存股　　　　　　　　　　　　　　　　　　　2700000
　　贷:银行存款　　　　　　　　　　　　　　　　　　2700000
借:股本　　　　　　　　　　　　　　　　　　　　　3000000
　　贷:库存股　　　　　　　　　　　　　　　　　　　2700000
　　　资本公积——股本溢价　　　　　　　　　　　　300000

由于B公司以低于面值的价格回购股票,股本与库存股成本的差额300000元应作增加资本公积处理。

第二节　资本公积

一、资本公积概述

资本公积是企业收到投资者的超出其在企业注册资本(或股本)中所占份额的投资,以及直接计入所有者权益的利得和损失等。资本公积包括资本溢价(或股本溢价)和直接计入所有者权益的利得和损失等。

资本溢价(或股本溢价)是企业收到投资者的超出其在企业注册资本(或股本)中所占份额的投资。形成资本溢价(或股本溢价)的原因有溢价发行股票、投资者超额缴入资本等。

直接计入所有者权益的利得和损失是指不应计入当期损益、会导致所有者权益发生增减变动的、与所有者投入资本或者向所有者分配利润无关的利得或者损失。

资本公积一般应当设置"资本(或股本)溢价""其他资本公积"明细科目核算。

二、资本公积的确认和计量

(一) 资本溢价或股本溢价的会计处理

1. 资本溢价

投资者经营的企业（不含股份有限公司），投资者依其出资份额对企业经营决策享有表决权，依其所认缴的出资额对企业承担有限责任。明确记录投资者认缴的出资额，真实地反映各投资者对企业享有的权利与承担的义务，是会计处理应注意的问题。为此，会计上应设置"实收资本"科目，核算企业投资者按照公司章程所规定的出资比例实际缴付的出资额。在企业创立时，出资者认缴的出资额全部记入"实收资本"科目。

在企业重组并有新的投资者加入时，为了维护原有投资者的权益，新加入的投资者的出资额，并不一定全部作为实收资本处理。这是因为，在企业正常经营过程中投入的资金虽然与企业创立时投入的资金在数量上一致，但其获利能力却不一致。企业创立时，要经过筹建、试生产经营、为产品寻找市场、开辟市场等等过程，从投入资金到取得投资回报，中间需要许多时间，并且这种投资具有风险性，在这个过程中资本利润率很低。而企业进行正常生产经营后，在正常情况下，资本利润率要高于企业初创阶段。而这高于初创阶段的资本利润率是初创时必要的垫支资本带来的，企业创办者为此付出了代价。因此，相同数量的投资，由于出资时间不同，其对企业的影响程度不同，由此而带给投资者的权利也不同，往往早期出资带给投资者的权利要大于后期出资带给投资者的权利。所以，新加入的投资者要付出大于原有投资者的出资额，才能取得与投资者相同的投资比例。另外，不仅原投资者原有投资从质量上发生了变化，而且从数量上也可能发生变化，这是因为企业经营过程中实现利润的一部分留在企业，形成留存收益，而留存收益也属于投资者权益，但其未转入实收资本。新加入的投资者如与原投资者共享这部分留存收益，也要求其付出大于原有投资者的出资额，才能取得与原有投资者相同的投资比例。投资者投入的资本中按其投资比例计算的出资额部分，应记入"实收资本"科目，大于部分应记入"资本公积"科目。

例如，某有限责任公司由甲、乙、丙三位股东各自出资 100 万元设立。设立时的实收资本为 300 万元。经过三年的经营，该企业留存收益为 150 万元。这时又有丁投资者有意参加该企业，并表示愿意出资 180 万元，而仅占该企业股份的 25%。在会计处理时，将丁股东投入资金中的 100 万元记入"实收资本"科目，其余 80 万元记入"资本公积"科目。

2. 股本溢价

股份有限公司是以发行股票的方式筹集股本的，股票是企业签发的证明股东按其所持股份享有权利和承担义务的书面证明。由于股东按其所持企业股份享有权利和承担义务，为了反映和便于计算各股东所持股份占企业全部股本的比例，企业的股本总额应按股票的面值与股份总数的乘积计算。国家规定，实收股本总额应与注册资本相等。因此，为提供企业股本总额及其构成和注册资本等信息，在采用与股票面值相同的价格发行股票的情况下，企业发行股票取得的收入，应全部记入"股本"科目；在采用溢价发行股票的情况下，企业发行股票取得的收入，相当于股票面值的部分记入"股本"科目，超出股票面值的溢价收入记入"资本公积"科目。委托证券商代理发行股票而支付的手续费、佣金等，应从溢价发行收入中扣除，企业应按扣除手续费、佣金后的数额记入"资本公积"科目。

【例10-6】A公司委托B证券公司代理发行普通股2000000股，每股面值1元，按每股1.20元的价格发行。公司与受托单位约定，按发行收入的3%收取手续费，从发行收入中扣除。假如收到的股款已存入银行。

根据上述资料，A公司应作以下账务处理：

公司收到受托发行单位交来的现金 = 2000000 × 1.20 × （1 - 3%）= 2328000（元）

应记入"资本公积科目"的余额

资本公积科目余额 = 溢价收入 - 发行手续费
　　　　　　　　= 2000000 × （1.20 - 1）2000000 × 1.20 × 3%
　　　　　　　　= 328000（元）

借：银行存款　　　　　　　　　　　　　　　　　　　　2328000
　　贷：股本　　　　　　　　　　　　　　　　　　　　2000000
　　　　资本公积——股本溢价　　　　　　　　　　　　　328000

（二）其他资本公积的会计处理

其他资本公积，是指除资本溢价（或股本溢价）项目以外所形成的资本公积，其中主要包括直接计入所有者权益的利得和损失。

直接计入所有者权益的利得和损失主要由以下交易或事项引起：

1. 采用权益法核算的长期股权投资

长期股权投资采用权益法核算的，在持股比例不变的情况下，被投资单位除净损益以外所有者权益的其他变动，企业按持股比例计算应享有的份额，如果是利得，应当增加长期股权投资的账面价值，同时增加资本公积（其他资本公积）；如果是损失，应当作相反的会计分录。当处置采用权益法核算的长期股权投资时，应当将原记入资本公积的相关金额转入投资收益。

2. 以权益结算的股份支付

以权益结算的股份支付换取职工或其他方提供服务的，应按照确定的金额，记入"管理费用"等科目，同时增加资本公积（其他资本公积）。在行权日，应按实际行权的权益工具数量计算确定的金额，借记"资本公积——其他资本公积"科目；按计入实收资本或股本的金额，贷记"实收资本"或"股本"科目，并将其差额记入"资本公积——资本溢价"或"资本公积——股本溢价"。

3. 存货或自用房地产转换为投资性房地产

企业将作为存货的房地产转换为采用公允价值模式计量的投资性房地产时，应当按该项房地产在转换日的公允价值，借记"投资性房地产——成本"科目，原已计提跌价准备的，借记"存货跌价准备"科目，按其账面余额，贷记"开发产品"等科目；同时，转换日的公允价值小于账面价值的，按其差额，借记"公允价值变动损益"科目,转换日的公允价值大于账面价值的,按其差额,贷记"资本公积——其他资本公积"科目。

企业将自用的建筑物等转换为采用公允价值模式计量的投资性房地产时,应当按该项房地产在转换日的公允价值,借记"投资性房地产——成本"科目,原已计提减值准备的,借记"固定资产减值准备"科目,按已计提的累计折旧等,借记"累计折旧"等科目,按其账面余额,贷记"固定资产"等科目。同时,转换日的公允价值小于账面价值的,按其差额,借记"公允价值变动损益"科目;转换日的公允价值大于账面价值的,按其差额,贷记"资本公积——其他资本公积"科目。

待该项投资性房地产处置时,因转换计入资本公积的部分应转入当期的其他业务收入,借记"资本公积——其他资本公积"科目,贷记"其他业务收入"科目。

4. 可供出售金融资产公允价值的变动

可供出售金融资产公允价值变动形成的利得,除减值损失和外币货币性金融资产形成的汇兑差额外,借记"可供出售金融资产——公允价值变动"科目,贷记"资本公积——其他资本公积"科目,公允价值变动形成的损失,作相反的会计分录。

5. 可供出售外币非货币性项目的汇兑差额

对于以公允价值计量的可供出售非货币性项目,如果期末的公允价值以外币反映,则应当先将该外币按照公允价值确定当日的即期汇率折算为记账本位币金额,再与原记账本位币金额进行比较,其差额计入资本公积。具体地说,对于发生的汇兑损失,借记"资产公积——其他资本公积"科目,贷记"可供出售金融资产"科目;对于发生的汇兑收益,借记"可供出售金融资产"科目,贷记"资本公积——其他资本公积"科目。

6. 金融资产的重分类

将可供出售金融资产重分类为采用成本或摊余成本计量的金融资产,重分类日该金融资产的公允价值或账面价值作为成本或摊余成本,该金融资产没有固定到期日的,与该金融资产相关、原直接计入所有者权益的利得或损失,应当仍然记入"资本公积——其他资本公积"科目,在该金融资产被处置时转出,计入当期损益。

将持有至到期投资重分类为可供出售金融资产,并以公允价值进行后续计量,重分类日,该投资的账面价值与其公允价值之间的差额记入"资本公积——其他资本公积"科目,在该可供出售金融资产发生减值或终止确认时转出,计入当期损益。

按照金融工具确认和计量的规定应当以公允价值计量,但以前公允价值不能可靠计量的可供出售金融资产,企业应当在其公允价值能够可靠计量时改按公允价值计量,将相关账面价值与公允价值之间的差额记入"资本公积——其他资本公积"科目,在其发生减值或终止确认时将上述差额转出,计入当期损益。

(三)资本公积转增资本的会计处理

按照《公司法》的规定,法定公积金(资本公积和盈余公积)转为资本时,所留存的该项公积金不得少于转增前公司注册资本的25%。经股东大会或类似机构决议,用资本公积转增资本时,应冲减资本公积,同时按照转增前的实收资本(或股本)的结构或比例,将转增的金额记入"实收资本"(或"股本")科目下各所有者的明细分类账。

第三节 留存收益

一、盈余公积

(一) 盈余公积的有关规定

根据《公司法》等有关法规的规定,企业当年实现的净利润,一般应当按照如下顺序进行分配。

1. 提取法定公积金

公司制企业的法定公积金按照税后利润的10%的比例提取（非公司制企业也可按照超过10%的比例提取），在计算提取法定盈余公积的基数时，不应包括企业年初未分配利润。公司法定公积金累计额为公司注册资本的50%以上时，可以不再提取法定公积金。

公司的法定公积金不足以弥补以前年度亏损的，在提取法定公积金之前，应当先用当年利润弥补亏损。

2. 提取任意公积金

公司从税后利润中提取法定公积金后，经股东会或者股东大会决议，还可以从税后利润中提取任意公积金。非公司制企业经类似权力机构批准，也可提取任意盈余公积。

3. 向投资者分配利润或股利

公司弥补亏损和提取公积金后所余税后利润，有限责任公司股东按照实缴的出资比例分取红利，但是，全体股东约定不按照出资比例分取红利的除外；股份有限公司按照股东持有的股份比例分配，但股份有限公司章程规定不按持股比例分配的除外。

股东会、股东大会或者董事会违反规定，在公司弥补亏损和提取法定公积金之前向股东分配利润的，股东必须将违反规定分配的利润退还公司。公司持有的本公司股份不得分配利润。

盈余公积是指企业按照规定从净利润中提取的各种积累资金。公司制企业的盈余公积分为法定盈余公积和任意盈余公积。两者的区别就在于其各自计提的依据不同。前者以国家的法律或行政规章为依据提取，后者则由企业自行决定提取。

企业提取盈余公积主要可以用于以下几个方面：

1. 弥补亏损

企业发生亏损时，应由企业自行弥补。弥补亏损的渠道主要有三条：一是用以后年度税前利润弥补。按照现行制度规定，企业发生亏损时，可以用以后5年内实现的税前利润弥补，即税前利润弥补亏损的期间为5年。二是用以后年度税后利润弥补。企业发生的亏损经过5年期间未弥补足额的，尚未弥补的亏损应用所得税后的利润弥补。三是以盈余公积弥补亏损。企业以提取盈余公积弥补亏损时，应当由公司董事会提议并经股东大会批准。

2. 转增资本

企业将盈余公积转增资本时，必须经股东大会决议批准。在实际将盈余公积转增资本时，要按股东原有持股比例结转。

企业提取的盈余公积，无论是用于弥补亏损，还是用于转增资本，只不过是在企业所有者权益内部作结构上的调整，比如企业以盈余公积弥补亏损时，实际是减少盈余公积留存的数额，以此抵补未弥补亏损的数额，并不引起企业所有者权益总额的变动；企业以盈余公积转增资本时，也只是减少盈余公积结存的数额，但同时增加企业实收资本或股本的数额，也并不引起所有者权益总额的变动。

3. 扩大企业生产经营

盈余公积的用途，并不是指其实际占用形态，提取盈余公积也并不是单独将这部分资金从企业资金周转过程中抽出。企业盈余公积的结存数，实际只表现为企业所有者权益的组成部分，表明企业生产经营资金的一个来源而已。其形成的资金可能表现为一定的货币资金，也可能表现为一定的实物资产，如存货和固定资产等随同企业的其他来源所形成的资金进行循环周转，用于企业的生产经营。

（二）盈余公积的确认和计量

为了反映盈余公积的形成及使用情况，企业应设置"盈余公积"科目。企业应当分别"法定盈余公积""任意盈余公积"进行明细核算。外商投资企业还应分别"储备基金""企业发展基金"进行明细核算。

企业提取盈余公积时，借记"利润分配——提取法定盈余公积""利润分配——提取任意盈余公积"科目，贷记"盈余公积——法定盈余公积""盈余公积——任意盈余公积"科目。

外商投资企业按规定提取的储备基金、企业发展基金、职工奖励及福利基金，借记"利润分配——提取储备基金""利润分配——提取企业发展基金""利润分配——提取职工奖励及福利基金"科目，贷记"盈余公积——储备基金""盈余公积——企业发展基金""应付职工薪酬"科目。

企业用盈余公积弥补亏损或转增资本时，借记"盈余公积"，贷记"利润分配——盈余公积补亏""实收资本"或"股本"科目。经股东大会决议，用盈余公积派送新股，按派送新股计算的金额，借记"盈余公积"科目，按股票面值和派送新股总数计算的股票面值总额，贷记"股本"科目。

二、未分配利润

未分配利润是企业留待以后年度进行分配的结存利润，也是企业所有者权益的组成部分。相对于所有者权益的其他部分来讲，企业对于未分配利润的使用分配有较大的自主权。从数量上来讲，未分配利润是期初未分配利润，加上本期实现的净利润，减去提取的各种盈余公积和分出利润后的余额。

在会计处理上，未分配利润是通过"利润分配"科目进行核算的，"利润分配"科目应当分别"提取法定盈余公积""提取任意盈余公积""应付现金股利或利润""转作股本的股利""盈余公积补亏"和"未分配利润"等进行明细核算。

（一）分配股利或利润的会计处理

经股东大会或类似机构决议，分配给股东或投资者的现金股利或利润，借记"利润分配——应付现金股利或利润"科目，贷记"应付股利"科目。经股东大会或类似机构决议，分配给股东的股票股利，应在办理增资手续后，借记"利润分配——转作股本的股利"科目，贷记"股本"科目。

（二）期末结转的会计处理

企业期末结转利润时，应将各损益类科目的余额转入"本年利润"科目，结平各损益类科目。结转后"本年利润"的贷方余额为当期实现的净利润，借方余额为当期发生的净亏损。年度终了，应将本年收入和支出相抵后结出的本年实现的净利润或净亏损，转入"利润分配——未分配利润"科目。同时，将"利润分配"科目所属的其他明细科目的余额，转入"未分配利润"明细科目。结转后，"未分配利润"明细科目的贷方余额，就是未分配利润的金额；如出现借方余额，则表示未弥补亏损的金额。"利润分配"科目所属的其他明细科目应无余额。

（三）弥补亏损的会计处理

企业在生产经营过程中既有可能发生盈利，也有可能出现亏损。企业在当年发生亏损的情况下，与实现利润的情况相同，应当将本年发生的亏损自"本年利润"科目转入"利润分配÷未分配利润"科目，借记"利润分配——未分配利润"科目，贷记"本年利润"科目，结转后"利润分配"科目的借方余额，即为未弥补亏损的数额。然后通过"利润分配"科目核算有关亏损的弥补情况。

由于未弥补亏损形成的时间长短不同等原因，以前年度未弥补亏损有的可以以当年实现的税前利润弥补，有的则须用税后利润弥补。以当年实现的利润弥补以前年度结转的未弥补亏损，不需要进行专门的账务处理。企业应将当年实现的利润自"本年利润"科目转入"利润分配——未分配利润"科目的贷方，其贷方发生额与"利润分配——未分配利润"的借方余额自然抵补。无论是以税前利润还是以税后利润弥补亏损，其会计处理方法均相同。但是，两者在计算交纳所得税时的处理是不同的。在以税前利润弥补亏损的情况下，其弥补的数额可以抵减当期企业应纳税所得额；而以税后利润弥补的数额，则不能作为纳税所得扣除处理。

【例10-7】A股份有限公司的股本为100000000元，每股面值1元。2014年年初未分配利润为贷方80000000元，2014年实现净利润50000000元。

假定公司按照2014年实现净利润的10%提取法定盈余公积，5%提取任意盈余公积，同时向股东按每股0.20元派发现金股利，按每10股送3股的比例派发股票股利。2015年3月15日，公司以银行存款支付了全部现金股利，新增股本也已经办理完股权登记和相关增资手续。A公司的账务处理如下：

（1）2014年度终了时，企业结转本年实现的净利润：

借：本年利润　　　　　　　　　　　　　　　　　　　　　　　50000000
　　贷：利润分配——未分配利润　　　　　　　　　　　　　　　　　50000000

（2）提取法定盈余公积和任意盈余公积：

借：利润分配——提取法定盈余公积　　　　　　　　　　　5000000
　　　　　　——提取任意盈余公积　　　　　　　　　　　2500000
　　贷：盈余公积——法定盈余公积　　　　　　　　　　　5000000
　　　　　　　　——任意盈余公积　　　　　　　　　　　2500000

（3）结转"利润分配"的明细科目：

借：利润分配——未分配利润　　　　　　　　　　　　　　7500000
　　贷：利润分配——提取法定盈余公积　　　　　　　　　5000000
　　　　　　　　——提取任意盈余公积　　　　　　　　　2500000

A 公司 2014 年年底"利润分配——未分配利润"科目的余额为：

80000000 + 50000000 - 7500000 = 122500000（元），即贷方余额为 122500000 元，反映企业的累计未分配利润为 122500000 元。

（4）批准发放现金股利：

100000000 × 0.2 = 20000000（元）

借：利润分配——应付现金股利　　　　　　　　　　　　　20000000
　　贷：应付股利　　　　　　　　　　　　　　　　　　　20000000

2015 年 3 月 15 日，实际发放现金股利：

借：应付股利　　　　　　　　　　　　　　　　　　　　　20000000
　　贷：银行存款　　　　　　　　　　　　　　　　　　　20000000

（5）2015 年 3 月 15 日，发放股票股利：

100000000 × 1 × 30% = 30000000（元）

借：利润分配——转作股本的股利　　　　　　　　　　　　30000000
　　贷：股本　　　　　　　　　　　　　　　　　　　　　30000000

第十一章 收 入

第一节 收入的分类、确认与计量原则

一、收入的定义

收入是指企业在日常活动中形成的、会导致所有者权益增加的、与所有者投入资本无关的经济利益的总流入。其中，日常活动是指企业为完成其经营目标所从事的经常性活动以及与之相关的其他活动。

二、收入的分类

收入可以有不同的分类。

按照企业从事日常活动的性质，可将收入分为销售商品收入、提供劳务收入、让渡资产使用权收入、建造合同收入等。其中，销售商品收入是指企业通过销售商品实现的收入，如工业企业制造并销售产品、商业企业销售商品等实现的收入。提供劳务收入是指企业通过提供劳务实现的收入，如咨询公司提供咨询服务、软件开发企业为客户开发软件、安装公司提供安装服务等实现的收入。让渡资产使用权收入是指企业通过让渡资产使用权实现的收入，如商业银行对外贷款、租赁公司出租资产等实现的收入。建造合同收入是指企业承担建造合同所形成的收入。

按照企业从事日常活动在企业的重要性，可将收入分为主营业务收入、其他业务收入等。其中，主营业务收入是指企业为完成其经营目标从事的经常性活动实现的收入。如工业企业制造并销售产品、商业企业销售商品、保险公司签发保单、咨询公司提供咨询服务、软件开发企业为客户开发软件、安装公司提供安装服务、商业银行对外贷款、租赁公司出租资产等实现的收入。这些活动形成的经济利益的总流入构成收入，属于企业的主营业务收入，根据其性质的不同，分别通过"主营业务收入""利息收入""保费收入"等科目进行核算。其他业务收入是指与企业为完成其经营目标所从事的经常性活动相关的活动实现的收入。例如，工业企业对外出售不需用的原材料、对外转让无形资产使用权等。这些活动形成的经济利益的总流入也构成收入，属于企业的其他业务

收入，根据其性质的不同，分别通过"其他业务收入"科目核算。

本章主要涉及销售商品、提供劳务、让渡资产使用权、建造合同等的收入确认和计量，不涉及长期股权投资、租赁、原保险合同、再保险合同等形成的收入确认和计量。

三、收入的确认与计量原则

（一）销售商品收入

1. 确认条件

销售商品收入同时满足下列条件的，才能予以确认：

（1）企业已将商品所有权上的主要风险和报酬转移给购货方。

（2）企业既没有保留通常与所有权相联系的继续管理权，也没有对已售出的商品实施有效控制。

（3）收入的金额能够可靠地计量。

（4）相关的经济利益很可能流入企业。

（5）相关的已发生或将发生的成本能够可靠地计量。

前两条是用来证明销售商品的交易是否真正完成的。后三条是收入确认的基本条件，也叫作收入确认的核心条件，所有收入的确认都要满足这三个条件。

2. 计量原则

企业应当按照从购货方已收或应收的合同或协议价款确定销售商品收入金额，但已收或应收的合同或协议价款不显失公允的除外。

（1）现金折扣的核算：现金折扣是指债权人为鼓励债务人在规定的期限内付款而向债务人提供的债务扣除。销售商品涉及现金折扣的，应当按照扣除现金折扣前的金额确定销售商品收入金额。现金折扣在实际发生时计入当期损益。即本准则对于现金折扣采用总价法核算。

（2）商业折扣的核算：商业折扣是指企业为促进商品销售而在商品标价上给予的价格扣除。销售商品涉及商业折扣的，应当按照扣除商业折扣后的金额确定销售商品收入金额。即商品销售过程中常见的"打折"，在确认收入时要先扣除。

（3）销售折让的核算：销售折让是指企业因售出商品的质量不合格等原因而在售价上给予的减让。企业已经确认销售商品收入的售出商品发生销售折让的，应当在发生时冲减当期销售商品收入。即对于确认收入以后的发生销售折让采用与现金折扣同样的处理方法——不预计可能发生的销售折让，实际发生时冲减当期销售收入。

（4）销售退回的核算：销售退回，是指企业售出的商品由于质量、品种不符合要求等原因而发生的退货。企业已经确认销售商品收入的售出商品发生销售退回的，应当在发生时冲减当期销售商品收入。即不论本期还是以前各期销售的商品发生退回，均冲减退回当期的销售商品收入。

（二）提供劳务收入

1. 确认条件

企业在资产负债表日提供劳务交易的结果能够可靠估计的，应当采用完工百分比法确认提供劳务收入。

提供劳务交易的结果能够可靠估计应同时满足下列条件：

（1）收入的金额能够可靠地计量。

（2）相关的经济利益很可能流入企业。

（3）交易的完工进度能够可靠地确定。

（4）交易中已发生和将发生的成本能够可靠地计量。

如果企业在资产负债表日提供劳务交易结果不能够可靠估计的，应当分别按下列情况处理：

（1）已经发生的劳务成本预计能够得到补偿的，按照已经发生的劳务成本金额确认提供劳务收入，并按相同金额结转劳务成本。

（2）已经发生的劳务成本预计不能够得到补偿的，应当将已经发生的劳务成本计入当期损益，不确认提供劳务收入。即采用成本回收法确认收入。

2. 计量原则

企业应当按照从接受劳务方已收或应收的合同或协议价款确定提供劳务收入总额，但已收或应收的合同或协议价款不公允的除外，即提供劳务收入的计量采用与销售商品收入一样的计量原则：公允价值模式。

企业应当在资产负债表日按照提供劳务收入总额乘以完工进度扣除以前会计期间累计已确认提供劳务收入后的金额，确认当期提供劳务收入；同时，按照提供劳务估计总成本乘以完工进度扣除以前会计期间累计已确认劳务成本后的金额，结转当期确认当期劳务成本。

完工程度的确定：企业确定提供劳务交易的完工进度，可以选用下列方法：①已完工作的测量。②已经提供的劳务占应提供劳务总量的比例。③已经发生的成本占估计总成本的比例。

交易的区分：①企业与其他企业签订的合同或协议包括销售商品和提供劳务时，销售商品部分和提供劳务部分能够区分且能够单独计量的，应当将销售商品的部分作为销售商品处理，将提供劳务的部分作为提供劳务处理。②销售商品部分和提供劳务部分不能够区分，或虽能区分但不能够单独计量的，应当将销售商品部分和提供劳务部分全部作为销售商品处理。

（三）让渡资产使用权收入

让渡资产使用权收入包括利息收入、使用费收入等。

1. 确认条件

让渡资产使用权收入同时满足下列条件的，才能予以确认：

（1）相关的经济利益很可能流入企业。

（2）收入的金额能够可靠地计量。即要满足收入确认的基本条件。

2. 计量原则

①利息收入金额，按照他人使用本企业货币资金的时间和实际利率计算确定。②使用费收入金额，按照有关合同或协议约定的收费时间和方法计算确定。

第二节　销售商品收入

一、销售商品收入确认和计量的具体要求

（一）商品所有权上的主要风险和报酬转移给购货方的认定

企业已将商品所有权上的主要风险和报酬转移给购货方，是指与商品所有权有关的主要风险和报酬同时转移给了购货方。其中，与商品所有权有关的风险，是指商品可能发生减值或毁损等形成的损失；与商品所有权有关的报酬，是指商品价值增值或通过使用商品等形成的经济利益。

判断企业是否已将商品所有权上的主要风险和报酬转移给购货方，应当关注交易的实质，而不是形式，并结合所有权凭证的转移或实物的交付进行判断。如果与商品所有权有关的任何损失均不需要销货方承担，与商品所有权有关的任何经济利益也不归销货方所有，就意味着商品所有权上的主要风险和报酬转移给了购货方。

（1）通常情况下，转移商品所有权凭证并交付实物后，商品所有权上的所有风险和报酬随之转移，如大多数零售商品。

（2）某些情况下，转移商品所有权凭证或交付实物后，商品所有权上的主要风险和报酬随之转移，企业只保留商品所有权上的次要风险和报酬，如交款提货方式销售商品。在这种情形下，应当视同商品所有权上的所有风险和报酬已经转移给购货方。

【例11-1】来来公司销售一批商品给乙公司。乙公司已根据来来公司开出的发票账单支付了货款，取得了提货单，但来来公司尚未将商品移交乙公司。

根据本例的资料，来来公司采用交款提货的销售方式，即购买方已根据销售方开出的发票账单支付货款，并取得卖方开出的提货单。在这种情况下，购买方支付货款并取得提货单，说明商品所有权上的主要风险和报酬已转移给购买方，虽然商品未实际交付，来来公司仍可以认为商品所有权上的主要风险和报酬已经转移，在同时满足销售商品收入确认的其他条件时，应当确认收入。

（3）某些情况下，转移商品所有权凭证或交付实物后，商品所有权上的主要风险和报酬并未随之转移。

1）企业销售的商品在质量、品种、规格等方面不符合合同或协议要求，又未根据正常的保证条款予以弥补，因而仍负有责任。

【例11-2】来来公司向乙公司销售一批商品，商品已经发出，乙公司已经预付部分货款，剩余货款由乙公司开出一张商业承兑汇票，销售发票账单已交付乙公司。乙公司收到商品后，发现商品质量没有达到合同约定的要求，立即根据合同有关条款与来来公司交涉，要求在价格上给予一定折让，否则要求退货。双方没有就此达成一致意见，来来公司也未采取任何补救措施。

根据本例的资料，尽管商品已经发出，并将发票账单交付买方，同时收到部分货款，但是由于双方在商品质量的弥补方面未达成一致意见，说明购买方尚未正式接受商品，商品可能被退回。因此，商品所有权上的主要风险和报酬仍保留在来来公司，没有随商品所有权凭证的转移或实物的交付而转移，不能确认收入。

2）企业销售商品的收入是否能够取得，取决于购买方是否已将商品销售出去。如采用支付手续费方式委托代销商品等。

支付手续费方式委托代销商品，是指委托方和受托方签订合同或协议，委托方根据代销商品金额或数量向受托方支付手续费的销售方式。在这种方式下，委托方发出商品时，商品所有权上的主要风险和报酬并未转移给受托方，委托方在发出商品时通常不应确认销售商品收入，通常可在收到受托方开出的代销清单时确认销售商品收入；受托方应在商品销售后，按合同或协议约定的方法计算确定的手续费确认收入。

3）企业尚未完成售出商品的安装或检验工作，且安装或检验工作是销售合同或协议的重要组成部分。

【例11-3】来来公司向乙公司销售一部电梯，电梯已经运抵乙公司，发票账单已经交付，同时收到部分货款。合同约定，来来公司应负责该电梯的安装工作，在安装工作结束并经乙公司验收合格后，乙公司应立即支付剩余货款。

根据本例的资料，电梯安装调试工作通常是电梯销售合同的重要组成部分，在安装过程中可能会发生一些不确定因素，影响电梯销售收入的实现。因此，电梯实物的交付并不表明商品所有权上的主要风险和报酬随之转移，不能确认收入。

需要说明的是，在需要安装或检验的销售中，如果安装程序比较简单或检验是为了最终确定合同或协议价格而必须进行的程序，企业可以在发出商品时确认收入。

4）销售合同或协议中规定了买方由于特定原因有权退货的条款，且企业又不能确定退货的可能性。

【例11-4】来来公司为推销一种新产品，承诺凡购买新产品的客户均有一个月的试用期，在试用期内如果对产品使用效果不满意，来来公司无条件给予退货。该种新产品已交付买方，货款已收讫。

根据本例的资料，来来公司虽然已将产品售出，并已收到货款。但是由于是新产品，来来公司无法估计退货的可能性，这表明产品所有权上的主要风险和报酬并未随实物的交付而发生转移，不能确认收入。

（二）企业既没有保留通常与所有权相联系的继续管理权，也没有对已售出的商品实施有效控制的认定

通常情况下，企业售出商品后不再保留与商品所有权相联系的继续管理权，也不再对售出商品实施有效控制，商品所有权上的主要风险和报酬已经转移给购货方，通常应在发出商品时确认收入。

【例11-5】来来公司属于房地产开发商。来来公司将住宅小区销售给业主后，接受业主委托代售住宅小区商品房并管理住宅小区物业。

根据本例的资料，来来公司接受业主委托代售住宅小区商品房并管理住宅小区物业，是与住宅小区销售无关的另一项提供劳务的交易。来来公司虽然仍对住宅小区进行

管理，但这种管理与住宅小区的所有权无关，因为住宅小区的所有权属于业主。

【例 11-6】乙公司属于软件开发公司。乙公司销售某成套软件给客户后，接受客户委托对该成套软件进行日常有偿维护管理。

根据本例的资料，乙公司接受客户委托对成套软件进行日常有偿维护管理，是与成套软件销售无关的另一项提供劳务的交易。乙公司虽然仍对该成套软件进行管理，但这种管理与成套软件所有权无关，因为成套软件的所有权属于客户。

（三）收入的金额能够可靠计量的认定

收入的金额能够可靠地计量，是指收入的金额能够合理地估计。如果收入的金额不能够合理地估计，则无法确认收入。通常情况下，企业在销售商品时，商品销售价格已经确定，企业应当按照从购货方已收或应收的合同或协议价款确定收入金额。如果销售商品涉及现金折扣、商业折扣、销售折让等因素，还应当在考虑这些因素后确定销售商品收入金额。如果企业从购货方应收的合同或协议价款延期收取具有融资性质，企业应按应收的合同或协议价款的公允价值确定销售商品收入金额。

有时，由于销售商品过程中某些不确定因素的影响，也有可能存在商品销售价格发生变动的情况，如附有销售退回条件的商品销售。如果企业不能合理估计退货的可能性，就不能够合理地估计收入的金额，不应在发出商品时确认收入，而应当在售出商品退货期满、销售商品收入金额能够可靠计量时确认收入。

企业从购货方已收或应收的合同协议价款不公允的，企业应按公允的交易价格确定收入金额，不公允的价款不应确定为收入金额。

（四）相关的经济利益很可能流入企业的判断

相关的经济利益很可能流入企业，是指销售商品价款收回的可能性大于不能收回的可能性，即销售商品价款收回的可能性超过50%。企业在确定销售商品价款收回的可能性时，应当结合以前和买方交往的直接经验、政府有关政策、其他方面取得信息等因素进行综合分析。企业销售的商品符合合同或协议要求，已将发票账单交付买方，买方承诺付款，通常表明满足本确认条件（相关的经济利益很可能流入企业）。如果企业根据以前与买方交往的直接经验判断买方信誉较差，或销售时得知买方在另一项交易中发生了巨额亏损，资金周转十分困难，或在出口商品时不能肯定进口企业所在国政府是否允许将款项汇出等，就可能会出现与销售商品相关的经济利益不能流入企业的情况，不应确认收入。如果企业判断销售商品收入满足确认条件确认了一笔应收债权，以后由于购货方资金周转困难无法收回该债权时，不应调整原确认的收入，而应对该债权计提坏账准备、确认坏账损失。

（五）相关的已发生或将发生的成本能够可靠计量的条件

通常情况下，销售商品相关的已发生或将发生的成本能够合理地估计，如库存商品的成本等。如果库存商品是本企业生产的，其生产成本能够可靠计量；如果是外购的，购买成本能够可靠计量。有时，销售商品相关的已发生或将发生的成本不能够合理地估计，此时企业不应确认收入，已收到的价款应确认为负债。

【例 11-7】来来公司与乙公司签订协议，约定来来公司生产并向乙公司销售一台大型设备。限于自身生产能力不足,来来公司委托丙公司生产该大型设备的一个主要部件。来来公司与丙公司签订的协议约定,丙公司生产该主要部件发生的成本经来来公司认定后,其金额的110%即为来来公司应支付给丙公司的款项。假定来来公司本身负责的部件生产任务和丙公司负责的部件生产任务均已完成,并由来来公司组装后运抵乙公司,乙公司验收合格后及时支付了货款。但是,丙公司尚未将由其负责的部件相关的成本资料交付来来公司认定。

本例中,虽然来来公司已将大型设备交付乙公司,且已收到货款。但是,来来公司为该大型设备发生的相关成本因丙公司相关资料未送达而不能可靠地计量,也不能合理地估计。因此,来来公司收到货款时不应确认为收入。

如果来来公司为该大型设备发生的相关成本因丙公司相关资料未送达而不能可靠地计量,但是来来公司基于以往经验能够合理估计出该大型设备的成本,仍可以认为满足本确认条件。

二、销售商品收入的会计处理

(一) 一般情况下销售商品收入的处理

确认销售商品收入时,企业应按已收或应收的合同或协议价款,加上应收取的增值税税额,借记"银行存款""应收账款""应收票据"等科目,按确定的收入金额,贷记"主营业务收入""其他业务收入"等科目,按应收取的增值税税额,贷记"应交税费——应交增值税(销项税税额)"科目;同时或在资产负债表日,按应交纳的消费税、资源税、城市维护建设税、教育费附加等税费金额,借记"营业税金及附加"科目,贷记"应交税费——应交消费税(或应交资源税、应交城市维护建设税等)"科目。

如果售出商品不符合收入确认条件,则不应确认收入,已经发出的商品,应当通过"发出商品"科目进行核算。

【例11-8】来来公司在2013年3月12日向乙公司销售一批商品,开出的增值税专用发票上注明的销售价格为200000元,增值税税额为34000元,款项尚未收到;该批商品成本为120000元。来来公司在销售时已知乙公司资金周转发生困难,但为了减少存货积压,同时也为了维持与乙公司长期建立的商业关系,来来公司仍将商品发往乙公司且办妥托收手续。假定来来公司销售该批商品的增值税纳税义务已经发生。

根据本例的资料,由于乙公司资金周转存在困难,因而来来公司在货款回收方面存在较大的不确定性,与该批商品所有权有关的风险和报酬没有转移给乙公司。根据销售商品收入的确认条件,来来公司在发出商品且办妥托收手续时不能确认收入,已经发出的商品成本应通过"发出商品"科目反映。来来公司的账务处理如下:

(1) 2013年3月12日发出商品时:

借:发出商品　　　　　　　　　　　　　　　　　　　　　　120000
　　贷:库存商品　　　　　　　　　　　　　　　　　　　　　　　　120000

同时,将增值税专用发票上注明的增值税税额转入应收账款:

借：应收账款　　　　　　　　　　　　　　　　　　　　　　　　34000
　　贷：应交税费——应交增值税（销项税税额）　　　　　　　　　　34000
（注：如果销售该商品的增值税纳税义务尚未发生，则不作这笔分录，待纳税义务发生时再作应交增值税的分录。）

（2）2013年6月10日，来来公司得知乙公司经营情况逐渐好转，乙公司承诺近期付款时：

借：应收账款　　　　　　　　　　　　　　　　　　　　　　　　200000
　　贷：主营业务收入　　　　　　　　　　　　　　　　　　　　　　200000
借：主营业务成本　　　　　　　　　　　　　　　　　　　　　　120000
　　贷：发出商品　　　　　　　　　　　　　　　　　　　　　　　120000

（3）2013年6月20日收到款项时：

借：银行存款　　　　　　　　　　　　　　　　　　　　　　　　234000
　　贷：应收账款　　　　　　　　　　　　　　　　　　　　　　　234000

（二）销售商品涉及现金折扣、商业折扣、销售折让的处理

企业销售商品有时也会遇到现金折扣、商业折扣、销售折让等问题，应当分别不同情况进行处理：

（1）现金折扣，是指债权人为鼓励债务人在规定的期限内付款而向债务人提供的债务扣除。企业销售商品涉及现金折扣的，应当按照扣除现金折扣前的金额确定销售商品收入金额。现金折扣在实际发生时计入财务费用。

（2）商业折扣，是指企业为促进商品销售而在商品标价上给予的价格扣除。企业销售商品涉及商业折扣的，应当按照扣除商业折扣后的金额确定销售商品收入金额。

（3）销售折让，是指企业因售出商品的质量不合格等原因而在售价上给予的减让。对于销售折让，企业应分别不同情况进行处理：①已确认收入的售出商品发生销售折让的，通常应当在发生时冲减当期销售商品收入；②已确认收入的销售折让属于资产负债表日后事项的，应当按照有关资产负债表日后事项的相关规定进行处理。

【例11-9】来来公司在2013年7月1日向乙公司销售一批商品，开出的增值税专用发票上注明的销售价款为20000元，增值税税额为3400元。为尽早收回货款，来来公司和乙公司约定的现金折扣条件为：2/10，1/20，n/30。假定计算现金折扣时不考虑增值税税额。来来公司的账务处理如下：

（1）7月1日销售实现时，按销售总价确认收入：

借：应收账款　　　　　　　　　　　　　　　　　　　　　　　　23400
　　贷：主营业务收入　　　　　　　　　　　　　　　　　　　　　　20000
　　　　应交税费——应交增值税（销项税税额）　　　　　　　　　　3400

（2）如果乙公司在7月9日付清货款，则按销售总价20000元的2%享受现金折扣20000×2%＝400（元），实际付款23400－400＝23000（元）：

借：银行存款　　　　　　　　　　　　　　　　　　　　　　　　23000
　　财务费用　　　　　　　　　　　　　　　　　　　　　　　　　400
　　贷：应收账款　　　　　　　　　　　　　　　　　　　　　　　23400

(3) 如果乙公司在 7 月 18 日付清货款，则按销售总价 20000 元的 1% 享受现金折扣 20000×1% = 200（元），实际付款 23400 - 200 = 23200（元）：

借：银行存款　　　　　　　　　　　　　　　　　　　　23200
　　财务费用　　　　　　　　　　　　　　　　　　　　　 200
　　贷：应收账款　　　　　　　　　　　　　　　　　　　　　　23400

(4) 如果乙公司在 7 月底才付清货款，则按全额付款：

借：银行存款　　　　　　　　　　　　　　　　　　　　23400
　　贷：应收账款　　　　　　　　　　　　　　　　　　　　　　23400

【例 11-10】来来公司向乙公司销售一批商品，开出的增值税专用发票上注明的销售价款为 800000 元，增值税税额为 136000 元。乙公司在验收过程中发现商品质量不合格，要求在价格上给予 5% 的折让。假定来来公司已确认销售收入，款项尚未收到，已取得税务机关开具的红字增值税专用发票。来来公司的账务处理如下：

(1) 销售实现时：

借：应收账款　　　　　　　　　　　　　　　　　　　　936000
　　贷：主营业务收入　　　　　　　　　　　　　　　　　　　 800000
　　　　应交税费——应交增值税（销项税税额）　　　　　　　 136000

(2) 发生销售折让时：

借：主营业务收入　　　　　　　　　　　　　　　　　　 40000
　　应交税费——应交增值税（销项税税额）　　　　　　　　 6800
　　贷：应收账款　　　　　　　　　　　　　　　　　　　　　 46800

(3) 实际收到款项时：

借：银行存款　　　　　　　　　　　　　　　　　　　　889200
　　贷：应收账款　　　　　　　　　　　　　　　　　　　　　 889200

（三）销售退回的处理

销售退回，是指企业售出的商品由于质量、品种不符合要求等原因而发生的退货。对于销售退回，企业应分别不同情况进行会计处理：

(1) 对于未确认收入的售出商品发生销售退回的，企业应按已记入"发出商品"科目的商品成本金额，借记"库存商品"科目，贷记"发出商品"科目。

(2) 对于已确认收入的售出商品发生退回的，企业应在发生时冲减当期销售商品收入，同时冲减当期销售商品成本。如该项销售退回已发生现金折扣的，应同时调整相关财务费用的金额；如该项销售退回允许扣减增值税税额的，应同时调整"应交税费——应交增值税（销项税税额）"科目的相应金额。

(3) 已确认收入的售出商品发生的销售退回属于资产负债表日后事项的，应当按照有关资产负债表日后事项的相关规定进行会计处理。

【例 11-11】来来公司在 2013 年 12 月 18 日向乙公司销售一批商品，开出的增值税专用发票上注明的销售价款为 50000 元，增值税税额为 8500 元。该批商品成本为 26000 元。为及早收回货款，来来公司和乙公司约定的现金折扣条件为：2/10，1/20，n/30。乙公司在 2013 年 12 月 27 日支付货款。2014 年 4 月 5 日，该批商品因质量问题被乙公司退回，来来公司当日支付有关款项。

假定计算现金折扣时不考虑增值税，假定销售退回不属于资产负债表日后事项。来来公司的账务处理如下：

(1) 2013年12月18日销售实现，按销售总价确认收入时：

借：应收账款　　　　　　　　　　　　　　　　　58500
　　贷：主营业务收入　　　　　　　　　　　　　　50000
　　　　应交税费——应交增值税（销项税税额）　　8500
借：主营业务成本　　　　　　　　　　　　　　　26000
　　贷：库存商品　　　　　　　　　　　　　　　　26000

(2) 在2013年12月27日收到货款时，按销售总价50000元的2%享受现金折扣50000×2%=1000（元），实际收款58500-1000=57500（元）：

借：银行存款　　　　　　　　　　　　　　　　　50000
　　财务费用　　　　　　　　　　　　　　　　　　8500
　　贷：应收账款　　　　　　　　　　　　　　　　57500

(3) 2014年4月5日发生销售退回时：

借：主营业务收入　　　　　　　　　　　　　　　50000
　　应交税费——应交增值税（销项税税额）　　　　8500
　　贷：银行存款　　　　　　　　　　　　　　　　57500
　　　　财务费用　　　　　　　　　　　　　　　　1000
借：库存商品　　　　　　　　　　　　　　　　　26000
　　贷：主营业务成本　　　　　　　　　　　　　　26000

（四）特殊销售商品业务的处理

企业会计实务中，可能遇到一些特殊的销售商品业务。在将销售商品收入和计量原则运用于特殊销售商品收入的会计处理时，应结合这些特殊销售商品交易的形式，并注重交易的实质。

1. 代销商品

代销商品分以下情况处理：

(1) 视同买断方式。视同买断方式代销商品，是指委托方和受托方签订合同或协议，委托方按合同或协议收取代销的货款，实际售价由受托方自定，实际售价与合同或协议价之间的差额归受托方所有。如果委托方和受托方之间的协议明确标明，受托方在取得代销商品后，无论是否能够卖出、是否获利，均与委托方无关，那么，委托方和受托方之间的代销商品交易，与委托方直接销售商品给受托方没有实质区别，在符合销售商品收入确认条件时，委托方应确认相关销售商品收入。如果委托方和受托方之间的协议明确标明，将来受托方没有将商品售出时可以将商品退回给委托方，或受托方因代销商品出现亏损时可以要求委托方补偿，那么，委托方在交付商品时通常不确认收入，受托方也不作购进商品处理，受托方将商品销售后，按实际售价确认销售收入，并向委托方开具代销清单，委托方收到代销清单时，再确认本企业的销售收入。

【例11-12】来来公司委托乙公司销售商品100件，协议价为200元/件，成本为

120元/件。代销协议约定，乙企业在取得代销商品后，无论是否能够卖出、是否获利，均与来来公司无关。这批商品已经发出，货款尚未收到，来来公司开出的增值税专用发票上注明的增值税税额为3400元。

根据本例的资料，来来公司采用视同买断方式委托乙公司代销商品。因此，来来公司在发出商品时的账务处理如下：

借：应收账款　　　　　　　　　　　　　　　　　　　　　23400
　　贷：主营业务收入　　　　　　　　　　　　　　　　　　20000
　　　　应交税费——应交增值税（销项税税额）　　　　　　3400
借：主营业务成本　　　　　　　　　　　　　　　　　　　12000
　　贷：库存商品　　　　　　　　　　　　　　　　　　　　12000

（2）收取手续费方式。在这种方式下，委托方在发出商品时通常不应确认销售商品收入，而应在收到受托方开出的代销清单时确认销售商品收入；受托方应在商品销售后，按合同或协议约定的方法计算确定的手续费确认收入。

【例11-13】来来公司委托丙公司销售商品200件，商品已经发出，每件成本为60元。合同约定丙公司应按每件100元对外销售，来来公司按不含增值税的售价的10%向丙公司支付手续费。丙公司对外实际销售100件，开出的增值税专用发票上注明的销售价款为10000元，增值税税额为1700元，款项已经收到。来来公司收到丙公司开具的代销清单时，向丙公司开具一张相同金额的增值税专用发票。假定来来公司发出商品时纳税义务尚未发生，不考虑其他因素。

来来公司的账务处理如下：

（1）发出商品时：
借：发出商品　　　　　　　　　　　　　　　　　　　　　12000
　　贷：库存商品　　　　　　　　　　　　　　　　　　　　12000

（2）收到代销清单时：
借：应收账款　　　　　　　　　　　　　　　　　　　　　11700
　　贷：主营业务收入　　　　　　　　　　　　　　　　　　10000
　　　　应交税费——应交增值税（销项税税额）　　　　　　1700
借：主营业务成本　　　　　　　　　　　　　　　　　　　6000
　　贷：发出商品　　　　　　　　　　　　　　　　　　　　6000
借：销售费用　　　　　　　　　　　　　　　　　　　　　1000
　　贷：应收账款　　　　　　　　　　　　　　　　　　　　1000

（3）收到丙公司支付的货款时：
借：银行存款　　　　　　　　　　　　　　　　　　　　　10700
　　贷：应收账款　　　　　　　　　　　　　　　　　　　　10700

丙公司的账务处理如下：

（1）收到商品时：
借：受托代销商品　　　　　　　　　　　　　　　　　　　20000
　　贷：受托代销商品款　　　　　　　　　　　　　　　　　20000

(2) 对外销售时：
借：银行存款　　　　　　　　　　　　　　　　　　　　　11700
　　贷：应付账款　　　　　　　　　　　　　　　　　　　　　10000
　　　　应交税费——应交增值税（销项税税额）　　　　　　 1700
(3) 收到增值税专用发票时：
借：应交税费——应交增值税（进项税税额）　　　　　　　　1700
　　贷：应付账款　　　　　　　　　　　　　　　　　　　　　 1700
借：受托代销商品款　　　　　　　　　　　　　　　　　　　10000
　　贷：受托代销商品　　　　　　　　　　　　　　　　　　　10000
(4) 支付货款并计算代销手续费时：
借：应付账款　　　　　　　　　　　　　　　　　　　　　　11700
　　贷：银行存款　　　　　　　　　　　　　　　　　　　　　10700
　　　　其他业务收入　　　　　　　　　　　　　　　　　　　 1000

2. 预收款销售商品

预收款销售商品，是指购买方在商品尚未收到前按合同或协议约定分期付款，销售方在收到最后一笔款项时才交货的销售方式。在这种方式下，销售方直到收到最后一笔款项才将商品交付购货方，表明商品所有权上的主要风险和报酬只有在收到最后一笔款项时才转移给购货方，企业通常应在发出商品时确认收入，在此之前预收的货款应确认为负债。

【例11-14】来来公司与乙公司签订协议，采用预收款方式向乙公司销售一批商品。该批商品实际成本为700000元。协议约定，该批商品销售价格为1000000元，增值税税额为170000元；乙公司应在协议签订时预付60%的货款（按不含增值税销售价格计算），剩余货款于两个月后支付。来来公司的账务处理如下：

(1) 收到60%货款时：
借：银行存款　　　　　　　　　　　　　　　　　　　　　600000
　　贷：预收账款　　　　　　　　　　　　　　　　　　　　600000
(2) 收到剩余货款及增值税税额并确认收入时：
借：预收账款　　　　　　　　　　　　　　　　　　　　　600000
　　银行存款　　　　　　　　　　　　　　　　　　　　　570000
　　贷：主营业务收入　　　　　　　　　　　　　　　　　1000000
　　　　应交税费——应交增值税（销项税税额）　　　　　 170000
借：主营业务成本　　　　　　　　　　　　　　　　　　　700000
　　贷：库存商品　　　　　　　　　　　　　　　　　　　　700000

3. 具有融资性质的分期收款销售商品

企业销售商品，有时会采取分期收款的方式，如分期收款发出商品，即商品已经交付，货款分期收回。如果延期收取的货款具有融资性质，其实质是企业向购货方提供免息的信贷，在符合收入确认条件时，企业应当按照应收的合同或协议价款的公允价值确定收入金额。应收的合同或协议价款的公允价值，通常应当按照其未来现金流量现值或商品现销价格计算确定。

应收的合同或协议价款与其公允价值之间的差额,应当在合同或协议期间内,按照应收款项的摊余成本和实际利率计算确定的金额进行摊销,作为财务费用的抵减处理。其中,实际利率是指具有类似信用等级的企业发行类似工具的现时利率,或者将应收的合同或协议价款折现为商品现销价格时的折现率等。在实务中,基于重要性要求,应收的合同或协议价款与其公允价值之间的差额,按照应收款项的摊余成本和实际利率进行摊销与采用直线法进行摊销结果相差不大的,也可以采用直线法进行摊销。

【例11-15】2011年1月1日,来来公司采用分期收款方式向乙公司销售一套大型设备,合同约定的销售价格为2000万元,分5次于每年12月31日等额收取。该大型设备成本为1560万元。在现销方式下,该大型设备的销售价格为1600万元。假定来来公司发出商品时,其有关的增值税纳税义务尚未发生,在合同约定的收款日期,发生有关的增值税纳税义务。

根据本例的资料,来来公司应当确认的销售商品收入金额为1600万元。

根据下列公式:

未来5年收款额的现值=现销方式下应收款项金额可以得出:

$400 \times (P/A, r, 5) = 1600$(万元)

可在多次测试的基础上,用插值法计算折现率。

当 $r = 7\%$ 时,$400 \times 4.1002 = 1640.08 > 1600$(万元)

当 $r = 8\%$ 时,$400 \times 3.9927 = 1597.08 < 1600$(万元)

因此,$7\% < r < 8\%$。用插值法计算如下:

现值	利率
1640.08	7%
1600	r
1597.08	8%

$$\frac{1640.08 - 1600}{1640.08 - 1597.08} = \frac{7\% - r}{7\% - 8\%}$$

$r = 7.93\%$

每期计入财务费用的金额如表11-1所示。

表11-1 财务费用和已收本金计算表

单位:万元

年 份 (t)	未收本金 $At = At-1 - Dt-1$	财务费用 $B = A \times 7.93\%$	收现总额 C	已收本金 $D = C - B$
2011年1月1日	1600			
2011年12月31日	1600	26.88	400	273.12
2012年12月31日	1326.88	105.22	400	294.78
2013年12月31日	1032.10	81.85	400	318.15

续上表

年 份 (t)	未收本金 $At = At-1 - Dt-1$	财务费用 $B = A \times 7.93\%$	收现总额 C	已收本金 $D = C - B$
2014年12月31日	713.95	56.62	400	343.38
2015年12月31日	370.57	29.43*	400	370.57
总 额		400	2000	1600

*尾数调整。

根据表11-1的计算结果，来来公司各期的会计分录如下：
(1) 2011年1月1日销售实现时：
借：长期应收款　　　　　　　　　　　　　　　　　　　20000000
　　贷：主营业务收入　　　　　　　　　　　　　　　　　16000000
　　　　未实现融资收益　　　　　　　　　　　　　　　　4000000
借：主营业务成本　　　　　　　　　　　　　　　　　　　15600000
　　贷：库存商品　　　　　　　　　　　　　　　　　　　15600000
(2) 2011年12月31日收取货款和增值税税额时：
借：银行存款　　　　　　　　　　　　　　　　　　　　　4680000
　　贷：长期应收款　　　　　　　　　　　　　　　　　　4000000
　　　　应交税费——应交增值税（销项税税额）　　　　　680000
借：未实现融资收益　　　　　　　　　　　　　　　　　　1268800
　　贷：财务费用　　　　　　　　　　　　　　　　　　　1268800
(3) 2012年12月31日收取货款和增值税税额时：
借：银行存款　　　　　　　　　　　　　　　　　　　　　4680000
　　贷：长期应收款　　　　　　　　　　　　　　　　　　4000000
　　　　应交税费——应交增值税（销项税税额）　　　　　680000
借：未实现融资收益　　　　　　　　　　　　　　　　　　1052200
　　贷：财务费用　　　　　　　　　　　　　　　　　　　1052200
(4) 2013年12月31日收取货款和增值税税额时：
借：银行存款　　　　　　　　　　　　　　　　　　　　　4680000
　　贷：长期应收款　　　　　　　　　　　　　　　　　　4000000
　　　　应交税费——应交增值税（销项税税额）　　　　　680000
借：未实现融资收益　　　　　　　　　　　　　　　　　　818500
　　贷：财务费用　　　　　　　　　　　　　　　　　　　818500
(5) 2014年12月31日收取货款和增值税税额时：
借：银行存款　　　　　　　　　　　　　　　　　　　　　4680000
　　贷：长期应收款　　　　　　　　　　　　　　　　　　4000000
　　　　应交税费——应交增值税（销项税税额）　　　　　680000

借：未实现融资收益	566200
贷：财务费用	566200

（6）2015年12月31日收取货款和增值税税额时：

借：银行存款	4680000
贷：长期应收款	4000000
应交税费——应交增值税（销项税税额）	680000
借：未实现融资收益	294300
贷：财务费用	294300

4. 附有销售退回条件的商品销售

附有销售退回条件的商品销售，是指购买方依照有关协议有权退货的销售方式。在这种销售方式下，企业根据以往经验能够合理估计退货可能性且确认与退货相关负债的，通常应在发出商品时确认收入；企业不能合理估计退货可能性的，通常应在售出商品退货期满时确认收入。

【例11-16】来来公司是一家健身器材销售公司。2014年1月1日，来来公司向乙公司销售5000件健身器材，单位销售价格为500元，单位成本为400元，开出的增值税专用发票上注明的销售价款为2500000元，增值税税额为425000元。协议约定，乙公司应于2月1日之前支付货款，在6月30日之前有权退还健身器材。健身器材已经发出，款项尚未收到。假定来来公司根据过去的经验，估计该批健身器材退货率约为20%；健身器材发出时纳税义务已经发生；实际发生销售退回时取得税务机关开具的红字增值税专用发票。来来公司的账务处理如下：

（1）1月1日发出健身器材时：

借：应收账款	2925000
贷：主营业务收入	2500000
应交税费——应交增值税（销项税税额）	425000
借：主营业务成本	2000000
贷：库存商品	2000000

（2）1月31日确认估计的销售退回时：

借：主营业务收入	500000
贷：主营业务成本	400000
预计负债	100000

（3）2月1日前收到货款时：

借：银行存款	2925000
贷：应收账款	2925000

（4）6月30日发生销售退回，实际退货量为1000件，款项已经支付：

借：库存商品	400000
应交税费——应交增值税（销项税税额）	85000
预计负债	100000
贷：银行存款	585000

如果实际退货量为 800 件时：

借：库存商品　　　　　　　　　　　　　　　　　　　320000
　　应交税费——应交增值税（销项税税额）　　　　68000
　　主营业务成本　　　　　　　　　　　　　　　　　80000
　　预计负债　　　　　　　　　　　　　　　　　　　100000
　　贷：银行存款　　　　　　　　　　　　　　　　　　　　468000
　　　　主营业务收入　　　　　　　　　　　　　　　　　　100000

如果实际退货量为 1200 件时：

借：库存商品　　　　　　　　　　　　　　　　　　　480000
　　应交税费——应交增值税（销项税税额）　　　　102000
　　主营业务收入　　　　　　　　　　　　　　　　　100000
　　预计负债　　　　　　　　　　　　　　　　　　　100000
　　贷：主营业务成本　　　　　　　　　　　　　　　　　　80000
　　　　银行存款　　　　　　　　　　　　　　　　　　　　702000

(5) 6 月 30 日之前如果没有发生退货：

借：主营业务成本　　　　　　　　　　　　　　　　　400000
　　预计负债　　　　　　　　　　　　　　　　　　　100000
　　贷：主营业务收入　　　　　　　　　　　　　　　　　　500000

即（2）的相反分录。

【例 11-17】沿用【例 11-16】的资料。假定来来公司无法根据过去的经验估计该批健身器材的退货率；健身器材发出时纳税义务已经发生。来来公司的账务处理如下：

(1) 1 月 1 日发出健身器材时：

借：应收账款　　　　　　　　　　　　　　　　　　　425000
　　贷：应交税费——应交增值税（销项税税额）　　　　　425000
借：发出商品　　　　　　　　　　　　　　　　　　　2000000
　　贷：库存商品　　　　　　　　　　　　　　　　　　　　2000000

(2) 2 月 1 日前收到货款时：

借：银行存款　　　　　　　　　　　　　　　　　　　2925000
　　贷：预收账款　　　　　　　　　　　　　　　　　　　　2500000
　　　　应收账款　　　　　　　　　　　　　　　　　　　　425000

(3) 6 月 30 日退货期满如果没有发生退货：

借：预收账款　　　　　　　　　　　　　　　　　　　2500000
　　贷：主营业务收入　　　　　　　　　　　　　　　　　　2500000
借：主营业务成本　　　　　　　　　　　　　　　　　2000000
　　贷：发出商品　　　　　　　　　　　　　　　　　　　　2000000

6 月 30 日退货期满，如果发生 2000 件退货：

借：预收账款　　　　　　　　　　　　　　　　　　　2500000

         应交税费——应交增值税（销项税税额）　　　　　　　　170000
      贷：主营业务收入　　　　　　　　　　　　　　　　　　1500000
          银行存款　　　　　　　　　　　　　　　　　　　　1170000
    借：主营业务成本　　　　　　　　　　　　　　　　　　　1200000
        库存商品　　　　　　　　　　　　　　　　　　　　　 800000
      贷：发出商品　　　　　　　　　　　　　　　　　　　　2000000

5. 售后回购

售后回购，是指销售商品的同时，销售方同意日后再将同样或类似的商品购回的销售方式。在这种方式下，销售方应根据合同或协议条款判断企业是否已将商品所有权上的主要风险和报酬转移给购货方，以确定是否确认销售商品收入。在大多数情况下，回购价格固定或等于原售价加合理回报，售后回购交易属于融资交易，商品所有权上的主要风险和报酬没有转移，收到的款项应确认为负债；回购价格大于原售价的差额，企业应在回购期间按期计提利息，计入财务费用。

【例 11-18】2013 年 5 月 1 日，来来公司向乙公司销售一批商品，开出的增值税专用发票上注明的销售价款为 100 万元，增值税税额为 17 万元。该批商品成本为 80 万元；商品并未发出，款项已经收到。协议约定，来来公司应于 9 月 30 日将所售商品购回，回购价为 110 万元（不含增值税税额）。来来公司的账务处理如下：

(1) 5 月 1 日销售商品开出增值税专用发票时：

    借：银行存款　　　　　　　　　　　　　　　　　　　　1170000
      贷：其他应付款　　　　　　　　　　　　　　　　　　　1000000
          应交税费——应交增值税（销项税税额）　　　　　　　170000

(2) 回购价大于原售价的差额，应在回购期间按期计提利息费用，计入当期财务费用。由于回购期间为 5 个月，货币时间价值影响不大，采用直线法计提利息费用，每月计提利息费用为 10÷5 = 2（万元）。

    借：财务费用　　　　　　　　　　　　　　　　　　　　　 20000
      贷：其他应付款　　　　　　　　　　　　　　　　　　　　20000

(3) 9 月 30 日回购商品时，收到的增值税专用发票上注明的商品价格为 110 万元，增值税税额为 18.7 万元，款项已经支付。

    借：财务费用　　　　　　　　　　　　　　　　　　　　　 20000
      贷：其他应付款　　　　　　　　　　　　　　　　　　　　20000
    借：其他应付款　　　　　　　　　　　　　　　　　　　　1100000
        应交税费——应交增值税（进项税税额）　　　　　　　　187000
      贷：银行存款　　　　　　　　　　　　　　　　　　　　1287000

6. 售后租回

售后租回，是指销售商品的同时，销售方同意在日后再将同样的商品租回的销售方式。在这种方式下，销售方应根据合同或协议条款判断销售商品是否满足收入确认条件。通常情况下，售后租回属于融资交易，企业不应确认收入，售价与资产账面价值之间的差额应当分别不同情况进行处理：

第一，如果售后租回交易认定为融资租赁，售价与资产账面价值之间的差额应当予以递延，并按照该项租赁资产的折旧进度进行分摊，作为折旧费用的调整。

第二，如果售后租回交易认定为经营租赁，应当分别情况处理：①有确凿证据表明售后租回交易是按照公允价值达成的，售价与资产账面价值的差额应当计入当期损益。②售后租回交易如果不是按照公允价值达成的，售价低于公允价值的差额应计入当期损益；但若该损失将由低于市价的未来租赁付款额补偿时，有关损失应予以递延（递延收益），并按与确认租金费用相一致的方法在租赁期内进行分摊；如果售价大于公允价值，其大于公允价值的部分应计入递延收益，并在租赁期内分摊。

7. 以旧换新销售

以旧换新销售，是指销售方在销售商品的同时回收与所售商品相同的旧商品。在这种销售方式下，销售的商品应当按照销售商品收入确认条件确认收入，回收的商品作为购进商品处理。

第三节 劳务收入

一、劳务收入核算的具体要求

企业在资产负债表日提供劳务交易的结果能够可靠估计的，应当采用完工百分比法确认提供劳务收入。

提供劳务交易的结果能够可靠估计，必须同时满足下列条件：

（1）收入的金额能够可靠地计量，是指提供劳务收入的总额能够合理地估计。通常情况下，企业应当按照从接受劳务方已收或应收的合同或协议价款确定提供劳务收入总额。随着劳务的不断提供，可能会根据实际情况增加或减少已收或应收的合同或协议价款，此时，企业应及时调整提供劳务收入总额。

（2）相关的经济利益很可能流入企业，是指提供劳务收入总额收回的可能性大于不能收回的可能性。企业在确定提供劳务收入总额能否收回时，应当结合接受劳务方的信誉、以前的经验以及双方就结算方式和期限达成的合同或协议条款等因素，综合进行判断。

企业在确定提供劳务收入总额收回的可能性时，应当进行定性分析。如果确定提供劳务收入总额收回的可能性大于不能收回的可能性，即可认为提供劳务收入总额很可能流入企业。通常情况下，企业提供的劳务符合合同或协议要求，接受劳务方承诺付款，就表明提供劳务收入总额收回的可能性大于不能收回的可能性。如果企业判断提供劳务收入总额不是很可能流入企业，应当提供确凿证据。

（3）交易的完工进度能够可靠地确定，是指交易的完工进度能够合理地估计。企业确定提供劳务交易的完工进度，可以选用下列方法：

1) 已完工作的测量。这是一种比较专业的测量方法,由专业测量师对已经提供的劳务进行测量,并按一定方法计算确定提供劳务交易的完工程度。

2) 已经提供的劳务占应提供劳务总量的比例。这种方法主要以劳务量为标准确定提供劳务交易的完工程度。

3) 已经发生的成本占估计总成本的比例。这种方法主要以成本为标准确定提供劳务交易的完工程度。只有反映已提供劳务的成本才能包括在已经发生的成本中,只有反映已提供或将提供劳务的成本才能包括在估计总成本中。

在实务中,如果特定时期内提供劳务交易的数量不能确定,则该期间的收入应当采用直线法确认,除非有证据表明采用其他方法能更好地反映完工进度。当某项作业相比其他作业都重要得多时,应当在该重要作业完成之后确认收入。

(4) 交易中已发生和将发生的成本能够可靠地计量,是指交易中已经发生和将要发生的成本能够合理地估计。企业应当建立完善的内部成本核算制度和有效的内部财务预算及报告制度,准确地提供每期发生的成本,并对完成剩余劳务将要发生的成本做出科学、合理的估计。同时应随着劳务的不断提供或外部情况的不断变化,随时对将要发生的成本进行修订。

二、完工百分比法的应用

完工百分比法,是指按照提供劳务交易的完工进度确认收入和费用的方法。在这种方法下,确认的提供劳务收入金额能够提供各个会计期间关于提供劳务交易及其业绩的有用信息。

企业应当在资产负债表日按照提供劳务收入总额乘以完工进度扣除以前会计期间累计已确认提供劳务收入后的金额,确认当期提供劳务收入;同时,按照提供劳务估计总成本乘以完工进度扣除以前会计期间累计已确认劳务成本后的金额,结转当期劳务成本。用公式表示如下:

本期确认的收入 = 劳务总收入 × 本期末止劳务的完工进度 - 以前期间已确认的收入
本期确认的费用 = 劳务总成本 × 本期末止劳务的完工进度 - 以前期间已确认的费用

在采用完工百分比法确认提供劳务收入的情况下,企业应按计算确定的提供劳务收入金额,借记"应收账款""银行存款"等科目,贷记"主营业务收入"科目。结转提供劳务成本时,借记"主营业务成本"科目,贷记"劳务成本"科目。

【例 11-19】A 公司于 2013 年 12 月 1 日接受一项设备安装任务,安装期为 3 个月,合同总收入 600000 元,至年底已预收安装费 440000 元,实际发生安装费用 280000 元(假定均为安装人员薪酬),估计还会发生费用 120000 元。

假定来来公司按实际发生的成本占估计总成本的比例确定劳务的完工进度。来来公司的账务处理如下:

(1) 计算:

实际发生的成本占估计总成本的比例 = 280000 ÷ (280000 + 120000) × 100% = 70%

2013年12月31日确认的提供劳务收入 = 600000 × 70% = 420000（元）

2013年12月31日结转的提供劳务成本 =（280000 + 120000）× 70% = 280000（元）

(2) 账务处理：

1) 实际发生劳务成本时：

借：劳务成本　　　　　　　　　　　　　　　　　　280000
　　贷：应付职工薪酬　　　　　　　　　　　　　　　　　280000

2) 预收劳务款时：

借：银行存款　　　　　　　　　　　　　　　　　　440000
　　贷：预收账款　　　　　　　　　　　　　　　　　　　440000

3) 2013年12月31日确认提供劳务收入并结转劳务成本时：

借：预收账款　　　　　　　　　　　　　　　　　　420000
　　贷：主营业务收入　　　　　　　　　　　　　　　　　420000
借：主营业务成本　　　　　　　　　　　　　　　　280000
　　贷：劳务成本　　　　　　　　　　　　　　　　　　　280000

【例11-20】来来公司于2013年10月1日与丙公司签订合同，为丙公司订制一项软件，工期大约5个月，合同总收入8000000元。至2013年12月31日，来来公司已发生成本4400000元（假定均为开发人员薪酬），预收账款5000000元。来来公司预计开发该软件还将发生成本1600000元。2013年12月31日，经专业测量师测量，该软件的完工进度为60%。假定来来公司按季度编制财务报表。来来公司的账务处理如下：

(1) 计算：

2013年12月31日确认提供劳务收入 = 8000000 × 60% − 0 = 4800000（元）

2013年12月31日确认提供劳务成本 =（4400000 + 1600000）× 60% − 0 = 3600000（元）

(2) 账务处理：

1) 实际发生劳务成本时：

借：劳务成本　　　　　　　　　　　　　　　　　　4400000
　　贷：应付职工薪酬　　　　　　　　　　　　　　　　4400000

2) 预收劳务款项时：

借：银行存款　　　　　　　　　　　　　　　　　　5000000
　　贷：预收账款　　　　　　　　　　　　　　　　　　　5000000

3) 2013年12月31日确认提供劳务收入并结转劳务成本时：

借：预收账款　　　　　　　　　　　　　　　　　　4800000
　　贷：主营业务收入　　　　　　　　　　　　　　　　4800000
借：主营业务成本　　　　　　　　　　　　　　　　3600000
　　贷：劳务成本　　　　　　　　　　　　　　　　　　　3600000

三、提供劳务交易结果不能可靠估计时的会计处理

企业在资产负债表日提供劳务交易结果不能够可靠估计的，即不能同时满足上述四个条件时，企业不能采用完工百分比法确认提供劳务收入。此时，企业应正确预计已经发生的劳务成本能够得到补偿和不能得到补偿，分别进行会计处理：①已经发生的劳务成本预计能够得到补偿的，应按已收或预计能够收回的金额确认提供劳务收入，并结转已经发生的劳务成本。②已经发生的劳务成本预计全部不能得到补偿的，应将已经发生的劳务成本计入当期损益，不确认提供劳务收入。

【例 11-21】来来公司于 2013 年 12 月 25 日接受乙公司委托，为其培训一批学员，培训期为 6 个月，2014 年 1 月 1 日开学。协议约定，乙公司应向来来公司支付的培训费总额为 60000 元，分三次等额支付，第一次在开学时预付，第二次在 2008 年 3 月 1 日支付，第三次在培训结束时支付。

2014 年 1 月 1 日，乙公司预付第一次培训费。至 2014 年 2 月 28 日，来来公司发生培训成本 15000 元（假定均为培训人员薪酬）。2014 年 3 月 1 日，来来公司得知乙公司经营发生困难，后两次培训费能否收回难以确定。来来公司的账务处理如下：

(1) 2014 年 1 月 1 日收到乙公司预付的培训费时：
借：银行存款   20000
　　贷：预收账款   20000

(2) 实际发生培训支出 15000 元时：
借：劳务成本   15000
　　贷：应付职工薪酬   15000

(3) 2014 年 2 月 28 日确认提供劳务收入并结转劳务成本时：
借：预收账款   15000
　　贷：主营业务收入   15000
借：主营业务成本   15000
　　贷：劳务成本   15000

四、混合销售行为的处理

企业与其他企业签订的合同或协议，有时既包括销售商品又包括提供劳务，如销售电梯的同时负责安装工作、销售软件后继续提供技术支持、设计产品同时负责生产等。此时，如果销售商品部分和提供劳务部分能够区分且能够单独计量的，企业应当分别核算销售商品部分和提供劳务部分，将销售商品的部分作为销售商品处理，将提供劳务的部分作为提供劳务处理；如果销售商品部分和提供劳务部分不能够区分，或虽能区分但不能够单独计量的，企业应当将销售商品部分和提供劳务部分全部作为销售商品部分进行会计处理。

【例 11-22】来来公司与乙公司签订合同，向乙公司销售一部电梯并负责安装。

来来公司开出的增值税专用发票上注明的价款合计为1000000元，其中电梯销售价格为980000元，安装费为20000元，增值税税额为170000元。

电梯的成本为560000元；电梯安装过程中发生安装费12000元，均为安装人员薪酬。假定电梯已经安装完成并经验收合格，款项尚未收到；安装工作是销售合同的重要组成部分。来来公司的账务处理如下：

（1）电梯发出时：

借：发出商品	560000
贷：库存商品	560000

（2）发生安装费用12000元时：

借：劳务成本	12000
贷：应付职工薪酬	12000

（3）电梯销售实现确认收入980000元并结转电梯成本560000元时：

借：应收账款	1150000
贷：主营业务收入	980000
应交税费——应交增值税（销项税税额）	170000
借：主营业务成本	560000
贷：发出商品	560000

（4）确认安装费收入20000元并结转安装成本12000元时：

借：应收账款	20000
贷：主营业务收入	20000
借：主营业务成本	12000
贷：劳务成本	12000

【例11-23】沿用【例11-22】的资料。同一时假定电梯销售价格和安装费用无法区分。来来公司的账务处理如下：

（1）电梯发出时：

借：发出商品	560000
贷：库存商品	560000

（2）发生安装费用12000元时：

借：劳务成本	12000
贷：应付职工薪酬	12000

（3）销售实现确认收入1000000元并结转成本572000元时：

借：应收账款	1170000
贷：主营业务收入	1000000
应交税费——应交增值税（销项税税额）	170000
借：主营业务成本	572000
贷：发出商品	560000
劳务成本	12000

五、其他特殊劳务收入

下列提供劳务满足收入确认条件的,应按规定确认收入:

(1) 安装费,在资产负债表日根据安装的完工进度确认为收入。安装工作是商品销售附带条件的,安装费通常应在确认商品销售实现时确认为收入。

(2) 宣传媒介的收费,在相关的广告或商业行为开始出现于公众面前时确认为收入。广告的制作费,通常应在资产负债表日根据广告的完工进度确认为收入。

(3) 为特定客户开发软件的收费,在资产负债表日根据开发的完工进度确认为收入。

(4) 包括在商品售价内可区分的服务费,在提供服务的期间内分期确认为收入。

(5) 艺术表演、招待宴会和其他特殊活动的收费,在相关活动发生时确认为收入。收费涉及几项活动的,预收的款项应合理分配给每项活动,分别确认为收入。

(6) 申请入会费和会员费只允许取得会籍,所有其他服务或商品都要另行收费的,通常应在款项收回不存在重大不确定性时确认为收入。申请入会费和会员费能使会员在会员期内得到各种服务或出版物,或者以低于非会员的价格销售商品或提供服务的,通常应在整个受益期内分期确认为收入。

(7) 属于提供设备和其他有形资产的特许权费,通常应在交付资产或转移资产所有权时确认为收入;属于提供初始及后续服务的特许权费,通常应在提供服务时确认为收入。

【例11-24】来来公司与乙公司签订协议,来来公司允许乙公司经营其连锁店。协议约定,来来公司共向乙公司收取特许权费600000元,其中提供家具、柜台等收费200000元,这些家具、柜台成本为180000元;提供初始服务,如帮助选址、培训人员、融资、广告等收费300000元,共发生成本200000元(其中,140000元为人员薪酬,60000元为支付的广告费用);提供后续服务收费100000元,发生成本50000元(均为人员薪酬)。协议签订当日,乙公司一次性付清所有款项。假定不考虑其他因素,来来公司的账务处理如下:

1) 收到款项时:

借:银行存款　　　　　　　　　　　　　　　　　　600000
　　贷:预收账款　　　　　　　　　　　　　　　　　600000

2) 确认家具、柜台的特许权费收入并结转成本时:

借:预收账款　　　　　　　　　　　　　　　　　　200000
　　贷:主营业务收入　　　　　　　　　　　　　　　200000
借:主营业务成本　　　　　　　　　　　　　　　　180000
　　贷:库存商品　　　　　　　　　　　　　　　　　180000

3) 提供初始服务时:

借:劳务成本　　　　　　　　　　　　　　　　　　200000
　　贷:应付职工薪酬　　　　　　　　　　　　　　　140000

    银行存款   60000
  借：预收账款   300000
    贷：主营业务收入   300000
  借：主营业务成本   200000
    贷：劳务成本   200000
 4）提供后续服务时：
  借：劳务成本   50000
    贷：应付职工薪酬   50000
  借：预收账款   100000
    贷：主营业务收入   100000
  借：主营业务成本   50000
    贷：劳务成本   50000

（8）长期为客户提供重复劳务收取的劳务费，通常应在相关劳务活动发生时确认为收入。

【例11-25】来来公司与某住宅小区物业产权人签订合同，为该住宅小区所有住户提供维修、清洁、绿化、保安及代收水电费等劳务，每月末收取劳务费50000元。假定月末款项均已收到，增值税税率3%。来来公司的账务处理如下：

  借：银行存款   50000
    贷：主营业务收入   4854.37
      应交税费——应交增值税   145.63

第四节 让渡资产使用权收入

一、利息收入

  企业应在资产负债表日，按照他人使用本企业货币资金的时间和实际利率计算确定利息收入金额。按计算确定的利息收入金额，借记"应收利息""银行存款"等科目，贷记"利息收入""其他业务收入"等科目。

  【例11-26】甲商业银行于2016年10月1日向乙公司发放一笔贷款200万元，期限为1年，年利率为5%，甲银行发放贷款时没有发生交易费用，该贷款合同利率与实际利率相同。假定甲商业银行按季度编制财务报表，增值税税率6%。甲商业银行的账务处理如下：

  (1) 2016年10月1日对外贷款时：
  借：贷款   2000000
    贷：吸收存款   2000000

(2) 2016年12月31日确认利息收入时：

借：应收利息（2000000×5%÷4） 25000
　　贷：利息收入 23584.91
　　　　应交税费——应交增值税（销项税税额） 1415.09

二、使用费收入

使用费收入应当按照有关合同或协议约定的收费时间和方法计算确定。不同的使用费收入，收费时间和方法各不相同。有一次性收取一笔固定金额的，如一次收取10年的场地使用费；有在合同或协议规定的有效期内分期等额收取的，如合同或协议规定在使用期内每期收取一笔固定的金额；也有分期不等额收取的，如合同或协议规定按资产使用方每期销售额的百分比收取使用费等。

如果合同或协议规定一次性收取使用费，且不提供后续服务的，应当视同销售该项资产一次性确认收入；提供后续服务的，应在合同或协议规定的有效期内分期确认收入。如果合同或协议规定分期收取使用费的，通常应按合同或协议规定的收款时间和金额或规定的收费方法计算确定的金额分期确认收入。

【例11-27】甲软件公司向乙公司转让某软件的使用权，一次性收费40000元，不提供后续服务，款项已经收回。增值税税率6%。来来公司的账务处理如下：

借：银行存款 40000
　　贷：其他业务收入 37735.85
　　　　应交税费——应交增值税（销项税税额） 2264.15

【例11-28】丙公司向丁公司转让其商品的商标使用权，约定丁公司每年年末按年销售收入的10%支付使用费，使用期10年。第一年，丁公司实现销售收入1000000元；第二年，丁公司实现销售收入1500000元。假定丙公司均于每年年末收到使用费，增值税税率6%。丙公司的账务处理如下：

（1）第一年年末确认使用费收入时：

借：银行存款（1000000×10%） 100000
　　贷：其他业务收入 94339.62
　　　　应交税费——应交增值税（销项税税额） 5660.38

（2）第二年年末确认使用费收入时：

借：银行存款（1500000×10%） 150000
　　贷：其他业务收入 141509.43
　　　　应交税费——应交增值税（销项税税额） 8490.57

第十二章 费 用

第一节 费用的确认与计量

一、费用的概念

费用是指企业在日常活动中发生的、会导致所有者权益减少的、与向所有者分配利润无关的经济利益的总流出。

费用有狭义和广义之分。广义的费用泛指企业各种日常活动发生的所有耗费，狭义的费用仅指与本期营业收入相配比的那部分耗费。

二、费用确认的原则

费用的实质是资产的耗费，但并不是所有的资产耗费都是费用。

费用的确认应当与收入确认相联系。因此，确认费用应遵循划分收益性支出与资本性支出原则、权责发生制原则和配比原则。

（一）划分收益性支出与资本性支出原则

按照划分收益性支出与资本性支出原则，某项支出的效益及于几个会计年度（或几个营业周期），该项支出应予以资本化，不能作为当期的费用；如果某项支出，在一个会计期间内确认为费用。这一原则为费用的确认，给定了一个时间上的总体界限。

正确地区分收益性支出与资本性支出，保证了正确地计量资产的价值和正确地计算各期的产品成本、期间费用及损益。

（二）权责发生制原则

划分收益性支出与资本性支出原则，只是为费用的确认做出时间上的大致区分，而权责发生制原则则规定了具体在什么时点上确认费用。

依据会计准则，凡是当期已经发生或应当负担的费用，不论款项是否收付，都应作为当期的费用；凡是不属于当期的费用，即使款项已在当期支付，也不应当作为当期的费用。

（三）配比原则

配比原则的基本含义在于，当收入已经实现时，某些资产（如物料用品）已被消耗，或已被出售（如商品），以及劳务已经提供（如专设的销售部门人员提供的劳务），已被耗用的这些资产和劳务的成本，应当在确认有关收入的期间予以确认。

如果收入要到未来期间实现，相应的费用应递延分配于未来的实际受益期间。

三、费用确认的标准

根据上述费用确认原则，在确认费用时，一般应遵循以下三个标准：

（一）按费用与收入的直接联系（或称因果关系）加以确认

凡是与本期收入有直接因果关系的耗费，应当确认为该期间的费用。

这种因果关系具体表现在以下两个方面：一是经济性质上的因果性，即应予以确认的费用与期间收入项目具有必然的因果关系，也就是有所得必有所费，不同收入的取得是由于发生了不同的费用；二是时间上的一致性，即应予以确认的费用与某项收入同时或结合起来加以确认，这一过程也就是收入与费用配比的过程。

（二）直接作为当期费用确认

在企业中，有些支出不能提供明确的未来经济利益，并且如果对这些支出加以分摊也没有意义，这时，这些费用就应采用这一标准，直接作为当期费用予以确认，例如，固定资产日常修理费等。这些费用虽然与跨期收入有联系，但由于不确定性因素，往往不能肯定地预计其收益所涉及的期间，因而就直接列作当期的费用。

（三）按系统、合理的分摊方式确认

如果费用的经济效益有望在若干个会计期间发生，并且只能大致和间接地确定其与收益的联系，该项费用就应当按照合理的分配程序，在利润表中确认为一项费用。如固定资产的折旧和无形资产的摊销都属于这一情况。一般，我们将这类费用称为折旧或摊销。

四、费用的计量

费用是通过所使用或所耗用的商品或劳务的价值来计量的，通常的费用计量标准是实际成本。依据会计准则，企业在生产经营过程中所发生的其他各项费用，应当以实际发生数计入成本、费用，不得以估计成本或计划成本代替实际成本。

第二节 营业成本

一、营业成本核算的内容

营业成本是指企业所销售商品或者提供劳务的成本。包括主营业务成本、其他业务成本两个方面。对此，营业成本的核算也就包括了主营业务成本的核算以及其他业务成本的核算。

二、主营业务成本的核算

主营业务成本是指企业销售商品、产品，提供劳务或让渡资产使用权等日常活动而发生的成本。

（一）科目与账户设置

企业应设置"主营业务成本"科目，核算企业确认销售商品、提供劳务等主营业务收入时应结转的成本，按主营业务的种类进行明细核算。

（1）期（月）末，企业应根据本期（月）销售各种商品、提供各种劳务等实际成本，计算应结转的主营业务成本，借记本科目，贷记"库存商品""劳务成本"等科目。

采用计划成本或售价核算库存商品的，平时的营业成本按计划成本或售价结转，月末，还应结转本月销售商品应分摊的商品成本差异或商品进销差价。

（2）本期（月）发生的销售退回，如已结转销售成本的，借记"库存商品"等科目，贷记本科目。

（3）期末，应将本科目的余额转入"本年利润"科目，借记"本年利润"科目，贷记本科目。

（二）主要账务处理

1. 销售商品的账务处理

（1）销售实现时，收入在当时进行会计处理，而成本结转一般在期末进行。

【例12-1】江南公司2016年12月31日，根据加权平均法计算结转本月销售商品成本1234500元。

借：主营业务成本　　　　　　　　　　　　　　　　　1234500
　　贷：库存商品　　　　　　　　　　　　　　　　　　1234500

【例12-2】杠杆公司2016年12月31日，根据发出产品汇总表计算本月销售产品计划成本200000元，本月产品成本差异分配率3%。

借：主营业务成本　　　　　　　　　　　　　　　　　200000
　　贷：库存商品　　　　　　　　　　　　　　　　　　　　　200000
同时，结转差异：
借：主营业务成本　　　　　　　　　　　　　　　　　　6000
　　贷：商品成本差异　　　　　　　　　　　　　　　　　　　6000

【例12-3】佳佳百货公司采用售价金额核算法，2016年12月31日，发出商品汇总表合计本月销售商品3000000元，商品进销差异率20%。

借：主营业务成本　　　　　　　　　　　　　　　　3000000
　　贷：库存商品　　　　　　　　　　　　　　　　　　　3000000
同时，结转商品进销差异：
借：商品进销差异　　　　　　　　　　　　　　　　　600000
　　贷：主营业务成本　　　　　　　　　　　　　　　　　　600000

【例12-4】江南公司2016年12月31日，营业部门和仓库报来本月销售商品退回200件，单位成本50元。

借：库存商品　　　　　　　　　　　　　　　　　　　10000
　　贷：主营业务成本　　　　　　　　　　　　　　　　　　10000

（2）期末结转损益。

【例12-5】江南公司2016年12月主营业务成本发生额合计330000元。

借：本年利润　　　　　　　　　　　　　　　　　　330000
　　贷：主营业务成本　　　　　　　　　　　　　　　　　330000

2. 提供劳务

【例12-6】壹元软件公司2016年12月承接客户软件开发业务，业务已于当月全部完成并收到客户款项。该业务当月发生的具体事项分别为：5日，以现金报销购材料款900元；15日，以支票付材料费（含税，税率17%）117000元；28日，汇总报销交通费3500元（付现金）；31日，汇总公司应付开发人员工资24000元。

5日，借：劳务成本　　　　　　　　　　　　　　　　　900
　　　　　贷：库存现金　　　　　　　　　　　　　　　　　　　900
15日，借：劳务成本　　　　　　　　　　　　　　　　100000
　　　　　　应交税费——应交增值税（进项税税额）　　　17000
　　　　　贷：银行存款　　　　　　　　　　　　　　　　　　117000
28日，借：劳务成本　　　　　　　　　　　　　　　　　3500
　　　　　贷：库存现金　　　　　　　　　　　　　　　　　　3500
31日，借：劳务成本　　　　　　　　　　　　　　　　24000
　　　　　贷：应付职工薪酬　　　　　　　　　　　　　　　24000
同时，借：主营业务成本　　　　　　　　　　　　　　128400
　　　　　贷：劳务成本　　　　　　　　　　　　　　　　　128400

期末结转损益，方法与销售商品的账务处理相同。

三、其他业务成本的核算

其他业务成本为核算企业除主营业务活动以外的其他经营活动所发生的成本。包括销售材料成本、出租固定资产折旧额、出租无形资产摊销额、出租包装物成本或摊销额等。

(一) 科目与账户设置

为了准确核算其他业务成本,企业应设置"其他业务成本"科目,该科目核算企业确认的除主营业务活动以外的其他经营活动所发生的支出,包括销售材料的成本、出租固定资产的折旧额、出租无形资产的摊销额、出租包装物的成本或摊销额等。

采用成本模式计量投资性房地产的,其投资性房地产计提的折旧额或摊销额,也通过本科目核算。

该科目可按其他业务成本的种类进行明细核算。期末结转成本到本年利润。

(二) 主要账务处理

1. 销售材料的成本、销售商品领用单独计价的包装物成本

【例12-7】31日,结转本月销售材料的成本14000元,随同商品出售但单独计价的包装物成本800元。

借:其他业务成本　　　　　　　　　　　　　　　　14800
　　贷:原材料　　　　　　　　　　　　　　　　　　14000
　　　　周转材料——包装物　　　　　　　　　　　　　800

【例12-8】公司2016年12月31日,根据发出材料汇总表计算本月销售材料计划成本30000元,本月材料成本差异分配率-2%。

借:其他业务成本　　　　　　　　　　　　　　　　30000
　　贷:原材料　　　　　　　　　　　　　　　　　　30000
同时,借:材料成本差异　　　　　　　　　　　　　　　600
　　　　贷:其他业务成本　　　　　　　　　　　　　　600

2. 出租无形资产的摊销额和出租固定资产的折旧额

【例12-9】来来公司于2015年1月1日向丙公司转让某专利权的使用权。协议约定转让期为5年,每年年末收取使用费100000元。2015年该专利权计提的摊销额为60000元,每月计提金额为5000元。

来来公司2015年每月计提专利权摊销额时,会计处理为

借:其他业务成本　　　　　　　　　　　　　　　　5000
　　贷:累计摊销　　　　　　　　　　　　　　　　　5000

第三节 营业税金及附加

营业税金及附加，反映企业应负担的消费税、城市维护建设税、资源税和教育费附加等。

（一）科目与账户设置

为了准确核算营业税金及附加，企业应当设置"营业税金及附加"科目，该科目核算企业经营活动发生的消费税、城市维护建设税、资源税、教育费附加及房产税、土地使用税、车船税、印花税等相关税费。

企业按规定计算确定的与经营活动相关的上述税费，借记本科目，贷记"应交税费"等科目。期末，应将本科目余额转入"本年利润"科目，结转后本科目应无余额。

（二）主要账务处理

该类业务一般仅在会计期末进行处理。

1. 计提时

借：营业税金及附加
　　贷：应交税费——应交消费税
　　　　　　　　——应交城建税
　　　　　　　　——应交教育费附加

2. 缴纳时

借：应交税费——应交消费税
　　　　　　——应交城建税
　　　　　　——教育费附加
　　贷：银行存款

3. 结转时

借：本年利润
　　贷：营业税金及附加

【例12-10】江南公司2016年12月实际应交增值税450000元，应交消费税150000元，城建税税率为7%，教育费附加为3%。应编制的会计分录如下：

（1）计算应交城建税和教育费附加时：

计算城建税：(450000+150000)×7%=42000（元）

教育费附加：(450000+150000)×3%=18000（元）

借：营业税金及附加　　　　　　　　　　　　　　　　　　　　60000
　　贷：应交税费——应交城建税　　　　　　　　　　　　　　42000
　　　　　　　　——应交教育费附加　　　　　　　　　　　　18000

(2) 结转城建税和教育费附加时：
借：本年利润   60000
　　贷：营业税金及附加   60000

第四节　期间费用

一、期间费用的内容

期间费用是企业当期发生的费用中的重要组成部分，是指本期发生的、不能直接或间接归入某种产品成本的、直接计入损益的各项费用，包括管理费用、销售费用和财务费用。

二、管理费用的核算

（一）管理费用核算的内容

管理费用是指企业为组织和管理企业生产经营所发生的管理费用，包括企业在筹建期间内发生的开办费、董事会和行政管理部门在企业的经营管理中发生的或者应由企业统一负担的公司经费（包括行政管理部门职工工资及福利费、物料消耗、低值易耗品摊销、办公费和差旅费等）、工会经费、董事会费（包括董事会成员津贴、会议费和差旅费等）、聘请中介机构费、咨询费（含顾问费）、诉讼费、业务招待费、房产税、车船税、土地使用税、印花税、技术转让费、矿产资源补偿费、研究费用、排污费以及企业生产车间（部门）和行政管理部门等发生的固定资产修理费用等。

（二）科目与账户设置

企业发生的管理费用，在"管理费用"科目核算，并在"管理费用"科目中按费用项目设置明细账，进行明细核算。

期末，"管理费用"科目的余额结转"本年利润"科目后无余额。

商品流通企业管理费用不多的，可不设本科目，本科目的核算内容可并入"销售费用"科目核算。

（三）主要账务处理

【例12-11】旺旺公司2016年12月5日为拓展产品销售市场发生业务招待费32000元，用支票支付。

借：管理费用——业务招待费   32000
　　贷：银行存款   32000

【例12-12】旺旺公司2016年12月22日就一项产品的设计方案向有关专家进行

咨询，以现金支付咨询费 900 元。

　　借：管理费用——咨询费　　　　　　　　　　　　　　　　900
　　　　贷：库存现金　　　　　　　　　　　　　　　　　　　　900

【例 12-13】大道公司行政部 2016 年 12 月份共发生费用 224000 元，其中：行政人员薪酬 60000 元，专用办公设备折旧费 35000 元，其他办公、水电费 9000 元（均用银行存款支付）。

　　借：管理费用　　　　　　　　　　　　　　　　　　　104000
　　　　贷：应付职工薪酬　　　　　　　　　　　　　　　　60000
　　　　　　累计折旧　　　　　　　　　　　　　　　　　　35000
　　　　　　银行存款　　　　　　　　　　　　　　　　　　 9000

【例 12-14】2016 年 12 月 31 日，辉煌公司计提公司管理部门固定资产折旧 30000 元，摊销公司管理部门用无形资产成本 10000 元。

　　借：管理费用　　　　　　　　　　　　　　　　　　　 40000
　　　　贷：累计折旧　　　　　　　　　　　　　　　　　　30000
　　　　　　累计摊销　　　　　　　　　　　　　　　　　　10000

【例 12-15】大道公司 2016 年 12 月结转"管理费用"账户发生额 78000 元。

　　借：本年利润　　　　　　　　　　　　　　　　　　　 78000
　　　　贷：管理费用　　　　　　　　　　　　　　　　　　78000

三、销售费用的核算

（一）销售费用核算的内容

销售费用是指企业在销售商品和材料、提供劳务的过程中发生的各种费用，包括企业在销售商品过程中发生的保险费、包装费、展览费和广告费、商品维修费、预计产品质量保证损失、运输费、装卸费等以及为销售本企业商品而专设的销售机构（含销售网点、售后服务网点等）的职工薪酬、业务费、折旧费、固定资产修理费用等费用。

（二）科目与账户设置

企业发生的销售费用，在"销售费用"科目核算，并在"销售费用"科目中按费用项目设置明细账，进行明细核算。

期末，"销售费用"科目的余额结转"本年利润"科目后无余额。

（三）主要账务处理

1. 企业在销售商品过程中发生的包装费、保险费、展览费和广告费、运输费、装卸费等费用

　　借：销售费用
　　　　贷：库存现金、银行存款等

【例 12-16】旺旺公司 2016 年 12 月 2 日为拓展产品销售市场发生宣传费 33000 元，用支票支付。

借：销售费用——宣传费　　　　　　　　　　　　　　　　33000
　　贷：银行存款　　　　　　　　　　　　　　　　　　　　33000

【例12-17】旺旺公司2016年12月2日为销售商品发生运输费2000元（不含税），增值税220元，用支票支付。

借：销售费用——运输费　　　　　　　　　　　　　　　　2000
　　应交税费——应交增值税（进项税税额）　　　　　　　　220
　　贷：银行存款　　　　　　　　　　　　　　　　　　　　2220

2. 企业发生的为销售本企业商品而专设的销售机构的职工薪酬、业务费等经营费用

借：销售费用
　　贷：应付职工薪酬、银行存款、累计折旧等

【例12-18】旺旺公司营业部2016年12月共发生费用224000元，其中：销售人员薪酬30000元，专用办公设备折旧费11000元，其他办公、水电费4000元（均用银行存款支付）。

借：销售费用　　　　　　　　　　　　　　　　　　　　　45000
　　贷：应付职工薪酬　　　　　　　　　　　　　　　　　　30000
　　　　累计折旧　　　　　　　　　　　　　　　　　　　　11000
　　　　银行存款　　　　　　　　　　　　　　　　　　　　4000

3. 期末，应将本科目余额转入"本年利润"科目，结转后本科目应无余额

借：本年利润
　　贷：销售费用

【例12-19】旺旺公司2016年12月结转"销售费用"账户发生额72000元。

借：本年利润　　　　　　　　　　　　　　　　　　　　　72000
　　贷：销售费用　　　　　　　　　　　　　　　　　　　　72000

四、财务费用的核算

（一）管理费用核算的内容

财务费用是指企业为筹集生产经营所需资金等而发生的筹资费用，包括利息支出（减利息收入）、汇兑损益以及相关的手续费、企业发生的现金折扣或收到的现金折扣等。

（二）科目与账户设置

企业发生的财务费用，在"财务费用"科目核算，并在"财务费用"科目中按费用项目设置明细账，进行明细核算。

期末，"财务费用"科目的余额结转"本年利润"科目后无余额。

（三）主要账务处理

（1）企业发生的财务费用，借记本科目，贷记"银行存款""未确认融资费用"等科目。

(2) 企业发生的应冲减财务费用的利息收入、汇兑损益、现金折扣，借记"银行存款""应付账款"等科目，贷记本科目。

(3) 期末，应将本科目余额转入"本年利润"科目，结转后本科目无余额。

【例12-20】旺旺公司于2016年1月1日向银行借入生产经营用短期借款300000元，期限6个月，年利率5%，该借款本金到期后一次归还，利息分月预提，按季支付。假定所有利息均不符合利息资本化条件。会计处理如下：

每月末，预提当月份应计利息：

$300000 \times 5\% \div 12 = 1250$（元）

  借：财务费用   1250
    贷：应付利息   1250

【例12-21】旺旺公司于2017年1月1日向银行借入生产经营用短期借款600000元，期限10个月，年利率5%，该借款本金到期后一次归还，利息分月预提，按季支付。假定1月其中200000元暂时作为闲置资金存入银行，并获得利息收入200元。假定所有利息均不符合利息资本化条件。会计处理如下：

1月末，预提当月份应计利息：

$600000 \times 5\% \div 12 = 2500$（元）

  借：财务费用   2500
    贷：应付利息   2500

同时，当月取得的利息收入200元应作为冲减财务费用处理。

  借：银行存款   200
    贷：财务费用   200

【例12-22】大道公司于2017年1月10日平价发行公司债券，债券发行过程中，以支票支付手续费300000元。有关手续费的会计分录如下：

  借：财务费用   300000
    贷：银行存款   300000

【例12-23】旺旺公司2017年1月结转"财务费用"账户发生额119000元。

  借：本年利润   119000
    贷：财务费用   119000

第十三章 利　　润

第一节　利润及其构成

一、利润的含义

企业的根本目的在于盈利。

利润是指企业在一定会计期间的经营成果。利润包括收入减去费用后的净额、直接计入当期利润的利得和损失等。

利得是指由企业非日常活动所形成的、会导致所有者权益增加的、与所有者投入资本无关的经济利益的流入。

损失是指由企业非日常活动所发生的、会导致所有者权益减少的、与向所有者分配利润无关的经济利益的流出。

直接计入当期的利得和损失，是指应当计入当期损益、会导致所有者权益发生增减变动的、与所有者投入资本或者向所有者分配利润无关的利得或者损失。

未计入当期利润的利得和损失扣除所得税影响后的净额计入其他综合收益项目。净利润与其他综合收益的合计金额为综合收益总额。

企业作为独立的经济实体，应当以自己的经营收入抵补其成本费用，并且实现盈利。企业盈利的大小在很大程度上反映企业生产经营的经济效益，表明企业在每一会计期间的最终经营成果。

二、利润的构成

（一）营业利润

营业利润＝营业收入－营业成本－营业税金及附加－销售费用－管理费用－财务费用－资产减值损失＋公允价值变动收益（－公允价值变动损失）＋投资收益（－投资损失）

其中，营业收入是指企业经营业务所实现的收入总额，包括主营业务收入和其他业务收入。营业成本是指企业经营业务所发生的实际成本总额，包括主营业务成本和其他业务成本。资产减值损失是指企业计提各项资产减值准备所形成的损失。公允价值变动收益（或损失）是指企业交易性金融资产等公允价值变动形成的应计入当期损益的利得（或损失）。投资收益（或损失）是指企业以各种方式对外投资所取得的收益（或发生的损失）。

（二）利润总额

$$利润总额 = 营业利润 + 营业外收入 - 营业外支出$$

其中，营业外收入（或支出）是指企业发生的与日常活动无直接关系的各项利得（或损失）。

（三）净利润

$$净利润 = 利润总额 - 所得税费用$$

其中，所得税费用是指企业确认的应从当期利润总额中扣除的所得税费用。

第二节　营业外收支

一、营业外收入概述

（一）营业外收入核算的内容

营业外收入是指企业确认的与其日常活动无直接关系的各项利得。营业外收入并不是企业经营资金耗费所产生的，实际上是经济利益的净流入，不需要与有关的费用进行配比。营业外收入主要包括非流动资产处置利得、政府补助、盘盈利得、捐赠利得、非货币性资产交换利得、债务重组利得等。

其中：非流动资产处置利得包括固定资产处置利得和无形资产出售利得。固定资产处置利得，指企业出售固定资产所取得价款，或报废固定资产的材料价值和变价收入等，扣除被处置固定资产的账面价值、清理费用、与处置相关的税费后的净收益；无形资产出售利得，指企业出售无形资产所取得价款，扣除被出售无形资产的账面价值、与出售相关的税费后的净收益。

政府补助，指企业从政府无偿取得货币性资产或非货币性资产形成的利得，不包括政府作为所有者对企业的资本投入。

盘盈利得，指企业对现金等资产清查盘点时发生盘盈，报经批准后计入营业外收入的金额。

捐赠利得，指企业接受捐赠产生的利得。

（二）营业外收入的账务处理

企业应通过"营业外收入"科目，核算营业外收入的取得及结转情况。该科目可按营业外收入项目进行明细核算。

1. 企业确认处置非流动资产利

借记"固定资产清理""银行存款""待处理财产损溢""无形资产""原材料"等科目，贷记"营业外收入"科目。

【例 13 -1】旺旺公司将固定资产报废清理的净收益 3000 元转作营业外收入，应编制如下会计分录：

借：固定资产清理	3000
贷：营业外收入——非流动资产处置利得	3000

2. 确认政府补助利得

（1）与资产相关的政府补助，是指企业取得的、用于购建或以其他方式形成长期资产的政府补助。确认与资产相关的政府补助，借记"银行存款"等科目，贷记"递延收益"科目，分配递延收益时，借记"递延收益"科目，贷记"营业外收入"科目。

根据配比原则，企业取得与资产相关的政府补助，不能全额确认为当期收益，应当随着相关资产的使用逐渐计入以后各期的收益。也就是说，收到与资产相关的政府补助应当确认为递延收益，然后自长期资产可供使用时起，按照长期资产的预计使用期限，将递延收益平均分摊至当期损益，计入营业外收入。

【例 13 -2】2013 年 1 月 1 日，财政局拨付万宝公司 1500000 元补助款（同日到账），用于购买环保设备 1 台，并规定若有结余，留归企业自行支配。2013 年 2 月 28 日，该企业购入设备（假定从 2013 年 3 月 1 日开始使用，不考虑税金及安装费用），购置设备的实际成本为 1200000 元，使用寿命为 5 年，2016 年 2 月 28 日，万宝公司以 40 万元的价格出售了这台设备，款未收。应编制如下会计分录：

2013 年 1 月 1 日收到财政拨款，确认政府补助：

借：银行存款	1500000
贷：递延收益	1500000

2013 年 2 月 28 日购入设备：

借：固定资产	1200000
贷：银行存款	1200000

该项固定资产使用期间（2013 年 3 月至 2016 年 2 月），每个月计提折旧和分配递延收益（按直线法计提折旧）：

每月应计提折旧 = 1200000/5/12 = 20000（元）

借：制造费用	20000
贷：累计折旧	20000

每月应分配递延收益 = 1500000/5/12 = 25000（元）

借：递延收益	25000
贷：营业外收入	25000

2016 年 2 月 28 日，该企业出售了这台设备

借：应收账款	400000
固定资产清理	80000
累计折旧	720000

　　　　贷：固定资产　　　　　　　　　　　　　　　　　　　　1200000
　　借：营业外支出　　　　　　　　　　　　　　　　　　　　　80000
　　　　贷：固定资产清理　　　　　　　　　　　　　　　　　　　80000
已分配递延收益 = 25000 × (10 + 12 + 12 + 2) = 900000（元）
尚未分配的递延收益 = 1500000 − 900000 = 600000（元）
将尚未分配的递延收益直接转入当期损益：
　　借：递延收益　　　　　　　　　　　　　　　　　　　　　600000
　　　　贷：营业外收入　　　　　　　　　　　　　　　　　　　600000

【例13-3】聚聚科技公司2017年3月完成政府下达技能培训任务，收到财政补助资金50000元，应编制如下会计分录：
　　借：银行存款　　　　　　　　　　　　　　　　　　　　　50000
　　　　贷：营业外收入　　　　　　　　　　　　　　　　　　　50000

【例13-4】绿宝集团为一家农业产业化龙头企业，享受银行贷款地方财政贴息补助，2016年1月，从国家农业发展银行获10年期贷款5000000元，同时收到财政部门拨付的一季度贴息款90000元。4月初又收到二季度的贴息款90000元。
2016年1月，实际收到财政贴息90000元时：
　　借：银行存款　　　　　　　　　　　　　　　　　　　　　90000
　　　　贷：递延收益　　　　　　　　　　　　　　　　　　　　90000
2016年1月、2月、3月末，分别将补偿当月利息费用的补贴计入当期收益：
　　借：递延收益　　　　　　　　　　　　　　　　　　　　　30000
　　　　贷：营业外收入　　　　　　　　　　　　　　　　　　　30000
（2016年4—6月的会计分录与1—3月的相同）

3. 企业确认盘盈利得、捐赠利得
计入营业外收入时，借记"库存现金""待处理财产损溢"等科目，贷记"营业外收入"科目。

【例13-5】某企业在现金清查中盘盈100元，按管理权限报经批准后转入营业外收入，应编制如下会计分录：
　　借：待处理财产损溢　　　　　　　　　　　　　　　　　　　100
　　　　贷：营业外收入　　　　　　　　　　　　　　　　　　　　100

4. 期末
应将"营业外收入"科目余额转入"本年利润"科目，借记"营业外收入"科目，贷记"本年利润"科目。结转后本科目应无余额。

【例13-6】某企业本期营业外收入总额为13000元，期末结转本年利润，应编制如下会计分录：
　　借：营业外收入　　　　　　　　　　　　　　　　　　　　13000
　　　　贷：本年利润　　　　　　　　　　　　　　　　　　　　13000

二、营业外支出

(一) 营业外支出的核算内容

营业外支出是指企业发生的与其日常活动无直接关系的各项损失，主要包括非流动资产处置损失、公益性捐赠支出、盘亏损失、罚款支出、非货币性资产交换损失、债务重组损失等。

其中，非流动资产处置损失包括固定资产处置损失和无形资产出售损失。固定资产处置损失，指企业出售固定资产所取得价款，或报废固定资产的材料价值和变价收入等，抵补处置固定资产的账面价值、清理费用、处置相关税费后的净损失；无形资产出售损失，指企业出售无形资产所取得价款，抵补出售无形资产的账面价值、出售相关税费后的净损失。

公益性捐赠支出，指企业对外进行公益性捐赠发生的支出。

盘亏损失，主要指对于财产清查盘点中盘亏的资产，查明原因并报经批准计入营业外支出的损失。

非常损失，指企业对于因客观因素（如自然灾害等）造成的损失，扣除保险公司赔偿后应计入营业外支出的净损失。

罚款支出，指企业支付的行政罚款、税务罚款，以及其他违反法律法规、合同协议等而支付的罚款、违约金、赔偿金等支出。

(二) 营业外支出的账务处理

企业应通过"营业外支出"科目，核算营业外支出的发生及结转情况。该科目可按营业外支出项目进行明细核算。

1. 企业确认处置非流动资产损失时

借记"营业外支出"科目，贷记"固定资产清理""无形资产"等科目。

【例13-7】2016年1月1日，某公司取得一项价值1000000元的非专利技术，2017年1月1日出售时已累计摊销100000元，未计提减值准备，出售时取得收入742000元（含税，税率6%），款已通过银行收讫。出售时应编制如下会计分录：

借：银行存款　　　　　　　　　　　　　　　　742000
　　累计摊销　　　　　　　　　　　　　　　　100000
　　营业外支出　　　　　　　　　　　　　　　200000
　　贷：无形资产　　　　　　　　　　　　　　1000000
　　　　应交税费——应交增值税（销项税税额）　42000

2. 确认盘亏、罚款支出计入营业外支出时

借记"营业外支出"科目，贷记"待处理财产损溢""库存现金"等科目。

【例13-8】某企业发生原材料意外灾害损失100000元，经批准全部转作营业外支出。原材料适用增值税税率17%。应编制如下会计分录：

(1) 发生原材料意外灾害损失时：

借：待处理财产损溢　　　　　　　　　　　　　　　　　100000
　　贷：原材料　　　　　　　　　　　　　　　　　　　　　100000
（2）批准处理时：
借：营业外支出　　　　　　　　　　　　　　　　　　　117000
　　贷：待处理财产损溢　　　　　　　　　　　　　　　　100000
　　　　应交税费——应交增值税（进项税税额转出）　　　 17000

【例13-9】 某企业用银行存款支付税款滞纳金6000元，应编制如下会计分录：
借：营业外支出　　　　　　　　　　　　　　　　　　　　6000
　　贷：银行存款　　　　　　　　　　　　　　　　　　　　6000

3. 期末

应将"营业外支出"科目余额转入"本年利润"科目，借记"本年利润"科目，贷记"营业外支出"科目。结转后本科目应无余额。

【例13-10】 某企业本期营业外支出总额为14000元，期末结转本年利润，应编制如下会计分录：
借：本年利润　　　　　　　　　　　　　　　　　　　　14000
　　贷：营业外支出　　　　　　　　　　　　　　　　　　14000

第三节　所得税费用

企业的所得税费用包括当期所得税和递延所得税两个部分，其中，当期所得税是指当期应交所得税。递延所得税包括递延所得税资产和递延所得税负债。递延所得税资产是指以未来期间很可能取得用来抵扣可抵扣暂时性差异的应纳税所得额为限确认的一项资产。递延所得税负债是指根据应纳税暂时性差异计算的未来期间应付所得税的金额。

一、应交所得税的计算

应交所得税是指企业按照税法规定计算确定的。针对当期发生的交易和事项，应交给税务部门的所得税金额，即当期应交所得税。应纳税所得额是在企业税前会计利润（即利润总额）的基础上调整确定的，计算公式为：

应纳税所得额 = 税前会计利润 + 纳税调整增加额 - 纳税调整减少额

纳税调整增加额主要包括税法规定允许扣除项目中，企业已计入当期费用但超过税法规定扣除标准的金额（如超过税法规定标准的职工福利费、工会经费、职工教育经费、业务招待费、公益性捐赠支出、广告费和业务宣传费等），以及企业已计入当期损失但税法规定不允许扣除项目的金额（如税收滞纳金、罚金、罚款）。

纳税调整减少额主要包括按税法规定允许弥补的亏损和准予免税的项目，如前5年内未弥补亏损和国债利息收入等。

企业当期应交所得税的计算公式为：

$$应交所得税 = 应纳税所得额 \times 所得税税率$$

【例 13-11】旺旺公司 2016 年度按企业会计准则计算的税前会计利润为 9800000 元，所得税税率为 25%。公司全年实发工资、薪金 2000000 元，职工福利费 303000 元，工会经费 49000 元，职工教育经费 120000 元；经查，公司当年营业外支出中有 98000 元为税收滞纳罚金。假定公司全年无其他纳税调整因素。

税法规定，企业发生的合理的工资、薪金支出准予据实扣除；企业发生的职工福利费支出，不超过工资、薪金总额 14% 的部分准予扣除；企业拨缴的工会经费，不超过工资、薪金总额 2% 的部分准予扣除；除国务院财政、税务主管部门另有规定外，企业发生的职工教育经费支出，不超过工资、薪金总额 2.5% 的部分准予扣除，超过部分准予结转以后纳税年度扣除。

本例中，按税法规定，企业在计算当期应纳税所得额时，可以扣除工资、薪金支出 2000000 元，扣除职工福利费支出 2000000×14% = 280000（元），工会经费支出 2000000×2% = 40000（元），职工教育经费支出 2000000×2.5% = 50000（元）。

旺旺公司有两种纳税调整因素，一是已计入当期但超过税法规定可以税前扣除标准的费用支出；二是已计入当期营业外支出但按税法规定不允许扣除的税收滞纳金，这两种因素均应调整增加应纳税所得额。公司当期所得税的计算如下：

纳税调整数 =（303000 - 280000）+（49000 - 40000）+（120000 - 50000）+ 98000 = 200000（元）

应纳税所得额 = 9800000 + 200000 = 10000000（元）

当期应交所得税额 = 10000000 × 25% = 2500000（元）

【例 13-12】大道公司 2016 年全年利润总额（即税前会计利润）为 10200000 元，其中包括本年收到的国债利息收入 200000 元，所得税税率为 25%。假定大道公司全年无其他纳税调整因素。

按照税法的有关规定，企业购买国债的利息收入免交所得税，即在计算应纳税所得额时可将其扣除。大道公司当期所得税的计算如下：

应纳税所得额 = 10200000 - 200000 = 10000000（元）

当期应交所得税税额 = 10000000 × 25% = 2500000（元）

二、所得税费用的账务处理

企业根据会计准则的规定，计算确定的当期所得税和递延所得税之和，即为应从当期利润总额中扣除的所得税费用。即：

$$所得税费用 = 当期所得税 + 递延所得税$$

企业应通过"所得税费用"科目，核算企业所得税费用的确认及其结转情况。期末，应将"所得税费用"科目的余额转入"本年利润"科目，借记"本年利润"科目，贷记"所得税费用"科目，结转后本科目应无余额。

【例 13-13】承【例 13-11】，旺旺公司递延所得税负债年初数为 400000 元，年

末数为500000元,递延所得税资产年初数为250000元,年末数为200000元。旺旺公司应编制如下会计分录:

旺旺公司所得税费用的计算如下:

递延所得税=(500000-400000)-(200000-250000)=150000(元)

所得税费用=当期所得税+递延所得税=2500000+150000=2650000(元)

旺旺公司应编制如下会计分录:

借:所得税费用　　　　　　　　　　　　　　　2650000
　　贷:应交税费——应交所得税　　　　　　　　　　　2500000
　　　　递延所得税负债　　　　　　　　　　　　　　 100000
　　　　递延所得税资产　　　　　　　　　　　　　　　50000

第四节　本年利润

一、结转本年利润的方法

会计期末结转本年利润的方法有表结法和账结法两种。

(一)表结法

表结法下,各损益类科目每月月末只需结计出本月发生额和月末累计余额,不结转到"本年利润"科目,只有在年末时才将全年累计余额结转入"本年利润"科目。但每月月末要将损益类科目的本月发生额合计数填入利润表的本月数栏,同时将本月末累计余额填入利润表的本年累计数栏,通过利润表计算反映各期的利润(或亏损)。表结法下,年中损益类科目无须结转入"本年利润"科目,从而减少了转账环节和工作量,同时并不影响利润表的编制及有关损益指标的利用。

(二)账结法

账结法下,每月月末均需编制转账凭证,将在账上结计出的各损益类科目的余额结转入"本年利润"科目。结转后"本年利润"科目的本月余额反映当月实现的利润或发生的亏损,"本年利润"科目的本年余额反映本年累计实现的利润或发生的亏损。账结法在各月均可通过"本年利润"科目提供当月及本年累计的利润(或亏损)额,但增加了转账环节和工作量。

二、结转本年利润的会计处理

企业应设置"本年利润"科目,核算企业本年度实现的净利润(或发生的净亏损)。

会计期末,企业应将"主营业务收入""其他业务收入""营业外收入"等账户的余额分别转入"本年利润"账户的贷方,将"主营业务成本""其他业务成本""营业税金及附加""销售费用""管理费用""财务费用""资产减值损失""营业外支出""所得税费用"等账户的余额分别转入"本年利润"账户的借方。

企业还应将"公允价值变动损益""投资收益"账户的净收益转入"本年利润"账户的贷方,将"公允价值变动损益""投资收益"账户的净损失转入"本年利润"账户的借方。结转后"本年利润"账户如为贷方余额,表示当年实现的净利润;如为借方余额,表示当年发生的净亏损。

年度终了,企业还应将"本年利润"账户的本年累计余额转入"利润分配——未分配利润"账户。如"本年利润"为贷方余额,借记"本年利润"账户,贷记"利润分配——未分配利润"账户;如为借方余额,作相反的会计分录。结转后"本年利润"账户应无余额。

【例13-14】泡泡公司2016年有关损益类账户的年末余额如表13-1所示(该公司采用表结法年末一次结转损益类账户,所得税税率为25%):

表13-1 账户余额表

账 户 名 称	结账前余额及方向
主营业务收入	6000000元(贷)
其他业务收入	700000元(贷)
公允价值变动损益	150000元(贷)
投资收益	600000元(贷)
营业外收入	50000元(贷)
主营业务成本	4000000元(贷)
其他业务成本	400000元(贷)
营业税金及附加	80000元(贷)
销售费用	500000元(借)
管理费用	770000元(借)
财务费用	200000元(借)
资产减值损失	100000元(借)
营业外支出	250000元(借)

泡泡公司2016年末未结转本年利润的会计分录如下:
(1) 将各损益类账户年末余额结转入"本年利润"账户:
1) 结转各项收入、利得类账户:
借:主营业务收入　　　　　　　　　　　　　　　　　6000000
　　其他业务收入　　　　　　　　　　　　　　　　　　700000

公允价值变动损益	150000
投资收益	600000
营业外收入	50000
贷：本年利润	7500000

2）结转各项费用、损失类账户

借：本年利润	6300000
贷：主营业务成本	4000000
其他业务成本	400000
营业税金及附加	80000
销售费用	500000
管理费用	770000
财务费用	200000
资产减值损失	100000
营业外支出	250000

（2）经过上述结转后，"本年利润"账户的贷方发生额合计7500000元减去借方发生额合计6300000元即为税前会计利润1200000元。

假设没有纳税调整项目，应纳税所得额即为1200000元，则应交所得税额为：1200000×25%＝300000（元）。

1）确认所得税费用：

借：所得税费用	300000
贷：应交税费——应交所得税	300000

2）将所得税费用结转入"本年利润"账户：

借：本年利润	300000
贷：所得税费用	300000

（3）将"本年利润"账户年末余额900000转入"利润分配——未分配利润"账户：

借：本年利润	900000
贷：利润分配——未分配利润	900000

第十四章 财务报告

第一节 财务报告概述

一、财务报告及其目标

财务报告是指企业对外提供的反映企业某一特定日期的财务状况和某一会计期间的经营成果、现金流量等会计信息的文件。财务报告包括财务报表和其他应当在财务报告中披露的相关信息和资料。

财务报告的目标，是向财务报告使用者提供与企业财务状况、经营成果和现金流量等有关的会计信息，反映企业管理层受托责任履行情况，有助于财务报告使用者做出经济决策。财务报告使用者通常包括投资者、债权人、政府及其有关部门和社会公众等。

二、财务报表的构成

财务报表至少应当包括下列组成部分：①资产负债表；②利润表；③现金流量表；④所有者权益（或股东权益。下同）变动表；⑤附注。

财务报表可以按照不同的标准进行分类：①按财务报表编报期间的不同，可以分为中期财务报表和年度财务报表。中期财务报表是以短于一个完整会计年度的报告期间为基础编制的财务报表，包括月报、季报和半年报等。②按财务报表编报主体的不同。可以分为个别财务报表和合并财务报表。个别财务报表是由企业在自身会计核算基础上对账簿记录进行加工而编制的财务报表，它主要用以反映企业自身的财务状况、经营成果和现金流量情况。合并财务报表是以母公司和子公司组成的企业集团为会计主体，根据母公司和所属子公司的财务报表，由母公司编制的综合反映企业集团财务状况、经营成果及现金流量的财务报表。

三、财务报表列报的基本要求

（一）依据各项会计准则确认和计量的结果编制财务报表

企业应当根据实际发生的交易和事项，按照各项具体会计准则的规定进行确认和计量，并在此基础上编制财务报表。企业应当在附注中对这一情况做出声明，只有遵循了企业会计准则的所有规定时，财务报表才应当被称为"遵循了企业会计准则"。

企业不应以在附注中披露代替对交易和事项的确认和计量。也就是说，企业如果采用不恰当的会计政策，不得通过在附注中披露等其他形式予以更正。

（二）列报基础

在编制财务报表的过程中，企业董事会应当对企业持续经营的能力进行评价，需要考虑的因素包括市场经营风险、企业目前或长期的盈利能力、偿债能力、财务弹性以及企业管理层改变经营政策的意向等。评价后对企业持续经营的能力产生严重怀疑的，应当在附注中披露导致对持续经营能力产生重大怀疑的重要的不确定因素。

非持续经营是企业在极端情况下呈现的一种状态。企业存在以下情况之一的，通常表明企业处于非持续经营状态：①企业已在当期进行清算或停止营业；②企业已经正式决定在下一个会计期间进行清算或停止营业；③企业已确定在当期或下一个会计期间没有其他可供选择的方案而将被迫进行清算或停止营业。企业处于非持续经营状态时，应当采用其他基础编制财务报表。比如，企业处于破产状态时，其资产应当采用可变现净值计量、负债应当按照其预计的结算金额计量等。在非持续经营情况下，企业应当在附注中声明财务报表未以持续经营为基础列报，披露未以持续经营为基础的原因以及财务报表的编制基础。

（三）重要性和项目列报

关于项目在财务报表中是单独列报还是合并列报，应当依据重要性原则来判断。具体而言：

1. 性质或功能不同的项目

一般应当在财务报表中单独列报，比如存货和固定资产在性质上和功能上都有本质差别，必须分别在资产负债表上单独列报。但是不具有重要性的项目可以合并列报。

2. 性质或功能类似的项目

一般可以合并列报，但是对其具有重要性的类别应该单独列报。比如原材料、在产品等项目在性质上类似，均通过生产过程形成企业的产品存货，因此可以合并列报，合并之后的类别统称为"存货"在资产负债表上列报。

3. 项目单独列报的原则

不仅适用于报表，还适用于附注。某些项目的重要性程度不足以在资产负债表、利润表、现金流量表或所有者权益变动表中单独列报，但是可能对附注而言却具有重要性，在这种情况下应当在附注中单独披露。

4. 重要性

重要性是判断项目是否单独列报的重要标准。企业在进行重要性判断时，应当根据所处环境，从项目的性质和金额大小两方面予以判断：一方面，应当考虑该项目的性质是否属于企业日常活动、是否对企业的财务状况和经营成果具有较大影响等因素；另一方面，判断项目金额大小的重要性，应当通过单项金额占资产总额、负债总额、所有者权益总额、营业收入总额、净利润等直接相关项目金额的比重加以确定。

（四）列报的一致性

可比性是会计信息质量的一项重要质量要求，目的是使同一企业不同期间和同一期间不同企业的财务报表相互可比。为此，财务报表项目的列报应当在各个会计期间保持一致，不得随意变更。这一要求不仅只针对财务报表中的项目名称，还包括财务报表项目的分类、排列顺序等方面。

在以下规定的特殊情况下，财务报表项目的列报是可以改变的：①会计准则要求改变；②企业经营业务的性质发生重大变化后，变更财务报表项目的列报能够提供更可靠、更相关的会计信息。

（五）财务报表项目金额间的相互抵消

财务报表项目应当以总额列报，资产和负债、收入和费用不能相互抵消，即不得以净额列报，但企业会计准则另有规定的除外。比如，企业欠客户的应付款不得与其他客户欠本企业的应收款相抵消，如果相互抵消就掩盖了交易的实质。

下列两种情况不属于抵消，可以以净额列示：①资产项目按扣除减值准备后的净额列示，不属于抵消。对资产计提减值准备，表明资产的价值确实已经发生减损，按扣除减值准备后的净额列示，才反映了资产当时的真实价值。②非日常活动的发生具有偶然性，并非企业主要的业务，从重要性来讲，非日常活动产生的损益以收入扣减费用后的净额列示，更有利于报表使用者的理解，也不属于抵消。

（六）比较信息的列报

企业在列报当期财务报表时，至少应当提供所有列报项目上一可比会计期间的比较数据，以及与理解当期财务报表相关的说明，目的是向报表使用者提供对比数据，提高信息在会计期间的可比性，以反映企业财务状况、经营成果和现金流量的发展趋势，提高报表使用者的判断与决策能力。

在财务报表项目的列报确需发生变更的情况下，企业应当对上期比较数据按照当期的列报要求进行调整，并在附注中披露调整的原因和性质，以及调整的各项目金额。但是，在某些情况下，对上期比较数据进行调整不是切实可行的，则应当在附注中披露不能调整的原因。

（七）财务报表表首的列报要求

财务报表一般分为表首、正表两部分，其中，在表首部分企业应当概括地说明下列基本信息：①编报企业的名称，如企业名称在所属当期发生了变更的，还应明确标明；②对资产负债表而言，须披露资产负债表日，而对利润表、现金流量表、所有者权益变动表而言，须披露报表涵盖的会计期间；③货币名称和单位，按照我国企业会计准则的规定，企业应当以人民币作为记账本位币列报，并标明金额单位，如人民币元、人民币万元等；④财务报表是合并财务报表的，应当予以标明。

（八）报告期间

企业至少应当编制年度财务报表。根据《中华人民共和国会计法》的规定，会计年度自公历1月1日起至12月31日止。因此，在编制年度财务报表时，可能存在年度财务报表涵盖的期间短于一年的情况，比如企业在年度中间（如 3 月 1 日）开始设立等，在这种情况下，企业应当披露年度财务报表的实际涵盖期间及其短于一年的原因，并说明由此引起财务报表项目与比较数据不具可比性这一事实。

第二节　资产负债表

一、资产负债表的内容及结构

（一）资产负债表的内容

资产负债表是指反映企业在某一特定日期财务状况的会计报表。它反映企业在某一特定日期所拥有或控制的经济资源、所承担的现时义务和所有者对净资产的要求权。通过资产负债表，可以提供某一日期资产的总额及其结构，表明企业拥有或控制的资源及其分布情况，使用者可以一目了然地从资产负债表上了解企业在某一特定日期所拥有的资产总量及其结构；可以提供某一日期的负债总额及其结构，表明企业未来需要用多少资产或劳务清偿债务以及清偿时间；可以反映所有者所拥有的权益，据以判断资本保值、增值的情况以及对负债的保障程度。此外，资产负债表还可以提供进行财务分析的基本资料，如将流动资产与流动负债进行比较，计算出流动比率；将速动资产与流动负债进行比较，计算出速动比率等，可以表明企业的变现能力、偿债能力和资金周转能力，从而有助于报表使用者做出经济决策。

（二）资产负债表的结构

在我国，资产负债表采用账户式结构，报表分为左右两方，左方列示资产各项目，反映全部资产的分布及存在形态；右方列示负债和所有者权益各项目，反映全部负债和所有者权益的内容及构成情况。资产负债表左右双方平衡，资产总计等于负债和所有者权益总计，即"资产＝负债＋所有者权益"。此外，为了使使用者通过比较不同时点资产负债表的数据，掌握企业财务状况的变动情况及发展趋势，企业需要提供比较资产负债表，资产负债表还就各项目再分为"年初余额"和"期末余额"两栏分别填列。资产负债表的具体格式如表 14 – 1 所示。

表 14 – 1　资产负债表

会企 01 表

编制单位：　　　　　　　　　20＿＿年＿＿月＿＿日　　　　　　　　　单位：元

资　　产	期末余额	年初余额	权　　益	期末余额	年初余额
流动资产：			流动负债：		
货币资金			短期借款		
交易性金融资产			交易性金融负债		

续上表

资　　产	期末余额	年初余额	权　　益	期末余额	年初余额
应收票据			应付票据		
应收账款			应付账款		
预付账款			预收账款		
			应付职工薪酬		
			应交税费		
应收利息			应付利息		
应收股利			应付股利		
其他应收款			其他应付款		
存货					
一年内到期的非流动资产			一年内到期的非流动负债		
其他流动资产			其他流动负债		
流动资产合计			流动负债合计		
非流动资产：			非流动负债：		
可供出售金融资产			长期借款		
持有至到期投资			应付债券		
长期应收款			长期应付款		
长期股权投资			专项应付款		
投资性房地产			预计负债		
固定资产			递延所得税负债		
在建工程			其他非流动负债		
工程物资			非流动负债合计		
固定资产清理			负债合计		
生物性生物资产					
油气资产			所有者权益：		
无形资产			实收资本（或股本）		
开发支出			资本公积		
商誉			减：库存股		
长期待摊费用			盈余公积		
递延所得税资产			未分配利润		
其他非流动资产			所有者权益合计		
非流动资产合计					
资产总计			负债和所有者权益总计		

二、资产负债表的填列方法

1. 资产负债表"期末余额"栏的填列方法

本表"期末余额"栏一般应根据资产、负债和所有者权益类科目的期末余额填列。

（1）根据总账科目余额填列。"交易性金融资产""工程物资""固定资产清理""递延所得税资产""短期借款""交易性金融负债""应付票据""应付职工薪酬""应交税费""应付利息""应付股利""其他应付款""专项应付款""预计负债""递延所得税负债""实收资本（或股本）""资本公积""库存股""盈余公积"等项目，应根据有关总账科目的余额填列。

有些项目则应根据几个总账科目的期末余额计算填列："货币资金"项目，应根据"库存现金""银行存款""其他货币资金"三个总账科目的期末余额的合计数填列；"其他非流动资产""其他流动负债"项目，应根据有关科目的期末余额分析填列。

（2）根据明细账科目余额计算填列。"开发支出"项目，应根据"研发支出"科目中所属的"资本化支出"明细科目期末余额填列；"应付账款"项目，应根据"应付账款"和"预付账款"两个科目所属的相关明细科目的期末贷方余额合计数填列；"预收款项"项目，应根据"预收账款"和"应收账款"科目所属各明细科目的期末贷方余额合计数填列；"一年内到期的非流动资产""一年内到期的非流动负债"项目，应根据有关非流动资产或非流动负债项目的明细科目余额分析填列；"长期借款""应付债券"项目，应分别根据"长期借款""应付债券"科目的明细科目余额分析填列；"未分配利润"项目，应根据"利润分配"科目中所属的"未分配利润"明细科目期末余额填列。

（3）根据总账科目和明细账科目余额分析计算填列。"长期借款"项目，应根据"长期借款"总账科目余额扣除"长期借款"科目所属的明细科目中将在资产负债表日起一年内到期且企业不能自主地将清偿义务展期的长期借款后的金额计算填列；"长期待摊费用"项目，应根据"长期待摊费用"科目的期末余额减去将于一年内（含一年）摊销的数额后的金额填列；"其他非流动负债"项目，应根据有关科目的期末余额减去将于一年内（含一年）到期偿还数后的金额填列。

（4）根据有关科目余额减去其备抵科目余额后的净额填列。"可供出售金融资产""持有至到期投资""长期股权投资""在建工程""商誉"项目，应根据相关科目的期末余额填列，已计提减值准备的，还应扣减相应的减值准备；"固定资产""无形资产""投资性房地产""生产性生物资产""油气资产"项目，应根据相关科目的期末余额扣减相关的累计折旧（或摊销、折耗）填列，已计提减值准备的，还应扣减相应的减值准备，采用公允价值计量的上述资产，应根据相关科目的期末余额填列；"长期应收款"项目，应根据"长期应收款"科目的期末余额，减去相应的"未实现融资收益"科目和"坏账准备"科目所属相关明细科目期末余额后的金额填列；"长期应付款"项目，应根据"长期应付款"科目的期末余额，减去相应的"未确认融资费用"科目期末余额后的金额填列。

(5) 综合运用上述填列方法分析填列。主要包括:"应收票据""应收利息""应收股利""其他应收款"项目,应根据相关科目的期末余额,减去"坏账准备"科目中有关坏账准备期末余额后的金额填列;"应收账款"项目,应根据"应收账款"和"预收账款"科目所属各明细科目的期末借方余额合计数,减去"坏账准备"科目中有关应收账款计提的坏账准备期末余额后的金额填列;"预付款项"项目,应根据"预付账款"和"应付账款"科目所属各明细科目的期末借方余额合计数,减去"坏账准备"科目中有关预付款项计提的坏账准备期末余额后的金额填列;"存货"项目,应根据"材料采购""原材料""发出商品""库存商品""周转材料""委托加工物资""生产成本""受托代销商品"等科目的期末余额合计,减去"受托代销商品款""存货跌价准备"科目期末余额后的金额填列,材料采用计划成本核算,以及库存商品采用计划成本核算或售价核算的企业,还应按加或减材料成本差异、商品进销差价后的金额填列。

2. 资产负债表"年初余额"栏的填列方法

本表中的"年初余额"栏通常根据上年末有关项目的期末余额填列,且与上年末资产负债表"期末余额"栏相一致。企业在首次执行新准则时,应当按照《企业会计准则第 38 号——首次执行企业会计准则》对首次执行新准则当年的"年初余额"栏及相关项目进行调整;以后期间,如果企业发生了会计政策变更、前期差错更正,应当对"年初余额"栏中的有关项目进行相应调整。此外,如果企业上年度资产负债表规定的项目名称和内容与本年度不一致,应当对上年年末资产负债表相关项目的名称和数字按照本年度的规定进行调整,填入"年初余额"栏。

【例 14 - 1】南风公司 2016 年 12 月 31 日有关账户的年末余额如表 14 - 2 所示:

表 14 - 2 账户余额表

科目名称	借方余额	贷方余额	科目名称	借方余额	贷方余额
库存现金	75000		短期借款		235000
银行存款	250000		应付票据		220000
其他货币资金	205000		应付账款		500000
交易性金融资产	25000		预收账款		20000
应收票据	35000		其他应付款		10000
应收账款	400000		应付职工薪酬		135000
预付账款	60000		应交税费		79000
其他应收款	10000		应付股利		120000
坏账准备		5000	长期借款		500000
在途物资	50000		应付债券		1000000
原材料	200000		实收资本		500000
库存商品	100000		资本公积		80000

续上表

科 目 名 称	借方余额	贷方余额	科 目 名 称	借方余额	贷方余额
长期股票投资	140000		盈余公积		256000
长期股票投资减值准备		20000	未分配利润		125000
固定资产	2505000		生产成本	180000	
累计折旧		650000			
在建工程	120000				
无形资产	90000				
长期待摊费用	10000				
合　　　计	4275000	675000	合计	180000	3780000

南风公司 2016 年 12 月 31 日有关账户的明细资料如下：

（1）"应收账款"所属明细科目有贷方余额 56000 元。

（2）"预收账款"所属明细科目有借方余额 3000 元。

（3）"应付账款"所属明细科目有借方余额 45000 元。

（4）"预付账款"所属明细科目有贷方余额 4000 元。

（5）"坏账准备"余额中，有关应收账款的坏账准备余额为 4600 元，有关其他应收款的坏账准备余额为 400 元。

（6）"长期股权投资"科目余额中有 40000 元将于 1 年内到期。

（7）"长期股权投资减值准备"科目余额中没有将于 1 年内到期的内容。

（8）"长期待摊费用"科目余额中有 10000 元将于 1 年内到期。

（9）"长期借款"科目的余额中有 100000 元将于 1 年内到期。

根据上述资料，编制如表 14-3 所示的南风公司 2016 年 12 月 31 日的资产负债表。

表 14-3　资产负债表

编制单位：南风公司　　　　　　　2016 年 12 月 31 日　　　　　　　会企 01 表
　　　　　　　　　　　　　　　　　　　　　　　　　　　　　　　　　单位：元

资　　　产	期末余额	年初余额	权　　　益	期末余额	年初余额
流动资产：		（略）	流动负债：		（略）
货币资金	530000		短期借款	235000	
交易性金融资产	25000		交易性金融负债		
应收票据	35000		应付票据	220000	
应收账款	454400		应付账款	549000	
预付账款	109000		预收账款	79000	
			应付职工薪酬	135000	
			应交税费	79000	

续上表

资　　产	期末余额	年初余额	权　　益	期末余额	年初余额
应收利息			应付利息		
应收股利			应付股利	120000	
其他应收款	9600		其他应付款	10000	
存货	530000				
一年内到期的非流动资产	50000		一年内到期的非流动负债	100000	
其他流动资产			其他流动负债		
流动资产合计			流动负债合计		
非流动资产：			非流动负债：		
可供出售金融资产			长期借款	400000	
持有至到期投资			应付债券	1000000	
长期应收款			长期应付款		
长期股权投资	80000		专项应付款		
投资性房地产			预计负债		
固定资产	1855000		递延所得税负债		
在建工程	120000		其他非流动负债		
工程物资			非流动负债合计		
固定资产清理			负债合计		
生物性生物资产					
油气资产			所有者权益：		
无形资产	90000		实收资本（或股本）	500000	
开发支出			资本公积	80000	
商誉			减：库存股		
长期待摊费用			盈余公积	256000	
递延所得税资产			未分配利润	125000	
其他非流动资产			所有者权益合计		
非流动资产合计					
资产总计	3888000		负债和所有者权益总计	3888000	

第三节 利 润 表

一、利润表的内容

利润表是反映企业在一定会计期间的经营成果的会计报表。利润表的列报必须充分反映企业经营业绩的主要来源和构成,有助于使用者判断净利润的质量及其风险,有助于使用者预测净利润的持续性,从而做出正确的决策。通过利润表,可以反映企业一定会计期间的收入实现情况,如实现的营业收入有多少、实现的投资收益有多少、实现的营业外收入有多少;可以反映一定会计期间的费用耗费情况,如耗费的营业成本有多少、营业税费有多少、销售费用、管理费用、财务费用各有多少、营业外支出有多少;可以反映企业生产经营活动的成果,即净利润的实现情况,据以判断资本保值、增值情况等。将利润表中的信息与资产负债表中的信息相结合,还可以提供进行财务分析的基本资料,如将赊销收入净额与应收账款平均余额进行比较,计算出应收账款周转率;将销货成本与存货平均余额进行比较,计算出存货周转率;将净利润与资产总额进行比较,计算出资产收益率等,可以表现企业资金周转情况以及企业的盈利能力和水平,便于报表使用者判断企业未来的发展趋势,做出经济决策。

二、利润表的结构

常见的利润表结构主要有单步式和多步式两种。在我国,企业利润表采用的基本上是多步式结构,即通过对当期的收入、费用、支出项目按性质加以归类,按利润形成的主要环节列示一些中间性利润指标,分步计算当期净损益。

利润表主要反映以下六个方面的内容:

(1) 营业收入,由主营业务收入和其他业务收入组成。

(2) 营业利润,营业收入减去营业成本(主营业务成本、其他业务成本)、营业税金及附加、销售费用、管理费用、财务费用、资产减值损失,加上公允价值变动收益、投资收益,即为营业利润。

(3) 利润总额,营业利润加上营业外收入,减去营业外支出,即为利润总额。

(4) 净利润,利润总额减去所得税费用,即为净利润。

(5) 每股收益,普通股或潜在普通股已公开交易的企业,以及正处于公开发行普通股或潜在普通股过程中的企业,还应当在利润表中列示每股收益信息,包括基本每股收益和稀释每股收益两项指标。

(6) 综合收益,包括其他综合收益和综合收益总额。其中,其他综合收益反映企业根据企业会计准则规定未在损益中确认的各项利得和损失扣除所得税影响后的净额;

综合收益总额是企业净利润与其他综合收益的合计金额。

此外,为了使报表使用者通过比较不同期间利润的实现情况,判断企业经营成果的未来发展趋势,企业需要提供比较利润表,利润表还就各项目再分为"本期金额"和"上期金额"两栏分别填列。利润表具体格式见表14-4所示。

表14-4 利润表　　　　　　　　　　　会企02表

编制单位：　　　　　　　　　年　　月　　日　　　　　　　　　　单位：元

项　　目	本期金额	上期金额
一、营业收入		
减：营业成本		
营业税金及附加		
销售费用		
管理费用		
账务费用		
资产减值损失		
加：公允价值变动收益（损失以"-"号填列）		
投资收益（损失以"-"号填列）		
其中：对联营企业和合营企业的投资收益		
二、营业利润（亏损以"-"号填列）		
加：营业外收入		
减：营业外支出		
其中：非流动资产处置损失		
三、利润总额（亏损总额以"-"号填列）		
减：所得税费用		
四、净利润（净亏损以"-"号填列）		
五、每股收益：		
（一）基本每股收益		
（二）稀释每股收益		

三、利润表的填列方法

（一）我国企业利润表的主要编制步骤

第一步,以营业收入为基础,减去营业成本、营业税金及附加、销售费用、管理费用、财务费用、资产减值损失,加上公允价值变动收益（减去公允价值变动损失）和投资收益（减去投资损失）,计算出营业利润。

第二步，以营业利润为基础，加上营业外收入，减去营业外支出，计算出利润总额。

第三步，以利润总额为基础，减去所得税费用，计算出净利润（或净亏损）。

第四步，以净利润（或净亏损）为基础，计算每股收益。

第五步，以净利润（或净亏损）和其他综合收益为基础，计算综合收益总额。

利润表各项目均需填列"本期金额"和"上期金额"两栏。其中"上期金额"栏内各项数字，应根据上年该期利润表的"本期金额"栏内所列数字填列。"本期金额"栏内各期数字，除"基本每股收益"和"稀释每股收益"项目外，应当按照相关科目的发生额分析填列。如"营业收入"项目，根据"主营业务收入""其他业务收入"科目的发生额分析计算填列；"营业成本"项目，根据"主营业务成本""其他业务成本"科目的发生额分析计算填列。

（二）利润表各项目的具体填列方法

1. "营业收入"项目

反映企业经营主要业务和其他业务所确认的收入总额。本项目应根据"主营业务收入"和"其他业务收入"科目的发生额分析填列。

2. "营业成本"项目

反映企业经营主要业务和其他业务所发生的成本总额。本项目应根据"主营业务成本"和"其他业务成本"科目的发生额分析填列。

3. "营业税金及附加"项目

反映企业经营业务应负担的消费税、营业税、城市维护建设税、资源税、土地增值税和教育费附加等。本项目应根据"营业税金及附加"科目的发生额分析填列。

4. "销售费用"项目

反映企业在销售商品过程中发生的包装费、广告费等费用和为销售本企业商品而专设的销售机构的职工薪酬、业务费等经营费用。本项目应根据"销售费用"科目的发生额分析填列。

5. "管理费用"项目

反映企业为组织和管理生产经营发生的管理费用。本项目应根据"管理费用"科目的发生额分析填列。

6. "财务费用"项目

反映企业为筹集生产经营所需资金等而发生的筹资费用。本项目应根据"财务费用"科目的发生额分析填列。

7. "资产减值损失"项目

反映企业各项资产发生的减值损失。本项目应根据"资产减值损失"科目的发生额分析填列。

8. "公允价值变动收益"项目

反映企业应当计入当期损益的资产或负债公允价值变动收益。本项目应根据"公允价值变动损益"科目的发生额分析填列，如为净损失，本项目以"－"号填列。

9. "投资收益"项目

反映企业以各种方式对外投资所取得的收益。本项目应根据"投资收益"科目的发生额分析填列。如为投资损失,本项目以"-"号填列。

10. "营业利润"项目

反映企业实现的营业利润。如为亏损,本项目以"-"号填列。

11. "营业外收入"项目

反映企业发生的与经营业务无直接关系的各项收入。本项目应根据"营业外收入"科目的发生额分析填列。

12. "营业外支出"项目

反映企业发生的与经营业务无直接关系的各项支出。本项目应根据"营业外支出"科目的发生额分析填列。

13. "利润总额"项目

反映企业实现的利润。如为亏损,本项目以"-"号填列。

14. "所得税费用"项目

反映企业应从当期利润总额中扣除的所得税费用。本项目应根据"所得税费用"科目的发生额分析填列。

15. "净利润"项目

反映企业实现的净利润。如为亏损,本项目以"-"号填列。

16. "每股收益"项目

包括基本每股收益和稀释每股收益两项指标,反映普通股或潜在普通股已公开交易的企业,以及正处在公开发行普通股或潜在普通股过程中的企业的每股收益信息。

【例14-2】蜘蛛公司2016年度有关损益类账户的累计发生额如表14-5所示:

表14-5 损益类账户本年发生额

单位:元

账 户 名 称	借方发生额	贷方发生额
主营业务收入		1250000
其他业务收入		250000
公允价值变动损益		28500
投资收益		31500
主营业务成本	850000	
其他业务成本	190000	
营业税金及附加	75000	
销售费用	150000	
管理费用	60000	
财务费用	30000	

续上表

会 计 科 目	借方发生额	贷方发生额
资产减值损失	10000	
营业外收入		40000
营业外支出	35000	
所得税费用	50000	
合　　计	1450000	1600000

根据上述资料编蜘蛛公司2016年的利润表，如表14-6所示。

表14-6　利润表　　　　　　　　　　　　　　　会企02表

编制单位：蜘蛛公司　　　　　　2016年度　　　　　　　　　　单位：元

项　　目	本期金额	上期金额
一、营业收入	1500000	（略）
减：营业成本	1040000	
营业税金及附加	75000	
销售费用	150000	
管理费用	60000	
财务费用	30000	
资产减值损失	10000	
加：公允价值变动收益（损失以"-"号填列）	28500	
投资收益（损失以"-"号填列）	31500	
其中：对联营企业和合营企业的投资收益		
二、营业利润（亏损以"-"填列）	195000	
加：营业外收入	40000	
减：营业外支出	35000	
其中：非流动资产处置损失		
三、利润总额（亏损总额以"-"填列）	200000	
减：所得税费用	50000	
四、净利润（净亏损以"-"填列）	150000	
五、每股收益	（略）	
（一）基本每股收益		
（二）稀释每股收益		

第四节 现金流量表

一、现金流量表概述

现金流量表是反映企业在一定会计期间现金和现金等价物流入和流出的报表。通过现金流量表，可以为报表使用者提供企业一定会计期间内现金和现金等价物流入和流出的信息，便于使用者了解和评价企业获取现金和现金等价物的能力，据以预测企业未来现金流量。

现金流量是指一定会计期间内企业现金和现金等价物的流入和流出。企业从银行提取现金、用现金购买短期到期的国债等现金和现金等价物之间的转换不属于现金流量。

现金是指企业库存现金以及可以随时用于支付的存款，包括库存现金、银行存款和其他货币资金（如外埠存款、银行汇票存款、银行本票存款等）等。不能随时用于支付的存款不属于现金。现金等价物是指企业持有的期限短、流动性强、易于转换为已知金额现金、价值变动风险很小的投资。期限短，一般是指从购买日起 3 个月内到期。现金等价物通常包括 3 个月内到期的债券投资等。权益性投资变现的金额通常不确定，因而不属于现金等价物。企业应当根据具体情况，确定现金等价物的范围，一经确定不得随意变更。

企业产生的现金流量分为三类：

（一）经营活动产生的现金流量

经营活动是指企业投资活动和筹资活动以外的所有交易和事项。经营活动主要包括销售商品、提供劳务、购买商品、接受劳务、支付工资和交纳税费等流入和流出现金和现金等价物的活动或事项。

（二）投资活动产生的现金流量

投资活动是指企业长期资产的购建和不包括在现金等价物范围内的投资及其处置活动。投资活动主要包括购建固定资产、处置子公司及其他营业单位等流入和流出现金和现金等价物的活动或事项。

（三）筹资活动产生的现金流量

筹资活动是指导致企业资本及债务规模和构成发生变化的活动。筹资活动主要包括吸收投资、发行股票、分配利润、发行债券、偿还债务等流入和流出现金和现金等价物的活动或事项。偿付应付账款、应付票据等商业应付款属于经营活动，不属于筹资活动。

二、现金流量表的结构

我国企业现金流量表采用报告式结构,分类反映经营活动产生的现金流量、投资活动产生的现金流量和筹资活动产生的现金流量,最后汇总反映企业某一期间现金及现金等价物的净增加额。我国企业现金流量表的格式如表14-7所示。

表14-7 现金流量表 会企03表

编制单位:　　　　　　　　　　_____年度　　　　　　　　　　单位:元

项　目	行次	金　额
一、经营活动产生的现金流量:		
销售商品、提供劳务收到的现金	1	
收到的税费返还	3	
收到的其他与经营活动有关的现金	8	
现金流入小计	9	
购买商品、接受劳务支付的现金	10	
支付给职工以及为职工支付的现金	12	
支付的各项税费	13	
支付的其他与经营活动有关的现金	18	
现金流入小计	20	
经营活动产生的现金流量净客	21	
二、投资活动产生的现金流量:		
收回投资所收到的现金	22	
取得投资收益所收到的现金	23	
处置固定资产、无形资产和其他长期资产所收回的现金净额	25	
收到的其他与投资活动有关的现金	28	
现金流入小计	29	
购建固定资产、无形资产和其他长期资产所支付的现金	30	
投资所支付的现金	31	
支付的其他与投资活动有关的现金	35	
现金流入小计	36	
投资活动产生的现金流量净额	37	

续上表

项　　目	行次	金　　额
三、筹资活动产生的现金流量：		
吸收投资所收到的现金	38	
借款所收到的现金	40	
收到的其他与筹资活动有关的现金	43	
现金流入小计	44	
偿还债务所支付的现金	45	
分配股利、利润或偿付利息所支付的现金	46	
支付的其他与筹资活动有关的现金	52	
现金流入小计	53	
筹资活动产生的现金流量净额	54	
四、汇率变动对现金的影响	55	
五、现金及现金等价物净增加额	56	

企业负责人：　　　　主管会计：　　　　制表：　　　　报出日期：　　年　月　日

1. 经营活动产生的现金流量

经营活动是指企业投资活动和筹资活动以外的所有交易和事项。各类企业由于行业特点不同，对经营活动的认定存在一定差异。对于工商企业而言，经营活动主要包括销售商品、提供劳务、购买商品、接受劳务、支付税费等。对于商业银行而言，经营活动主要包括吸收存款、发放贷款、同业存放、同业拆借等。对于保险公司而言，经营活动主要包括原保险业务和再保险业务等。对于证券公司而言，经营活动主要包括自营证券、代理承销证券、代理兑付证券、代理买卖证券等。

在我国，企业经营活动产生的现金流量应当采用直接法填列。直接法，是指通过现金收入和现金支出的主要类别列示经营活动的现金流量。

2. 投资活动产生的现金流量

投资活动是指企业长期资产的购建和不包括在现金等价物范围内的投资及其处置活动。长期资产是指固定资产、无形资产、在建工程、其他资产等持有期限在一年或一个营业周期以上的资产。这里所讲的投资活动，既包括实物资产投资，也包括金融资产投资。这里之所以将"包括在现金等价物范围内的投资"排除在外，是因为已经将包括在现金等价物范围内的投资视同现金。不同企业由于行业特点不同，对投资活动的认定也存在差异。例如，交易性金融资产所产生的现金流量，对于工商业企业而言，属于投资活动现金流量，而对于证券公司而言，属于经营活动现金流量。

3. 筹资活动产生的现金流量

筹资活动是指导致企业资本及债务规模和构成发生变化的活动。这里所说的资本，既包括实收资本（股本），也包括资本溢价（股本溢价）；这里所说的债务，指对外举债，包括向银行借款、发行债券以及偿还债务等。通常情况下，应付账款、应付票据等商业应付款等属于经营活动，不属于筹资活动。

此外，对于企业日常活动之外的、不经常发生的特殊项目，如自然灾害损失、保险赔款、捐赠等，应当归并到相关类别中，并单独反映。比如，对于自然灾害损失和保险赔款，如果能够确指，属于流动资产损失，应当列入经营活动产生的现金流量；如果不能确指，属于固定资产损失，应当列入投资活动产生的现金流量。

4. 汇率变动对现金及现金等价物的影响

编制现金流量表时，应当将企业外币现金流量以及境外子公司的现金流量折算成记账本位币。外币现金流量以及境外子公司的现金流量，应当采用现金流量发生日的即期汇率或按照系统合理的方法确定的、与现金流量发生日即期汇率近似的汇率折算。汇率变动对现金的影响额应当作为调节项目，在现金流量表中单独列报。

汇率变动对现金的影响，指企业外币现金流量及境外子公司的现金流量折算成记账本位币时，所采用的是现金流量发生日的汇率或按照系统合理的方法确定的、与现金流量发生日即期汇率近似的汇率，而现金流量表"现金及现金等价物净增加额"项目中外币现金净增加额是按资产负债表日的即期汇率折算的。这两者的差额即为汇率变动对现金的影响。

在编制现金流量表时，对当期发生的外币业务，也可不必逐笔计算汇率变动对现金的影响，可以通过现金流量表补充资料中"现金及现金等价物净增加额"数额与现金流量表中"经营活动产生的现金流量净额""投资活动产生的现金流量净额""筹资活动产生的现金流量净额"三项之和比较，其差额即为"汇率变动对现金的影响额"。

5. 现金流量表补充资料

除现金流量表反映的信息外，企业还应在附注中披露将净利润调节为经营活动现金流量，不涉及现金收支的重大投资和筹资活动、现金及现金等价物净变动情况等信息。

（1）将净利润调节为经营活动现金流量。现金流量表采用直接法反映经营活动产生的现金流量，同时，企业还应采用间接法反映经营活动产生的现金流量。间接法，是指以本期净利润为起点，通过调整不涉及现金的收入、费用、营业外收支以及经营性应收应付等项目的增减变动，调整不属于经营活动的现金收支项目，据此计算并列报经营活动产生的现金流量的方法。在我国，现金流量表补充资料应采用间接法反映经营活动产生的现金流量情况，以对现金流量表中采用直接法反映的经营活动现金流量进行核对和补充说明。

采用间接法列报经营活动产生的现金流量时，需要对四大类项目进行调整：①实际没有支付现金的费用；②实际没有收到现金的收益；③不属于经营活动的损益；④经营性应收应付项目的增减变动。

（2）不涉及现金收支的重大投资和筹资活动。不涉及现金收支的重大投资和筹资活动，反映企业一定期间内影响资产或负债但不形成该期现金收支的所有投资和筹资活动的信息。这些投资和筹资活动虽然不涉及现金收支，但对以后各期的现金流量有重大影响，如企业融资租入设备，将形成的负债记入"长期应付款"账户，当期并不支付设备款及租金，但以后各期必须为此支付现金，从而在一定期间内形成一项固定的现金支出。

企业应当在附注中披露不涉及当期现金收支，但影响企业财务状况或在未来可能影响企业现金流量的重大投资和筹资活动，主要包括：①债务转为资本，反映企业本期转为资本的债务金额；②年内到期的可转换公司债券，反映企业一年内到期的可转换公司债券的本息；③融资租入固定资产，反映企业本期融资租入的固定资产。

（3）现金和现金等价物的构成。企业应当在附注中披露与现金和现金等价物有关的下列信息：①现金和现金等价物的构成及其在资产负债表中的相应金额。②企业持有但不能由母公司或集团内其他子公司使用的大额现金和现金等价物金额。企业持有现金和现金等价物余额但不能被集团使用的情形多种多样，例如，国外经营的子公司，由于受当地外汇管制或其他立法的限制，其持有的现金和现金等价物，不能由母公司或其他子公司正常使用。

三、现金流量表的编制

（一）现金流量表的编制方法

企业一定期间的现金流量可分为三部分，即经营活动现金流量、投资活动现金流量和筹资活动现金流量。编制现金流量表时，经营活动现金流量的方法有两种，一是直接法，二是间接法。这两种方法通常也称为编制现金流量表的直接法和间接法。

直接法和间接法各有特点。在直接法下，一般是以利润表中的营业收入为起算点，调节与经营活动有关项目的增减变动，然后计算出经营活动产生的现金流量。在间接法下，则是以净利润为起算点，调整不涉及现金的收入、费用、营业外收支等有关项目，剔除投资活动、筹资活动对现金流量的影响，据此计算出经营活动产生的现金流量。相对而言，采用直接法编制的现金流量表，便于分析企业经营活动产生的现金流量的来源和用途，预测企业现金流量的未来前景。而采用间接法不易做到这一点。

企业会计准则规定，企业应当采用直接法列示经营活动产生的现金流量。采用直接法具体编制现金流量表时，可以采用工作底稿法或T型账户法，也可以根据有关科目记录分析填列。

工作底稿法是以工作底稿为手段，以利润表和资产负债表数据为基础，结合有关科目的记录，对现金流量表的每一项目进行分析并编制调整分录，从而编制出现金流量表的一种方法。第一步，将资产负债表项目的年初余额和期末金额过入工作底稿中与之对应项目期初数栏和期末数栏。第二步，对当期业务进行分析并编制调整分录。第三步，将调整分录过入工作底稿中的相应部分。第四步，核对调整分录，借贷合计应当相等，资产负债表项目期初数加减调整分录中的借贷金额以后，应当等于期末数。现金流量表各项目均需填列"本期金额"和"上期金额"两栏。现金流量表"上期金额"栏内各项数字，应根据上一期间现金流量表"本期金额"栏内所列数字填列。

（二）现金流量表主要项目说明

1. 经营活动产生的现金流量

（1）"销售商品、提供劳务收到的现金"项目，反映企业本期销售商品、提供劳务收到的现金,以及前期销售商品、提供劳务本期收到的现金(包括应向购买者收取的增值税销项税税额)和本期预收的款项,减去本期销售本期退回商品和前期销售本期退回商品支付的现金。企业销售材料和代购代销业务收到的现金,也在本项目反映。

(2)"收到的税费返还"项目,反映企业收到返还的所得税、增值税、营业税、消费税、关税和教育费附加等各种税费返还款。

(3)"收到其他与经营活动有关的现金"项目,反映企业经营租赁收到的租金等其他与经营活动有关的现金流入,金额较大的应当单独列示。

(4)"购买商品、接受劳务支付的现金"项目,反映企业本期购买商品、接受劳务实际支付的现金(包括增值税进项税税额),以及本期支付前期购买商品、接受劳务的未付款项和本期预付款项,减去本期发生的购货退回收到的现金。企业购买材料和代购代销业务支付的现金,也在本项目反映。

(5)"支付给职工以及为职工支付的现金"项目,反映企业实际支付给职工的工资、奖金、各种津贴和补贴等职工薪酬(包括代扣代缴的职工个人所得税)。

(6)"支付的各项税费"项目,反映企业发生并支付、前期发生本期支付以及预交的各项税费,包括所得税、增值税、营业税、消费税、印花税、房产税、土地增值税、车船税、教育费附加等。

(7)"支付其他与经营活动有关的现金"项目,反映企业经营租赁支付的租金、支付的差旅费、业务招待费、保险费、罚款支出等其他与经营活动有关的现金流出,金额较大的应当单独列示。

2. 投资活动产生的现金流量

(1)"收回投资收到的现金"项目,反映企业出售、转让或到期收回除现金等价物以外的对其他企业长期股权投资等收到的现金,但处置子公司及其他营业单位收到的现金净额除外。

(2)"取得投资收益收到的现金"项目,反映企业除现金等价物以外的对其他企业的长期股权投资等分回的现金股利和利息等。

(3)"处置固定资产、无形资产和其他长期资产收回的现金净额"项目,反映企业出售、报废固定资产、无形资产和其他长期资产所取得的现金(包括因资产毁损而收到的保险赔偿收入),减去为处置这些资产而支付的有关费用后的净额。

(4)"处置子公司及其他营业单位收到的现金净额"项目,反映企业处置子公司及其他营业单位所取得的现金,减去相关处置费用以及子公司及其他营业单位持有的现金和现金等价物后的净额。

(5)"购建固定资产、无形资产和其他长期资产支付的现金"项目,反映企业购买、建造固定资产、取得无形资产和其他长期资产所支付的现金(含增值税款等),以及用现金支付的应由在建工程和无形资产负担的职工薪酬。

(6)"投资支付的现金"项目,反映企业取得除现金等价物以外的对其他企业的长期股权投资等所支付的现金以及支付的佣金、手续费等附加费用,但取得子公司及其他营业单位支付的现金净额除外。

(7)"取得子公司及其他营业单位支付的现金净额"项目,反映企业购买子公司及其他营业单位购买出价中以现金支付的部分，减去子公司及其他营业单位持有的现金和现金等价物后的净额。

（8）"收到其他与投资活动有关的现金""支付其他与投资活动有关的现金"项目，反映企业除上述（1）～（7）项目外收到或支付的其他与投资活动有关的现金，金额较大的应当单独列示。

3. 筹资活动产生的现金流量

（1）"吸收投资收到的现金"项目，反映企业以发行股票、债券等方式筹集资金实际收到的款项（发行收入减去支付的佣金等发行费用后的净额）。

（2）"取得借款收到的现金"项目，反映企业举借各种短期、长期借款而收到的现金。

（3）"偿还债务支付的现金"项目，反映企业为偿还债务本金而支付的现金。

（4）"分配股利、利润或偿付利息支付的现金"项目，反映企业实际支付的现金股利、支付给其他投资单位的利润或用现金支付的借款利息、债券利息。

（5）"收到其他与筹资活动有关的现金""支付其他与筹资活动有关的现金"项目，反映企业除上述（1）～（4）项目外收到或支付的其他与筹资活动有关的现金，金额较大的应当单独列示。

4. 汇率变动对现金及现金等价物的影响

"汇率变动对现金及现金等价物的影响"项目，反映下列两个金额之间的差额：

（1）企业外币现金流量折算为记账本位币时，采用现金流量发生日的即期汇率或按照系统合理的方法确定的、与现金流量发生日即期汇率近似的汇率折算的金额（编制合并现金流量表时折算境外子公司的现金流量，应当比照处理）。

（2）企业外币现金及现金等价物净增加额按资产负债表日即期汇率折算的金额。

参考文献

［1］财政部会计资格评价中心，编. 初级会计实务［M］. 北京：中国财政经济出版社，2011—2016.
［2］鲁亮升，主编. 财务会计［M］. 北京：清华大学出版社，2005.
［3］丁元霖，主编. 财务会计［M］. 北京：立信会计出版社，2014.
［4］盖地，主编. 财务会计［M］. 北京：经济科学出版社，2013.
［5］李延喜，主编. 财务会计［M］. 大连：东北财经大学出版社，2013.
［6］唐丽华，主编. 财务会计［M］. 上海：上海财经大学出版社，2012.
［7］胡世强，主编. 财务会计［M］. 成都：西南财经大学出版社，2012.
［8］向兆礼，黄若男，主编. 财务会计［M］. 北京：北京交通大学出版社，2011.
［9］张一贞，主编. 财务会计［M］. 北京：中国人民大学出版社，2011.
［10］张天西，薛许军，刘涛编著. 财务会计［M］. 上海：复旦大学出版社，2010.
［11］杨紫元，等主编. 财务会计［M］. 北京：北京对外经济贸易大学出版社，2009.
［12］陈强. 财务会计实务［M］. 北京：清华大学出版社，2010.